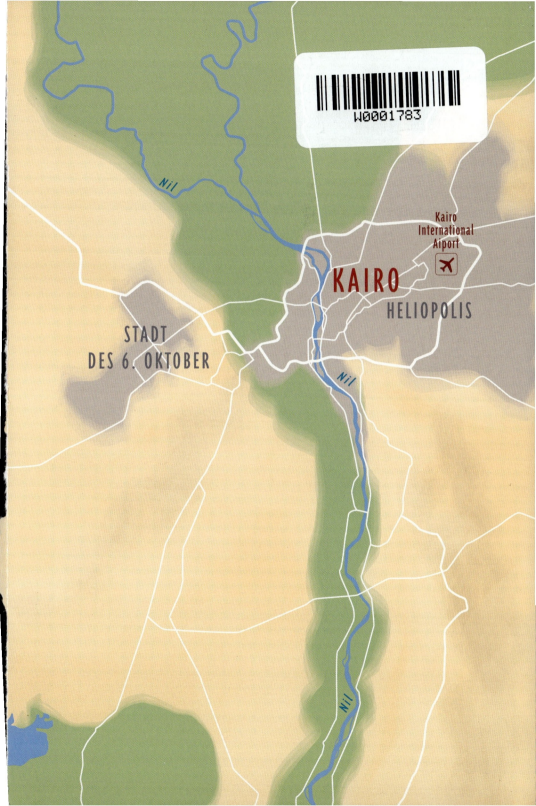

Antonia Rados
Die Bauchtänzerin und die Salafistin

# Antonia Rados

# Die Bauchtänzerin und die Salafistin

### Eine wahre Geschichte aus Kairo

**AMALTHEA**

Besuchen Sie uns im Internet unter: www.amalthea.at

© 2014 by Amalthea Signum Verlag, Wien
Alle Rechte vorbehalten
Umschlaggestaltung: Elisabeth Pirker, OFFBEAT
Umschlagfotos: Suzy Stöckl (Porträt Antonia Rados, vorne);
iStock.com (Motive vorne und hinten); Antonia Rados (Foto Klappe innen)
Herstellung, Satz, Karten: Gabi Adébisi-Schuster, Wien
Gesetzt aus der Elena 10,6/14 pt
Printed in the EU
ISBN 978-3-85002-876-9

# INHALT

Vorwort  7

**ZWEI VON UNS / 1**  13

1 Die Unnahbare  25
2 Eine ägyptische Kindheit  35
3 Die Queen von Kairo  42
4 Ritas letztes Lied  55
5 Allah kehrt zurück  65
6 Februar-Hoffnung  78
7 Planet der Salafisten  91
8 Dinas A-Klasse  97
9 Der Skandal  108
10 Tahani & Co.  113
11 Unter Freundinnen  128

**ZWEI VON UNS / 2**  133

12 Die Stadt der Schwestern  142
13 Villa mit Hunden  144
14 Nimm sie dir!  154
15 Meine Schwester, meine Feindin  160
16 Rita und die vier Katzen  166
17 Unter Radikalen  172
18 Das Ende  181

**ZWEI VON UNS / 3**  189

19 Made in Cairo  197
20 Das Geständnis  202

Epilog. Mutterliebe  209

Dank  217
Zeittafel  219

## VORWORT

Recherchen in Ägypten haben es in sich. Sie sind eine Herausforderung für eine Frau. Proteste, Blut und Tod auf den Straßen – neben den inzwischen wohlbekannten Schwierigkeiten wie sexuellen Belästigungen – sind die nicht wegzudenkenden Zutaten vieler Reportagen in diesem Land. Ich habe einige solcher Berichte hinter mir in den vergangenen drei Jahren.

2011 fand die Revolution statt. Seither war ich zunächst Stammgast in verschiedenen zentralen Kairoer Hotels. Weil die regelmäßig von Demonstranten gestürmt wurden und Tränengaswolken über den Lobbys hingen, zog ich in eine Mietwohnung um. Dort schlafe ich besser. Ich wohne da, wann immer mich die Nachrichtenlage nach Kairo bringt.

Während eines meiner zahlreichen Besuche fand die erste Verabredung mit der Bauchtänzerin Dina Talaat statt, um eine kleine Reportage über eine Künstlerin im islamisierten Kairo zu drehen. Wie kommt so eine Frau zurecht in diesem aufgeheizten politischen Klima? Das war im unruhigen Winter 2012. Täglich gab es Proteste auf den Straßen.

Das Treffen war im Vergleich zu vielem in Kairo ein kinderleichter Termin. Dina ist ein professioneller Star. Das hat den Vorteil, dass sie es, im Unterschied zu anderen Ägyptern, nicht für eine Tugend hält, um Stunden zu spät zu kommen.

Sie ist es gewohnt, mit uns Journalisten umzugehen. Sie spricht gut Englisch. Sie hat keine Scheu vor dem Kameramann, mit dem ich eines Abends in der Eingangshalle einer Nobelherberge auf sie wartete. Ich wollte ein Interview und danach einige Szenen ihres Tanzes bei einer privaten Hochzeit filmen. Mehr war nicht vorgesehen. Dina war von einem amerikanischen Wochenmagazin *Ägyptens letzte Bauchtänzerin* genannt worden. Damit ist gemeint, dass keine ihr das Wasser reichen kann. Sie ist einzigartig. Ich war gespannt, sie zu sehen, aber mehr nicht.

Sie lief mir mit wehenden Haaren, in einem kurzen Wollkleid und einer standesgemäßen Pelzjacke darüber, entgegen, obwohl Kairo weit weg von Sibirien liegt.

In unserem ersten Gespräch schien sie mir beinahe zu unexotisch. Ihre Antworten waren vorhersehbar. Dina hatte keinerlei Starallüren. Geduld paarte sich mit Pünktlichkeit. Sie schien eine Diva, wie es viele andere auch in der muslimischen Welt gibt. Eine hart arbeitende Künstlerin. Keine durchschnittliche Ägypterin jedoch, wie man sie sich bei uns vorstellt. Sie hätte sich dagegen gewehrt, wenn sie jemand als solche bezeichnet hätte.

Dina ist extrem westlich. Sie hat mit ihrer Familie einen Teil ihrer Kindheit, wie ich später herausfand, in Italien verbracht. Sie liebt Europa. Mehr noch liebt sie die Modeschöpfer Europas.

Sie passt nicht in das Land am Nil, wie ich es von den meisten meiner Dreharbeiten in Armenvierteln kenne. Menschen wie mein kinderreicher, mittelloser Fahrer und mein hart arbeitender Übersetzer stehen sehr viel mehr für die Verhältnisse in Ägypten.

Über das Luxusgeschöpf Dina hätte ich kein Buch verfasst.

Meine Interesse an Dina erhöhte sich blitzartig, als ich erfuhr, sie habe eine extrem religiöse Schwester. Danach hörte ich noch, diese Schwester sei früher Nachtclubsängerin gewesen. Sie habe ihren Beruf 2001 an den Nagel gehängt. Jetzt sei sie Salafistin. Das war eine längere Reportage wert, beschloss ich. Aus dieser Idee entstand schließlich auch dieses Buch.

In meinem Kopf begann sich die Vorstellung zu formen, nicht über eine Frau, sondern über zwei zu rechercherieren. Das schien mir keine allzu schwierige Aufgabe. Dina war bereit, mir den Kontakt zu ihrer salafistischen Schwester Rita herzustellen. Ich stellte mir vor, dass diese mir erklären würde, wie sie dazu kam, einer der radikalsten Versionen des Islams anzuhängen. Das könnte relativ zügig geschehen, einige Zusammenkünfte würden, im Gegensatz zu ihrer tanzenden Schwester, reichen. Mein Übersetzer fand heraus, dass die Salafistin ihre Tage ohnehin untätig daheim verbringt. Sie hat keinen Job. Sich mit einer arbeitslosen Religiösen zusammenzusetzen, musste um vieles leichter sein, als die berühmteste Bauchtänzerin Ägyptens zur Mitarbeit zu bewegen. Dina hatte zwar nicht zugesagt, mich wieder zu treffen. Meine Idee abgewiesen hatte sie aber ebenso wenig. Sie schlug den orientalischen Weg ein.

Es dauerte jedoch mehrere Wochen, bevor die salafistische Schwester Zeit für mich fand. Nach meinem Eindruck war unser erstes Gespräch gut verlaufen. Die Salafistin teilte diesen Optimismus offenbar nicht. Wieder dauerte es Wochen, bis sie sich überzeugen ließ, mir ein paar Stunden zu schenken. So ging es weiter. Einige Treffen wurden in letzter Minute verschoben, andere unerwartet wieder angesetzt.

Rita erklärte mir jedes Mal eine weitere Facette des für uns so schwer verständlichen Salafismus. Der Gedanke, dass sie eine Radikale ist, wäre ihr selbst nie gekommen. Das hat sie mit anderen Extremisten gemeinsam, die glauben, der andere sei radikal, aber nicht sie. Unzählige Male endeten unsere Gespräche mit betroffenem Schweigen. Wir wussten beide nicht mehr weiter. Für die Salafistin Rita ist das letzte Prinzip der Glaube. Ich als Frau aus dem Westen hatte oft Schwierigkeiten, ihrer Argumentation zu folgen.

Trotzdem erweckte diese Schwester mehr mein Interesse als die Bauchtänzerin. Die Gründe liegen auf der Hand. Bauchtänzerinnen wie Dina sind öffentliche Personen. Jeder kann sie treffen.

Der Salafismus ist eine sektenartige Gruppierung. Misstrauen gegen Außenstehende ist weit verbreitet, und Gewalt gegen Andersgläubige bei manchen. Obwohl Rita kein weiblicher Osama bin Laden ist.

Ja, sie war argwöhnisch mir gegenüber. Das forderte meine journalistische Neugierde regelrecht heraus. Je mehr sie eine menschliche Festung darstellte, umso mehr bohrte ich an ihren Mauern. Das entging ihr nicht. Es amüsierte sie.

Vor ihrem zweiten Lebensweg war sie viel gereist. Sie kannte fast jedes europäische Land.

*Warum interessieren Sie sich für Ägypten?*, fragte sie mich.

*Weil Ägypten eine Art Nachbar ist am anderen Ende des Mittelmeeres*, erwiderte ich.

*Ja*, erwiderte Rita. *Aber ein lauter Nachbar!*

Daraufhin brach sie in Lachen aus.

Rita entpuppte sich als humorvoll. Sie scherzte über ihr angeblich zu hohes Gewicht. Für mich war es schwer einzuschätzen. Ihre überflüssigen Kilos waren unter dem Ganzkörperumhang versteckt.

Ihre anderen verborgenen Seiten machten es mir bisweilen schwer, ihr gerecht zu werden. Eindeutig war sie im Nachteil gegenüber der reichen, erfolgreichen, eloquenten Bauchtänzerin. Die Salafistin ist zurückhaltender.

Bei Dina bekommt man, was man vordergründig sieht. Tanz, Designermode, Make-up. Alles in perfekter Ausführung. Sie ist ein Hochglanz-Werbeplakat auf zwei Beinen.

Die Bauchtänzerin teilt die Ägypter in Klassen ein. Die oberen Zehntausend bezeichnet sie als die A-Klasse. Die Leute unten sind für sie die C-Klasse. Ihr Planet ist der der A-Klasse. Der Rest interessiert sie nur am Rande.

So betrachtet, sind beide Schwestern extrem: Die eine ist bis zum Äußersten materialistisch, abgesehen von ihrer Großzügigkeit. Die andere ist am religiösen Rand angesiedelt. Das Interesse an den zwei Frauen führte zwangsläufig zu anderen Fragen: Wie hoch ist der Preis, den westlich orientierte Frauen wie die Bauchtänzerin in Ägypten zahlen müssen? Unterliegen andere Frauen der ständigen Versuchung des Islams wie Rita? Und mit welchen Folgen für ihr Leben und ihre Kinder? Aus meinen parallel geführten Gesprächen in Kairo mit solchen Frauen und aus selbst erlebten Ereignissen entstanden ergänzende Kurzporträts unter dem Titel: *Zwei von uns.*

Meine Gespräche mit den beiden Schwestern waren über ein Jahr verteilt. Sie wurden einige Male verschoben durch Dinas Termine, dann verschloss sich wiederum Rita. Weitere Unterbrechungen gab es durch meine Rückkehr nach Paris, meinen Hauptwohnsitz.

Im Sommer 2013 musste ich überstürzt wieder nach Kairo. Die Militärs hatten den demokratisch gewählten Präsidenten Mohammed Mursi vertrieben. Erneut floss Blut.

Dina hasste Mursi. Rita hatte ihm ihre Stimme gegeben.

Das Verhältnis zwischen den beiden Schwestern wurde durch die Ereignisse bis aufs Äußerste belastet. Wochenlang sprachen sie nicht miteinander. Für mich war das eine weitere erzwungene Arbeitspause.

*

Zu dem Zeitpunkt, an dem ich dieses Buch schreibe, ist Ägypten weder friedlich noch geeint. Terror erschüttert das Land. Laut Militärs stecken islamische Radikale hinter den Anschlägen. Der mächtige Sicherheitsapparat beschränkt aber skrupellos alle Freiheiten im Land, die im »arabischen Frühling« von der Jugend gerade erst erkämpft wurden.

Hätte ich eine durchschnittliche ägyptische Familie porträtiert, hätte ich eine gemäßigt religiöse mit zahlreichen Kindern aussuchen müssen. Das ist Ägypten.

Die Bauchtänzerin Dina und die Salafistin Rita sind jedoch typischer, als man bei uns glaubt. Konflikte, am Mittagstisch ausgetragen, sind insofern etwas Universelles.

Ständig habe ich junge Ägypter und Ägypterinnen getroffen, die der Religion wegen im Streit mit ihren Vätern und Müttern lagen. Der Islam entzweit Ägypten. Die Bevölkerung ist gespalten. Ein gespaltenes Land ist ein gefährliches Land.

Paris, im Februar 2014
Antonia Rados

## ZWEI VON UNS / 1

Es ist bald Mitternacht. Die vergewaltigte junge Frau ist blass, und die Polizei ist informiert, um zu kommen und sie zu verhaften.

Das Hotel, wohin sie sich in Panik mit ihrer Mutter geflüchtet hat, wird ihr nur so lange Schutz gewähren, bis die Sicherheitskräfte eintreffen. Danach werden die zwei Polizisten von dem unterwürfigen diensthabenden Manager sofort in Richtung Opfer dirigiert werden. So gehört sich das in Ägypten. Ein Teil des Personals arbeitet für den *Staatssicherheits-Untersuchungsdienst*. Die beiden Frauen dürfen auf keinen Fall durch einen Hintereingang verschwinden. Einige Angestellte, die richtigen, passen auf.

Die Befragung wird auf der Polizeistation stattfinden, wann sie enden wird, ist unklar. Vergewaltigte Frauen werden mindestens eine Nacht in Polizeigewahrsam festgehalten. Die Polizei nimmt sich Zeit. Sie überprüft die Identität der Personen. Ein männliches Familienmitglied zu kontaktieren, ist die Regel. Wer keine Familie hat, ist von vornherein suspekt.

Ich sehe der Frau an, dass sie sich vor dem Polizei-Besuch beinahe genauso fürchtet wie vor der Horde von Männern, die ihr nur zweihundert Meter entfernt vom Hotel die Jeans herunterrissen, bevor einer nach dem anderen den Akt der Penetration durchführte, in Sichtweite einer Auffahrt der belebten *6. Oktober-Stadtautobahn*, auf einer schlecht beleuchteten Verkehrsinsel, zwischen Müll, erzählt sie mir. Sie sagt, sie konnte sich befreien. Eine Behinderte werde dort unter der Autobahn weiter misshandelt. Mutter und Tochter kannten die Behinderte nicht, sondern befanden sich nur zufällig zum selben Zeitpunkt an derselben Stelle, um die Straße zu überqueren, als es plötzlich geschah. Ich frage, welche Behinderung die andere habe. Als Antwort erhalte ich eine diffuse Beschreibung von einem gehbehinderten, blutjungen Mädchen.

Während der Warterei auf die Polizei in dem Hotelrestaurant mutmaßt die junge Frau, soweit sie es in der Finsternis und in ihrer Panik überhaupt sehen konnte, sei die Behinderte so misshandelt worden, dass sie, ihrer Auffassung nach, ins Krankenhaus müsste. Sie habe geblutet. Sie habe versucht, auf allen Vieren wegzurobben. Die Männer hätten sie wieder geschnappt und zu sich gezerrt.

Wenn der Mutter Gewalt angetan wurde, so verliert sie kein Wort darüber. Sie schweigt, während die Tochter mir den Hergang ihrer sexuellen Nötigung in gebrochenem Englisch beschreibt. Zwischendurch sieht sie sich misstrauisch um in dem leeren, verglasten Raum des Hotel Hilton am Tahrir-Platz. Sie will nicht, dass unabsichtlich Zeugen lauschen. Außer ein paar Kellnern und mir ist ohnehin niemand mehr da. Das Abendbuffet ist längst abgeräumt und war es schon, als ich hungrig aufgetaucht bin. Das Personal servierte mir gerade ein aufgewärmtes Gericht, als die beiden Frauen hereingeführt wurden, damit die Polizei sie da finden könne. So kamen wir ins Gespräch.

Mutter und Tochter sind westlich angezogen – sieht man von dem Kopftuch ab, das die Mutter locker um die Haare umgebunden hat, ein teuer aussehendes, schickes Kopftuch, was darauf hinweist, dass sie zwar religiös ist, aber wohlhabender als viele in Ägypten. Leute aus der ägyptischen Mittelschicht ziehen sich so an, weil sie mit einem Fuß in der modernen Welt, mit dem anderen noch in der Vergangenheit stehen. Frömmigkeit zeigen gehört dazu. Bei genauem Hinsehen merke ich, dass die Mutter leicht zittert. Die unterwürfige Tochter scheint schicksalsergeben.

Sie sei Studentin, erzählt das Mädchen, während sie einen Schluck Wasser trinkt. Sie wartet nun auf den zweiten Teil der Qual in dieser Nacht: *das Verhör.*

In den Quartieren der ägyptischen Polizei und der Armee ist es üblich, »Jungfrauentests« durchzuführen im Falle eines Verdachts der Prostitution, die in Ägypten verboten ist und mit sechs Jahren Freiheitsentzug bestraft wird. Vergewaltiger gingen in Ägypten hingegen bis zum Jahre 1999 straffrei aus, solange sie das Opfer heirateten. Seither gibt es Prozesse mit milden Strafen. Es sind endlose, bürokratische Verfahren mit einem voraussehbaren Ende. Die Akten werden ohne Urteilsspruch abgelegt – wie bei den Verfahren davor und denen danach.

In den Polizeistationen getestet zu werden, wird gerechtfertigt mit dem Argument, so könne die Frau später nicht behaupten, sie sei von den Polizisten vergewaltigt worden. Das ist die kalte Logik der Sicherheitskräfte. Sich gegen diese erniedrigende Prozedur zu wehren, ist für eine junge Ägypterin zwecklos. Sie wird gleich vor Ort von einem Polizeiarzt, meistens ein Mann, gynäkologisch untersucht, außer sie hat Glück und die Sicherheitskräfte können keinen auftreiben.

Nach Vergewaltigung, Polizei-Jungfrauentest und Entlassung aus der Haft beginnt das nächste schwierige Kapitel, die Rückkehr in die Familie. Es ist nicht leichter zu ertragen als die vorigen.

Mädchen aus besserem Haus können die gesellschaftliche Schande mit dem Gang zu einem diskreten Arzt so weit als möglich rückgängig machen. Die operative Wiederherstellung des Hymens ist in Ägypten weit verbreitet. Bei Vergewaltigungen, oder auch in Fällen von freiwilligem Geschlechtsverkehr, einer unverheirateten Frau. Dies ist die einzige Garantie, damit das Opfer in der Hochzeitsnacht sicher sein kann, als Jungfrau in die Ehe zu gehen und damit ihren eigenen Ruf, den des Bräutigams und den der Familie zu erhalten. Ehre ist ein oft gebrauchtes Wort in Ägypten. Ehre des Ehemanns. Ehre der Familie. Die Ehre der Frau hängt in vielen Fällen von der Ehre der anderen ab.

Jungfernhäutchen und damit Ehre wiederherzustellen, so lese ich, ist ein Riesengeschäft. Wegen der starken Nachfrage bietet eine chinesische Firma im Internet ein künstliches Hymen an, das mit Kunstblut beschichtet ist. Es löst sich bei Wärme und Feuchtigkeit auf und bildet einen roten Kunstblutfleck.

Das ungeschriebene Gesetz der Jungfräulichkeit geistert durch alle Schichten, egal ob Mittelstand oder Slumbewohner. Pubertierende Mädchen nehmen nicht am Sportunterricht teil, weil das Hymen da angeblich verletzt werden könne. So etwas gehört sich nicht in einem Land des Islams, der Traditionen, einer Mischung aus allem. Eine Frau hat auf sich aufzupassen.

Sie hat wenig mehr zu verlieren als ihre Ehre.

Das Mädchen, das ich treffe, verliert die ihre in der Nacht auf den 2. Februar 2011 am Ende eines Protesttages, an dem für Freiheit demonstriert wird. Wie viele andere Frauen an diesem Tag dasselbe Schicksal ereilt, ist unbekannt. Es würde mich wundern, wenn die Polizei Buch führen würde über Vergewaltigungen oder erzwungene Jungfrauentests.

*

*An einem der Tage davor*
Abenddämmerung bricht an, als eine andere junge Frau, ungefähr im selben Alter, vor meinen Augen auf eine Absperrung zuläuft und ein Polizist eine Pistole in die Luft streckt, um sie zu erschießen.

Während sie weiterrennt mit wehenden Haaren, verliert sie einen ihrer Flipflops und ich sehe, wie sie der Länge nach, nicht weit von mir entfernt, zu Boden stürzt. In der ersten Sekunde sieht es aus, als hätte der Sicherheitsmann abgedrückt und die junge Frau getroffen.

Jeder, der aus Ägypten berichtet, weiß, dass Vorwarnungen unüblich sind bei ägyptischen Sicherheitskräften. Dass geschossen wird, muss nicht angekündigt werden. Im Nachhinein gibt es keine Rechtfertigung, weder von Uniformierten noch von den Männern in Zivilkleidung, die, auf Dächern stationiert, eine Menschenmenge mit ihren Scharfschützengewehren in Schrecken versetzen können, indem sie einmal abdrücken. Nur ein Schuss genügt und jeder verschwindet in einem Hauseingang, allein aus Angst, er könnte der Nächste sein.

Hier gelten nicht dieselben Regeln wie in westlichen Ländern, wo der Einsatz von Scharfschützen bei Protesten nicht üblich ist.

Im Westen müssen Sicherheitskräfte erkenntlich sein. Nicht so in Kairo. Polizei, Geheimdienste und Armee bestimmen die Regeln. Sie sind allmächtig, ein unberührbarer Staat im Staat.

Bei Polizeieinsätzen verletzte Demonstranten liegen oft stundenlang in Hauseingängen, bevor sie ein Krankenwagen aufnimmt. Eine Bergung der Opfer hat für die Polizei keinen Vorrang. Der gesamte Staatsapparat ist ein Musterbeispiel an Willkür, beginnend bei den Jungfrauentests und endend beim Erschießen von unschuldigen Zivilisten.

Das kommt mir unwillkürlich in den Sinn in diesem Bruchteil von Sekunden. Die junge Frau liegt noch immer auf dem Boden.

Ich hätte sie zurückgehalten, wäre ich nicht abgelenkt gewesen vom Lärm in einer Seitenstraße. Die Katastrophe ist beinahe schon geschehen, als ich die Szene schließlich sehe.

Jetzt steht sie wieder auf. Sie erhebt sich genau vor dem Mann mit der Pistole. In einer Mischung von Unterwerfung und Trotz sagt sie: *Law samaht! Bitte! Wir wollen zum Hotel Hilton!* Der Polizist kann seine Augen nicht von ihr lösen, beinahe legt er seine Hand um ihre Taille, während er ihr erklärt, wir müssten auf die entgegengesetzte Seite des Platzes und das gehe nur über einen weiten Umweg, weil es überall Polizeisperren gebe. Da sei ein direktes Weiterkommen unmöglich. Die junge Frau geht los. Alle Männer sehen ihr nach. Die Blicke sind verstohlen, aber eindeutig.

*

Alle Regeln des Zusammenlebens in Kairo sind gerade im Begriff zu kollabieren. Nebel hängt in der Luft, der von Tränengas, das die Polizei wild verschießt, egal in welche Richtung. Die Horden von jungen Vorstadt-Jugendlichen bringen sich in den Seitengassen in Sicherheit, um sofort wieder aufzutauchen. Wir geraten ihnen in den Weg. Sie kommen auf uns zu. Schreie, Warnungen, Polizeisirenen sind in der Ferne zu hören. Männer mit Holzstöcken tauchen auf, die uns begleiten wollen – so seien wir sicherer. Wir hauen so schnell wie möglich ab.

Weiter entfernt, unter der Autobahnbrücke, lungern die Vergewaltiger herum. Hungrig nach Freiheit, Streit, Einbrüchen oder Frauen, alles, was das chaotische Kairo in der aufbrechenden Revolution anbieten kann, ohne dass sie dafür bestraft werden.

Erschöpft erreichen wir das Hotel. Wir setzen uns in das gläserne Restaurant, weil wir Hunger verspüren und dort gerade damit begonnen wird, das Buffet für das Abendessen aufzubauen. Zuerst bestellen wir Getränke.

Und unmittelbar danach bricht es aus ihr heraus in einem nicht enden wollenden Wortschwall. So würde sie normalerweise nicht aus dem Haus gehen, sagt sie, einen Blick auf ihre Flipflops werfend. So, mit einem alten T-Shirt und Jeans bekleidet, würde man sie selten sehen. Ein verbittertes Lachen folgt.

Am Vorabend hat sie mit ihrem Vater gestritten. Bei dem Schreiduell brüllt er sie an, ihre Ausflüge seien zu Ende, sie werde das elterliche Haus vorerst nicht mehr verlassen, jetzt, wo nichts als *Kommunisten und Islamisten* unterwegs seien. Keine anständige Frau habe da draußen etwas zu suchen. Ein Wort folgt dem anderen, und am Ende gewinnt der Vater. Er sperrt seine erwachsene Tochter in ihrem Zimmer ein. Davor nimmt er ihr das Handy und alles Geld, ohnehin *sein* Geld, ab. Sollte sie es wagen, das Haus zu verlassen, werde er dafür sorgen, sagt er, dass es ihr leid tue. Cholerischer Typ, mein Vater, sagt sie.

Dass sie seit einigen Tagen als Übersetzerin mit mir arbeitet, hat die junge Frau daheim verschwiegen. Arbeiten ist nicht Frauensache in dieser Familie. Die Mutter ist, zum Ärger der Tochter, nur Hausfrau. Wenn die Mutter aus dem Haus geht, dann nur, um einzukaufen oder Freundinnen zu treffen. Der Chauffeur bringt sie zu den jeweiligen Verabredungen und wartet, bis sie fertig ist.

Als Mutter und Vater noch schlafen, entwischt die Rebellin. Sie steigt durch das Fenster und über die Mauer um das Grundstück. Die Wachen in der Straße kennen sie. Die kilometerlange Strecke ins Zentrum läuft sie zu Fuß, weil sie keinen einzigen Geldschein bei sich hat.

Wir treffen uns nur zufällig am Rande von um sich greifenden Unruhen. Die Proteste sind überall in Kairo im Gange.

\*

Vom Restaurant aus können wir gerade noch eine Rauchwolke über einem Regierungsgebäude beobachten, bevor die Hotelbediensteten die Fenster sicherheitshalber mit Bretterwänden abdecken.

Das Haus ihrer Familie liegt in dem Regierungsviertel Heliopolis, in der Nähe des Präsidentenpalastes, was das Wachpersonal erklärt. Präsidentenpalast und eine der Residenzen des ägyptischen Staatsoberhauptes sind umgeben von Kasernen der Armee und von Regimetreuen. Wer hier wohnt, gehört zum engsten Kreis der Macht.

Die Leute aus dem direkten Umfeld des Präsidenten, egal in welcher Funktion, genießen in Ägypten, neben dem privilegierten Wohnsitz, das eine oder andere politische Amt in Ministerien oder in Betrieben. Einige sind glückliche Nutznießer einer Privatisierungswelle, weil staatliche Betriebe gelegentlich unter dem Marktpreis verkauft werden. Zu Ägyptens inneren Kreisen gehören selbstverständlich Militärs, ihrerseits stolze Besitzer so unterschiedlicher Unternehmen wie Munitionsfirmen oder, weniger naheliegend, Nudelfabriken. Die Armee kontrolliert massiv die Wirtschaft. Die Ägypter scherzen, andere Armeen seien Kriegsmaschinen, die ägyptische hingegen ein Geldautomat. Das trifft den Kern der Sache.

Als wäre das nicht genug, spielt die Armee die Rolle des allgemeinen Sittenwärters, wenn sie weibliche Demonstranten auf dem Tahrir-Platz wie jetzt pauschal der Prostitution bezichtigt. In die Hände der Armee zu geraten, ist nicht minder erniedrigend als in die der Polizei. Beide Apparate arbeiten insofern zusammen, als sie gemeinsam junge Männer aus der Menge der Demonstranten heraus ohne Rücksicht verhaften. Mit einer Frau geht man nicht zimperlicher um. Eine wird, als sie sich wehrt, wie ein Mehlsack von Soldaten über den Platz gezogen, bis sie nur noch in der Unterwäsche daliegt. Niemand hätte davon erfahren, wären nicht Handy-Aufnahmen von einem Opfer im Internet als Beweis aufgetaucht. Die Armee weist jede Schuld zurück.

Eine andere wird von den Sicherheitskräften lächerlich gemacht, weil sie über den ihr aufgezwungenen Jungfrauentest spricht. Sicher hätte es einen guten Grund dafür gegeben, wird ihr höhnisch entgegnet.

Meine Übersetzerin deutet an, sie wisse, dass die Typen von der Polizei genauso brutal wie bestechlich seien, außerdem habe ihr Vater Beziehungen. Welche Tätigkeit der ausübt, ob er Militär, Berater des Präsidenten oder hoher Beamter eines Ministeriums ist, kann ich nicht eindeutig aus ihr herauskriegen. Erstaunlich ist jedoch, über wie viel sie Bescheid weiß. Das macht den Satz, ihre Familie verkehre in den höchsten Kreisen, glaubwürdig. Ich lausche gespannt. Sie erzählt von den erwirtschafteten Milliarden des Mubarak-Clans. Suzanne Mubarak, meint sie, sei nichts als eine ehrgeizige, intrigante Frau. Ständig versuche sie, ihre eigenen Verwandten in die höchsten Posten zu hieven, selbst bei verbriefter Unfähigkeit. Ihr wichtigstes Anliegen sei es, den eigenen Sohn zum nächsten Präsidenten zu küren. Die Armee sei dagegen, weil sie einen aus ihren Reihen im Präsidentenpalast wolle, wie schon in den Jahrzehnten davor. Davon spricht man offen in den Villen in Heliopolis. Deswegen gibt es bei den Mubaraks Spannungen.

Die junge Frau hat keinerlei Scheu, darüber zu reden. Andere Ägypter hätten das nicht gewagt. Furcht ist ein gutes Mittel, die Leute unten zu halten. Darüber kann die junge Frau nur lachen. Wovor sich fürchten? Vor einer wie Suzanne?

*

Zeitungen und staatliches Fernsehen berichten in höchsten Tönen über die Präsidentengattin. Sie gilt als Förderin der Ägypterinnen. Ihr ist zu verdanken, dass ein ägyptischer Ehemann zuerst die Zustimmung seiner ersten Frau braucht, wenn er sich eine Zweitfrau nehmen will. Vorher konnte er seine erste Frau einfach verstoßen. Dank der Präsidentengattin muss er sie nun zumindest über seine Entscheidung informieren oder er beauftragt einen Anwalt, das zu tun. Ungeändert bleibt das Gesetz, dass sich jeder Mann bis zu vier Ehefrauen gleichzeitig nehmen kann. So ist das in den meisten islamischen Ländern.

Frau Mubaraks zweites Anliegen ist es, die Beschneidungen von Mädchen einzuschränken. In Ägypten soll über die Hälfte der Frauen beschnitten sein. Ganze Generationen von Frauen halten daran fest, obwohl Islamgelehrte der angesehenen *Al-Azhar-Moschee*, der höchsten religiösen Instanz im Lande, sich dagegen aussprechen. Beschneidung, sagen sogar sie, habe ohnehin nichts mit Religion zu tun. Es sei eine Unsitte, aus Afrika kommend, zu dem Ägypten geografisch gehört. Das erklärt, warum die Beschneidung unter Kopten genauso verbreitet ist wie unter Muslimen. Koptische Mütter ersparen ihrem weiblichen Nachwuchs die Prozedur der Beschneidung ebenso wenig. Kopten sind Ägyptens vorislamische, christliche Minderheit. Sie machen ungefähr zehn Prozent der Bevölkerung aus.

Suzanne Mubaraks Kampf wird im Westen recht positiv angemerkt und oft mit entsprechenden Ehrungen bedacht. Es gibt kaum eine internationale Veranstaltung für Frauenrechte, bei der sie nicht in der ersten Reihe sitzt. Vorkämpferin der Frauen in der islamischen Welt zu sein, ist eine schwierige Rolle. Jeder weiß das. So eine muss gewürdigt werden in den Augen der Welt.

Daheim in Ägypten sind die Spielregeln verschwommener. Suzanne Mubaraks Ehemann, Präsident Hosni Mubarak, lässt Kairo seit zwanzig Jahren mit Plakaten mit Aufrufen vollpflastern, mehr Ägypterinnen sollten als gute Musliminnen ein Kopftuch tragen. Wie alle Präsidenten vor ihm benützt er den Islam ebenso, wie er ihn bekämpft. Die ägyptische Verfassung wurde bereits von seinem Vorgänger, Präsident Anwar as-Sadat, islamisiert, ohne dass sich jemand darüber im Westen aufgeregt hätte.

Daheim in Ägypten sind die Spielregeln brutaler als in den Fest-
sälen, in denen die Ehrungen stattfinden. Daheim werden Mädchen und Frauen auch mitten in Kairos Zentrum von Jugendbanden
vergewaltigt. So geschehen in der Mubarak-Zeit, in einer trüben
Novembernacht, ausgerechnet während eines der hohen Festtage.

Tage, an denen Familien spazierengehen. Tage, an denen Eltern
und Kinder gemeinsam eines der zentral gelegenen Kinos besu-
chen, um dort die neuen Filme zu sehen. Danach geschieht es.
Frauen kreischen, während Mubaraks Ordnungshüter zusehen.
Nur einer versucht den Frauen zu helfen, erzählen schockierte
Zeugen. Kein Polizist wird diszipliniert. Keiner verliert seinen
Posten. In den staatlichen Medien wird der Zwischenfall totge-
schwiegen. Aus dem Munde der Präsidentengattin kommt kein
Wort der Kritik. Das Gerücht geht um, eine Bauchtänzerin hätte
den Aufruhr ausgelöst.

*

In dem immer turbulenten Zentrum, in dem Straßengewirr um den
Tahrir-Platz, Sammelplatz für Demonstranten, Straßenhändler,
Diebe und gewalttätige Typen jeder Art, will meine Übersetzerin
nicht bleiben. Wir können von unserem Tisch im Hotelrestaurant
aus den Platz beinahe sehen. Rennende Polizisten. Tränengas. Das
hier sei sie nicht gewöhnt, sagt sie, so ein unübersichtliches Chaos,
außerdem sei sie todmüde, der Fußmarsch habe ihr den Rest gegeben. Sie sagt, sie gehe nie zu Fuß. Für körperliche Ertüchtigung
gebe es Sportclubs. Normalerweise würde sie den Fahrer ihres
Vaters nehmen, wenn sie einen Weg zurückzulegen habe, etwa
zur Universität. Ein Viertel wie das um den Tahrir sei ihr unbe-
kanntes Territorium. Sie kenne sich überhaupt in Kairo wenig aus.

Die junge Frau wäre verschwunden, hätte ich sie nicht überredet, im Hotel zu übernachten. Der Rezeptionist findet ein Zimmer
für sie. Die Nacht über wird draußen geschossen, während die
Hoteleingänge verbunkert werden. Niemand wird eingelassen.
Keine Demonstranten, keine Verletzten.

In den Tagen darauf wird es noch unruhiger, aber meine Übersetzerin wird es nicht mehr so hautnah miterleben. Gleich am nächsten Morgen ruft sie daheim an. Ihre Familie ist besorgt. Bald ist der Wagen des Vaters mit Chauffeur unterwegs zum Hotel, um sie abzuholen und in Sicherheit zu bringen. Sie solle, sagt ihr die Familie, nur ja kein Taxi nehmen.

Als der Fahrer vor dem Hoteleingang parkt und ihr die hintere Wagentür aufhält, treffen zwei Welten aufeinander. Eine junge Frau, die nicht gewohnt ist, Befehle entgegenzunehmen. Eine aus Heliopolis. Eine, die ungeduldig wird, wenn der Fahrer nicht sofort spurt. Sie will so schnell wie möglich zurück in die Villa. Die Wohnung des Fahrers liegt vermutlich in einem der weit entfernten Stadtteile, Ain Schams oder im Viertel Imbaba. Sicher hat er eine Ehefrau mit Kopftuch. Eine, die oft beten geht, weil sie glaubt, es würde helfen, Miete und Strom zu bezahlen.

Der Fahrer muss, während er den Autoschlüssel hervorholt, jeden einzelnen harten Tag vor Augen haben, den Menschen wie er schon hinter sich liegen haben, und die Tage, die noch bevorstehen. Bis in alle Ewigkeit. Bis sich vielleicht etwas daran ändert, dass er, wie fast die Hälfte der Bevölkerung Ägyptens, unter dem Existenzminimum lebt, trotz seines Jobs als Fahrer. Jedes Pfund umdreht, bevor es ausgegeben wird. Jede Preiserhöhung als Bedrohung empfindet. Auch wenn er, wie viele Ägypter, vielleicht nicht einen, sondern zwei Jobs hat. Tagsüber fahren, nachts in einem Restaurant arbeiten, von zehn Uhr abends bis drei Uhr morgens.

Der Fahrer tritt das Gaspedal durch.

Ich blicke dem Wagen nach, der die junge Frau zurückbringt in ihre gutbehütete Welt, dorthin, wo sie sicher ist vor allen Übeln des unberechenbaren Kairo.

## 1 Die Unnahbare

Niemand in der Familie kann mir genau sagen, warum aus der Nachtclubsängerin und Kettenraucherin ausgerechnet eine Salafistin geworden ist. Salafistin, ein Schreckenswort. Salafismus ist eine der radikalsten Strömungen des Islams. Die Sängerin hätte sich nichts Schlimmeres aussuchen können. Aber das war ihre Wahl und daran hält sie seit Jahren fest.

Das Datum ihrer Bekehrung ist allen wie eine Wunde ins Gedächtnis eingebrannt. Es war 2001. Jeder erinnert sich noch daran. Es war vor mehr als dreizehn Jahren, als die in Kairos Unterhaltungsszene bereits gut etablierte Sängerin namens Rita sich von der Welt abwandte, um von da an die von Salafisten vorgeschriebene Bekleidung anzulegen und die Trennung von Männern und Frauen strikt einzuhalten. Seither verbringt sie den Großteil ihrer Tage mit Gebeten. Sie folgt ausnahmslos allen vorgeschriebenen Regeln. Nur mit den Fingern essen, was einige Salafisten praktizieren, tut sie nicht. Alles andere, merke ich selbst mehr als mir recht ist, befolgt die Salafistin Rita bis ins letzte Detail.

Ihr dunkler Ganzkörperumhang ist das sichtbarste Anzeichen ihrer strengen Religiosität. Der Gesichtsschleier mit dem Schlitz, durch den jeder, auch ich, Ritas Augen nur erahnen kann. Riesige, dunkle Augen mit überlangen Wimpern, die den Rand des Gesichtsschleiers berühren, sobald Rita mit den Augen klimpert. Niemand kann umhin, sofort daran zu denken, dass diese Frau dieselbe religiöse Richtung eingeschlagen hat wie der berüchtigtste Salafist der Welt, Osama bin Laden. Und sie trägt, auch bei den höchsten Temperaturen in Kairo, Handschuhe. Schwarze Handschuhe, die so weit reichen müssen, dass man bei keiner Bewegung ein Stück ihrer weißen Haut sehen kann.

*

Mein ursprüngliches Interesse gilt nicht der Salafistin, sondern ihrer Schwester, der berühmtesten Bauchtänzerin Ägyptens: Dina Talaat.

Bei einem Dreh mit ihr bei einer ihrer Tanzvorführungen Ende 2012 erfahre ich von der Existenz ihrer salafistischen Schwester. Während Dina vor einer Gesellschaft in einem Luxushotel tanzt, erzählt mir eine Bekannte, die mich zu ihr gebracht hat, von der religiösen Schwester, als wäre das etwas Normales hier.

So habe ich zunächst noch keine konkrete Vorstellung von der Salafistin Rita. Früher gab es in Ägypten eine westlich orientierte Alltagskultur. Seit mehr als einem Jahrzehnt gehört die zur Vergangenheit. Heute wird das Land nicht nur von Revolten und Protesten erschüttert, sondern es durchlebt eine zunehmende Islamisierung. Kairo, das Hollywood arabischer Unterhaltung mit seinen Kinos im Zentrum, den großen Film-Hits und nicht zuletzt den angehimmelten Bauchtänzerinnen, ist eine zerrissene Stadt. Hier Freizügigkeit, dort religiöser Fanatismus. Nötigung von Frauen in Seitenstraßen, und eine Tänzerin wie Dina, in ein und demselben Viertel.

Die Vorstellung, dass es in derselben Familie zwei so unterschiedliche Schwestern gibt, liegt weniger nahe. Eine Salafistin wie Rita würde normalerweise in eine arme Familie gehören, eine Frau wie Dina in eine reiche, so glaubt man in Europa.

Meine Bekannte kennt beide Schwestern gut. Während Dina vor der Hochzeitsgesellschaft tanzt, erzählt sie mir so einige Einzelheiten. Etwa, dass die Schwester offenbar von niemand Konkretem bekehrt wurde. Niemand hat ihr den Salafismus aufgezwungen. Schließlich sei sie Sängerin gewesen. Sie habe mit ihrer tiefen Mezzosopranstimme Erfolge gehabt, sei zusammen mit ihrer Schwester jahrelang auf Tournee durch Europa unterwegs gewesen. Dann habe sie plötzlich mit allem gebrochen, von einem Tag auf den anderen. Kaum vorzustellen, sagt sie, wo doch Rita früher arabische Stars wie Umm Kulthum und Fairuz geliebt habe. Frank Sinatra und Céline Dion seien damals ihre Vorbilder aus dem Westen gewesen.

Seit ihrer Bekehrung zum Salafismus, so die Bekannte, sei Dinas Schwester insofern unzugänglich, als sie das bei Religiösen übliche abgeschirmte Leben führe. Man könne versuchen, einen Kontakt herzustellen. Wenn Dina mir einen Draht zu ihrer Schwester legen würde, müsste es klappen. Immerhin seien die beiden nicht zerstritten.

Das macht die Sache in meinen Augen noch eine Spur ungewöhnlicher. Ich versuche mir die beiden nebeneinander vorzustellen. Die eine, Dina, in einem ihrer umstrittenen Bauchtanzkostüme, die für den Geschmack vieler Ägypter allzu offenherzig sind. Sie sind eines von Dinas Markenzeichen. Die andere, Rita, mit Gesichtsschleier und Ganzkörperumhang. Da sagt mir die Bekannte, die Schwester habe sich auch umbenannt. Sie heiße nicht mehr Rita. Ihr neuer Name laute *Rokkaya*, nach einer der Töchter des Propheten Mohammed. Ich erfahre, dass ihre salafistischen Freundinnen ihr diesen Namen nahegelegt hätten. Rita klinge zu christlich, eine Salafistin dürfe so nicht heißen.

\*

So, wie sie eines späten Morgens neben mir steht, nichts als ein schwarzer, unnahbarer Schatten, so werden die meisten unserer Begegnungen ablaufen. Wie sich unterhalten mit einer Frau ohne Gesicht? Lächelt eine Salafistin jemals? Wie sieht so eine aus, wenn sie zornig wird? Die unwirkliche Szenerie, überflutet von einer grellen Sonne, die uns blendet, erweckt bei mir den Eindruck, eine solche Frau gehöre nicht ins Kairoer Verkehrschaos. Altersschwache Autos fahren zwischen von Eseln gezogenen Karren, Staubwolken hinter sich herziehend, die einem das Atmen schwer machen. Als würde das nicht genügen, begleiten Schreie von Kleinhändlern und unentwegtes Hupen die Szene. Jedes Hupen klingt wie ein Wutausbruch.

Und mittendrin die Salafistin, die vorsichtig, wie eine Blinde, versucht, die dichtbefahrene Straße zu überqueren. Ich beobachte sie, wie sie ihren ganzen Körper nach rechts dreht, um überhaupt etwas zu sehen mit ihrem eng um die Augen liegenden Gesichtsschleier. Normalerweise haben wir mit beiden Augen ein Gesichtsfeld von etwa 180 Grad, bei Rita ist es nicht einmal halb so viel. Sie hat ein echtes Handikap in dieser unübersichtlichen Verkehrslage.

An den Füßen trägt sie ausgerechnet Crocs. Bequeme Schuhe, sagt Rita später, seien das Um und Auf. Damit könne sie besser gehen als in Schuhen mit Absätzen. In diesem Verkehrsgewirr geht sie nur einen kleinen Schritt nach vorne und muss sofort wieder zurück, weil ein Taxifahrer aufs Gas steigt anstatt zu bremsen. Sie hat ihn nicht gesehen.

Wohin sie mich zum Einkaufen bringt, das ist Ritas Kairo, ein Viertel der unteren Mittelklasse. Dichtbevölkert wie alle Bezirke der Stadt, außer man lebt in Oasen der Ruhe wie Heliopolis, Heimat der oberen Zehntausend. Dort ist nicht jeder Meter entweder verbaut mit einem Netz von halbfertigen Straßen oder von zum Teil unverputzten Gebäuden. Hier schon. Nicht berücksichtigt sind dabei die unzähligen Karren mit Obst, Gemüse oder sonstigen Waren auf den Gehsteigen. Andere bieten auf Kohleöfen gegrillte Fleischspieße an. Keiner der Händler besitzt eine Lizenz. Kairos Polizisten sind nicht dazu da, Genehmigungen zu überprüfen, sondern um nebenbei etwas zu verdienen. Dazu sind die polizeilichen Kontrollen da. Damit die Händler bleiben dürfen, wo sie sind, müssen sie zahlen. Damit die ganze Maschinerie überhaupt funktioniert. Die Millionenstadt Kairo hat keinen Bürgermeister. Sie wird von mehreren Gouverneuren regiert, alle sind Militärs im Ruhestand. Und was in den oberen Etagen geschieht, geschieht unten auf der Straße. Es ist ein strukturloses, wildes Durcheinander.

Trägerinnen von *Niqabs*, wie man den Schleier nennt, hinter dem Rita ihr Gesicht versteckt, sind hier normal. Niemand gafft ihr nach. Selbst Kindern sind die schwarz gekleideten Gestalten vertraut. Ihnen nachzulaufen, um sie zu verspotten, gehört sich nicht. Sie hinter vorgehaltener Hand als *Tod, der spazierengeht,* zu bezeichnen, würde Rita in ganz Ägypten niemals hören. Der Ausdruck stammt von dem französischen Schriftsteller Guy de Maupassant, aus einer Welt ohne den gebührenden Respekt vor der Religion. Dort, im Westen, hält man religiöse Menschen für Hinterwäldler. Hier nicht.

West ist West und Ost ist Ost.

Ungläubiges Kopfschütteln gibt es hier, das ja. Eine strengreligiöse Frau zu beleidigen, das ist jedoch ausgeschlossen, und sei es nur aus Furcht vor Todesdrohungen von radikalen religiösen Gruppen.

*

Ägypter gelten in der arabischen Welt als die Frommsten unter allen. Die meisten von ihnen sind noch dazu extrem abergläubisch.

Zu ihrem Alltag gehört, neben der Angst vor bösen Geistern, vor allem der Respekt vor Allah, den sie täglich mit fünf verschiedenen Pflichtgebeten ehren. Wer sie vergisst, riskiert in Ägypten, von den Nachbarn schräg angesehen zu werden, weil er damit zeigt, dass er seine Prioritäten nicht kennt. Hinter seinem Rücken wird getratscht. Die soziale religiöse Kontrolle ist in einigen Vierteln stärker, in anderen schwächer. Aber es gibt sie überall.

Selbst Ritas Schwester, immerhin eine Bauchtänzerin, betont mir gegenüber mehrmals, sie sei religiös. Die Bauchtänzerin meint nicht die Religiosität ihrer salafistischen Schwester, doch *ohne religiöses Bekenntnis* zu sein, könne sie sich nicht leisten.

Wie wichtig die Religion ist, spiegelt sich in offiziellen Dokumenten wider. In ihnen ist die Religion eines jeden vermerkt: muslimisch, wie beinahe 90 Prozent der Bevölkerung, koptisch, wie ungefähr zehn Prozent der Ägypter. Die dritte anerkannte Religionszugehörigkeit ist die jüdische. Dazu gehört nur eine verschwindend kleine Minderheit. Die Bezeichnung *ohne religiöses Bekenntnis* ist in Ausweisen nicht vorgesehen.

Insofern fällt Rita nicht wirklich auf, wenn sie mit ihrem Umhang unterwegs ist. Wenn auch wie überall in der Stadt Kopftücher überwiegen und Umhänge in der Minderheit sind, ist Rita hier zumindest mehr die Norm als ich. Mit meinen unbedeckten Haaren bin ich die Ausnahme. Blicke treffen eher mich als sie. Eine Frau an ihrer Seite ohne Kopfbedeckung ist Rita nicht recht. Sie spricht es nicht eindeutig aus, doch ich merke, dass es ihr lieber wäre, ich würde weniger auffallen.

*

Die Arbeit mit Rita ist von Beginn an kompliziert. Misstrauen prägt unser Verhältnis. Bevor sie mich in ihrem Viertel herumführt, treffen wir einander zu einem allerersten Gespräch auf so etwas wie neutralem Boden, in der Wohnung ihrer Tochter, ausgerechnet einer Visagistin, die in einer TV-Anstalt Talkshow-Gäste vor den Auftritten schminkt. In ihr eigenes Heim will mich Rita lange nicht einlassen. Zuerst wolle sie ein klärendes Gespräch mit mir führen, sagt sie. Allein das zu organisieren, dauert mehrere Wochen. Es kommt erst nach zahlreichen Telefonaten zustande.

Ritas geheimste Ängste stellen sich bei der abendlichen Zusammenkunft bald heraus. Sie fürchtet, sie würde notgedrungen nur in der zweiten Reihe hinter ihrer bekannten Schwester erwähnt werden, und wenn, dann würde ich sie in einem schlechten Licht darstellen. Dass der Salafismus in Europa gefürchtet ist, weiß sie. Sie kennt alle herrschenden Regeln wie das Umhang-Verbot in einigen europäischen Ländern. Das sei nur auf die negative Presse zurückzuführen, meint sie. Mit der Wirklichkeit habe das nichts zu tun. Zwischen den Zeilen lautet Ritas Botschaft, der Salafismus müsse nur richtig verstanden werden. Er sei nicht radikal. Sie lässt durchklingen, dass sie bereit wäre, ihn mir darzulegen.

Mein Vorhaben sieht anders aus. Ursprünglich plane ich, eine Reportage über die Bauchtänzerin in einem zunehmend islamisierten Ägypten zu realisieren. Als ich von ihrer Schwester, der Salafistin, erfahre, wird aus der Geschichte über eine Frau eine Geschichte über zwei Frauen.

Dazu gehört, dass ich mehr darüber erfahren will – nicht nur über den Salafismus, sondern über eine Frau, die früher Sängerin war. Zu diesem Zeitpunkt besitze ich noch nicht ihr Vertrauen.

Nicht allein mir, niemandem in ihrer Familie verrät sie, warum sie so fasziniert ist vom Salafismus.

Zusätzliche Hürde: Als Salafistin will Rita keinen Mann in ihre Wohnung lassen. Der Kameramann ist bei ihr schon allein aus religiösen Gründen unerwünscht. Mein Übersetzer Walid ist Ägypter. Er ist Muslim. Er hat jedoch einen Makel: Er ist kein Salafist.

\*

In Ritas Kreisen gilt schwarzer Kümmel als Wundermittel gegen jede Art von Krankheiten, lerne ich von ihr in dem Salafisten-Spezialitätenladen auf der gegenüberliegenden Straßenseite. Genauso wie Honig, den ein Bärtiger in dem vollgeräumten, engen Geschäft in Gläsern verschiedener Größe als das bei Salafisten beliebteste Süßmittel anbietet. In den Regalen stehen Behälter mit Kräutern, dazu Döschen mit alternativen Kosmetika, Naturreis, und in einer Schachtel verkauft er eine Art Wurzel. Damit putzen sich Salafisten die Zähne, anstatt eine Zahnbürste zu verwenden. Es gibt auch eine Alternativmedizin der Salafisten, *Hegama* genannt. Nichts fasziniert Rita mehr als diese Glasbehälter, die im Sechserpack angeboten werden. Sie sagt mir, sie sei in deren Anwendung von einer salafistischen Deutsch-Ägypterin ausgebildet worden. Sie zeigt mir, wie man die Kugel auf der Haut ansetzt, mit einer Handpumpe so lange pumpt, bis die Hautstelle rot anläuft. Daraufhin wird die Haut genau da angeschnitten, damit laut Rita *verschmutztes Blut* ablaufen könne. Sie glaubt fest daran, verschmutztes Blut sei der Grund aller Schmerzen. Diese Prozedur muss laut der Salafistin so lange wiederholt werden, bis der Kranke geheilt ist – wie bei dem im Mittelalter in Europa üblich gewesenen Aderlass.

Mit dieser alternativen Heilmethode verdient sich Rita einen Teil ihres Lebensunterhaltes. Sie hat insofern keinen festen Job, als sie die meiste Zeit des Tages für ihre Haupttätigkeit braucht, das Beten. Salafismus sei eben kein Hobby. Es sei eine Vollzeitbeschäftigung, sagt mir Rita.

\*

Neben Beten und Koran-Studium gelten Kümmel, Honig, Glaskugeln und nur mit der rechten, der sauberen Hand zu essen bei Salafisten deshalb als Pflicht, weil all das bereits in der Zeit des Propheten Mohammed existierte – also um das Jahr 600 – und laut
Salafisten wohl noch in den folgenden drei Jahrhunderten. Woran
sie festhalten, wird in der einen oder anderen Form entweder im
Koran erwähnt oder in den überlieferten Schriften des Propheten
Mohammed und seines engsten Kreises, der sogenannten Samm-
lung der *Hadith*. All diese Regeln gelten selbst nach 1400 Jahren bzw.
sollen noch ihre Wirkung haben. Sie hätten sich bewährt.

Das ständige Bemühen, im Koran zu erforschen, wie ihre islamischen Ahnen gelebt haben, und ihnen nachzueifern, ist der Kern
dieser Lehre. Alles dreht sich um das Wort Vorfahre, *Salaf*. Daher der
Name Salafismus. Eine zweite, ähnliche Strömung ist der Waha-
bismus in Saudi-Arabien, der aber zugleich eine Konkurrenz zum
Salafismus darstellt. Die Mehrheit der Muslime jedoch lehnt diese
extremen Interpretationen ab.

\*

Salafisten-Läden sind ein Renner in Kairos Bezirken wie dem von
Rita. Zu den typischen Angeboten gehören auch salafistische Bekleidung, Umhänge für Frauen und Hemden für Männer. Regale
voll mit salafistischer Literatur werden angeboten, etwa Bücher mit
Orientierungshilfe bei der Kindererziehung oder bei der Behandlung von Frauen.

Ich blättere diese Bücher durch. Zwischen kurzen Texten befinden sich Zeichnungen wie die von einem Mädchen unter einem
Ganzkörperumhang. Die Augen sind bis zur Pubertät noch nicht
verhüllt.

In den Texten wird beschrieben, erklären mir die Verkäufer, dass
ein Mädchen sich schon früh an den Umhang gewöhnen sollte. Die
Heirat sei der Zeitpunkt, ihn überzustreifen und sich, so viel wie
möglich, zurückzuziehen aus der Öffentlichkeit. Die Wohnung
bzw. die Küche wird die Welt der Salafistin, auch wenn nicht alle

Religiösen dies vertreten. Sonst würden in Kairos Stadtvierteln nicht so viele Salafistinnen zu sehen sein, von Rita *Schwestern* genannt. Manchmal nennt sie auch mich so, unabsichtlich. Frauen sind *Schwestern*, Männer heißen *Brüder.*

In allen Läden der Frommen sind verschiedenste Ausgaben des Korans, des wichtigsten aller Bücher, stapelweise ausgestellt. Koran-Ausgaben sind in den meisten ägyptischen Haushalten nichts Ungewöhnliches. Rita trägt die ihre in der Handtasche mit sich herum, um überall, wo sie ist, darin zu lesen. Sie sitzt neben mir im Taxi und zieht, während wir im Stau stehen, ihren Koran hervor. Auch eine Gebetskette hat sie mit, mit der sie eine Sure nach der anderen mit leiser Stimme vor sich hinbetet. Zwischendurch höre ich sie mit einem Seufzer *Allah, Allah!* sagen.

*

An Ritas Eigenheiten kann ich mich schnell gewöhnen, außer an ihren Umhang. Ich bin nicht die einzige, die damit Schwierigkeiten hat. Ihrer Schwester Dina geht es genauso. Sie erzählt mir die Geschichte, wie sie Rita zum ersten Mal in der Tür mit dem Umhang auftauchen sah. Es war im Frühjahr 2001. Fast in Ohnmacht sei sie gefallen, meint sie, und damals habe sie noch gehofft, es sei eine vorübergehende Laune ihrer Schwester. Diese Hoffnung musste die Bauchtänzerin inzwischen aufgeben.

*

Mit Umhang, *Niqab* genannt, wird im allgemeinen Sprachgebrauch ein über den Knöchel gehender Mantel plus Gesichtsschleier bezeichnet. Trägerinnen müssen ein rechteckiges Stück undurchsichtigen Stoff mit zwei Bändern hinter dem Kopf befestigen und je nach Schnitt und Modell den unteren Teil nach hinten werfen. Zusammengehalten wird der Schlitz zusätzlich mit einem dünnen Faden über der Nasenwurzel. Streng genommen heißt nur der Schleier vor dem Gesicht *Niqab*. Alles außer der Gesichtsbedeckung gehört zur Kleidung von religiösen, aber nicht-salafistischen Frauen: der Mantel, *Abaya*, dazu blickdichte Strümpfe, um die Haut bei den Knöcheln zu bedecken, und die Schuhe, für die es keine strikten Regeln gibt. Nur strenge Salafistinnen wie Rita ziehen sich in der Öffentlichkeit zusätzlich schwarze Handschuhe über. Sie dürfen nicht zu kurz sein. Bei Handbewegungen darf kein Stück Haut zu sehen sein.

Jeder Zentimeter des Frauenkörpers ist auf diese Weise unsichtbar. Rita besteht darauf, dass ich wissen müsse, dass Umhänge nicht körpernah sein dürfen. Wenn ich nicht erfahren hätte, dass sie gerade fünfzig geworden ist, würde ich nicht einmal ihr Alter erraten können. Sie ist nichts als eine dunkle, relativ kleine Gestalt für mich. Bei unseren späteren Treffen draußen ging ich manchmal beinahe an ihr vorbei, so schwierig war es für mich, Rita zu erkennen. Besonders schwierig ist es, wenn Rita zwischen anderen *Niqab*-Trägerinnen steht. Es ist Rita, die mir den Tipp gibt, ich solle nicht nach dem Sehschlitz forschen oder Augenkontakt suchen, sondern nach ihrer Handtasche Ausschau halten. Das sei, sagt sie, das leichteste Erkennungszeichen, wie sie es auch praktiziere zwischen sich und ihren Freundinnen. Sie trägt eine schwarze Handtasche ohne besondere Kennzeichen an ihrem Handgelenk, was mir die Sache nicht erleichtert. Wenn wir miteinander sprechen, stelle ich mir vor, wie sie meine Reaktionen, einen Augenaufschlag oder einen kritischen Blick, genau verfolgt unter ihrem Gesichtsschleier. Es ist nutzlos, da etwas hineinzuinterpretieren oder gar nach ihren Gefühlen zu forschen. Die Salafistin öffnet sich, aber nur, wenn sie will.

Obwohl ich längst weiß, dass sie Rokkaya heißt, sagt sie mir erst einige Monate nach unserem Kennenlernen, dass sie nicht mehr Rita heiße. *My name ist Rokkaya – like the daughter of the prophet!*

Eine Geste der vorsichtigen Annäherung.

## 2 Eine ägyptische Kindheit

Fotos über Fotos. Mehrere Schachteln voll und dazu noch einige Alben. Ich nehme ein Foto nach dem anderen in die Hand. Rita und Dina. Die Mutter. Weihnachten Mitte der Sechzigerjahre.

Auf einigen der vergilbten Schwarz-Weiß-Aufnahmen hocken die beiden Töchter aus der muslimischen Mittelstandsfamilie ausgerechnet neben einem überreich geschmückten Weihnachtsbaum, die etwas jüngere Dina ist heller, Rita hingegen hat dunkle Augen und einen niedlichen Krausekopf. Die beiden Schwestern müssen um die vier bzw. fünfeinhalb sein. Rita ist um knapp anderthalb Jahre älter als Dina. Die Aufnahme muss kurz vor dem Zeitpunkt gemacht worden sein, als der Vater nach einigen Jahren im römischen Büro der ägyptischen Nachrichtenagentur zurück nach Kairo versetzt wird. Laut Dina war er Journalist und nicht besonders gläubig. Weihnachtsdekor aber ist heute bei vielen Muslimen nichts Ungewöhnliches. Zur Weihnachtszeit ist Kairo geschmückt wie ein Christbaum, den es in ein arabisches Land verschlagen hat.

Wie in den Sechziger- und Siebzigerjahren in Europa für Kleinkinder Mode, tragen die Schwestern auf den meisten Aufnahmen eng am Oberkörper anliegende Kleider, die an der Taille extrem bauchig werden. Rüschen in allen Größen und Formen haben es ihnen angetan. Die Mädchen, wohlgenährt, sitzen auf Teppichen oder Fauteuils. Nirgendwo ist etwas Besonderes zu erkennen, sieht man davon ab, dass manchmal Rita ernst dreinsieht, und manchmal ist ihre Schwester die mit einer Trauermiene. Mädchen halt, die fotografiert werden und daher ruhig halten müssen.

Neben den Fotos in den Schachteln von mehreren Weihnachten finde ich in den Alben ähnliche Aufnahmen von Geburtstagsfeiern oder Familienzusammenkünften, alles aufgehoben von Dina in einem Schrank in ihrer zweistöckigen Eigentumswohnung in Doqqi. Wenn Dina mich in diese hineinlässt, was sie bereitwillig tut, ist das wie eine Reise in Ägyptens Vergangenheit.

Ein Apartment, ausgelegt mit dicken Perserteppichen, ausgestattet mit Stilmöbeln, Kommoden und verschnörkelten Kästen ebenso wie mit orientalischem Kitschdekor, und dazu ein rund um die Uhr eingeschaltetes Radio in der Küche, um mögliche Einbrecher zu täuschen. Dina erlaubt, dass ich mich hier umsehe, denn sie lebt nicht mehr in der herrschaftlichen Wohnung in dem Viertel entlang des Nils. Früher war es eine der besten Adressen für Geschäftsleute und Botschafter. Es gibt hier Wohnungen, weitläufig wie ein Fußballplatz. Dinas Wohnung ist der Größe nach einer mehrköpfigen Familie würdig. Ich zähle acht Zimmer, neben Dinas Kammer mit den Bauchtanzkostümen, angesammelt in Jahrzehnten, an denen sie genauso sentimental hängt wie an den Kindheitserinnerungen. Sie scheint nichts wegzuwerfen. Alles wird aufgehoben. Sie hätte die Wohnung, die sie mit ihrem zweiten Ehemann, dem bekannten Regisseur Samah al-Baghuri, und dem gemeinsamen Sohn bewohnte, längst für gutes Geld an den Mann bringen können. Die Bauchtänzerin behält sie.

Auffallend sind die Ölgemälde an den Wänden, die teurer aussehen, als sie sind: Es sind friedliche Naturszenen von Alpengegenden. Untypisch wie die Familienfotos, jedenfalls verglichen mit dem chaotischen Moloch Kairo von heute. Ich sehe all die gelblichen Aufnahmen durch, auf der Suche nach einer Frau, wie ich sie heute überall sehe, einer mit Kopftuch. Ich finde keine einzige. Dafür blickt mir eine ausgesprochen gutaussehende Frau entgegen, die Mutter, eine schlanke Gestalt, mit einem damals modischen Kurzhaarschnitt und völlig westlich gekleidet, soweit ich das nach den Bildern beurteilen kann.

Dinas und Ritas Vater ist hingegen wie weggezaubert auf den meisten Fotos, obwohl er überall bei den Aufnahmen mit dabei war. Er existiert nicht mehr. Aus Weihnachtserinnerungen, aus allen Fotos ist seine Gestalt sorgfältig mit einer Schere herausgeschnitten. Aus einigen Bildern wurde er herausgerissen, als hätte es jemand in einem Wutanfall getan. *

In Dinas und Ritas Kindheit fegt ein Sturm des Fortschrittsglaubens über Ägypten hinweg. Noch merken wenige die bedrohlichen Anzeichen der Katastrophe, die folgen wird. Blut in den Straßen, Spaltung des Landes – ein Spiegelbild des Zwistes, der später die beiden Schwester erfassen wird.

Noch gelten Islam und Traditionen als überholt in Ägypten. Das Ausland, vor allem der Nachbarkontinent, am anderen Ende des Mittelmeeres, Europa, zeigt den Weg, wohin es gehen soll. Modernisierung ist ein Synonym für Verwestlichung.

Gelockerte Kleidervorschriften sind deren sichtbarste Boten. Nichts ändert sich radikaler als die für die Frauen. Es ist die Zeit, in der die Mutter von Rita und Dina Miniröcke trägt. Sie geht jede Woche zum Friseur, in der Hand die jüngsten Bilder aus Zeitschriften mit den aktuellen Kurzhaarschnitten aus Paris oder Rom.

Es ist die Zeit, in der Kairos Schneiderinnen aufgefordert werden, die Miniröcke noch kürzer zu machen. In den Magazinen erregen Fotos von Arbeiterinnen in Textilfabriken, die Haare entblößt, Aufsehen. Polizistinnen in knielangen, adretten Uniformröcken regeln auf den Kreuzungen den Verkehr. Schauspielerinnen richten sich nach Hollywoodgrößen und imitieren sie, was das Zeug hält. Jahrzehnte später werden Filmstars und junge Ägypterinnen, Vorreiter der importierten Trends, flott gekleidet, in hochhackigen Schuhen, als die typischen Vertreterinnen des Landes dargestellt. Sie sind es nicht. Kairos schicke Kaffeehäuser sind zwar voll mit diesen Schönheiten. Das traditionelle Kopftuch, *Hedschab* genannt, tief ins Gesicht gezogen, wird weiter von Millionen Bäuerinnen getragen, Ägyptens schweigender, rechtloser Mehrheit.

Fast alles im neuen Ägypten dreht sich um die Stadtfrau. Eine progressive Frauencharta gibt es bereits, erlassen von der Regierung. Feministinnen kämpfen für noch mehr Rechte und selbst islamische Frauenrechtlerinnen stellen das Bisherige auf den Kopf. Sie fragen, warum frommen Frauen eine Erziehung verweigert wird. Sie müssten genauso, wenn auch entsprechend gekleidet, arbeiten können.

Der frische Wind, mächtig und scheinbar unaufhaltsam, wird von oben, vom damaligen Präsidenten Gamal Abdel Nasser, regelrecht verordnet. Der General mit dem Ehrgeiz, in die Geschichte einzugehen, befiehlt den Ägypterinnen, sie dürften in nichts den Männern nachstehen.

Zum Teil gehen seine Reformen spurlos am Volk vorbei. Denn ohne dass Frauenmagazine darüber berichten, arbeiten Bäuerinnen bereits seit Langem in den Baumwollfabriken des Nildeltas. Sie helfen mit, ihre vielköpfigen Familien zu ernähren. Ausländer predigen den Ägyptern bereits seit Jahrzehnten, ihre Frauen müssten sich modernisieren. Ein Kopftuch zu tragen sei nicht zeitgemäß. Die verführerischen Ideale aus dem Westen schaffen genauso viele Probleme, wie sie lösen wollen, denn Kairos junge Frauen wissen nicht mehr, ob etwa die freie Liebe nun erlaubt ist oder nicht. Ihre Eltern bläuen ihnen ein, sie sei nicht erlaubt. Im staatlichen Radio wird dagegen Tag und Nacht über die Liebe gesungen. In den importierten Büchern steht, die Frauen seien frei. Nimmt sich eine die Freiheit, wie die Mutter von Rita und Dina, schnappt die Falle zu.

*

Gerade als Dina fünf ist und ihre Schwester knapp anderthalb Jahre älter, kurz vor dem Umzug aus Rom nach Kairo, ändert sich das Leben der beiden Schwestern dramatisch. Die beiden erfahren, dass ihre Mutter tot ist. Sie sei ganz plötzlich gestorben. Dina erinnert sich nicht mehr, wie sie von diesem einschneidenden Ereignis erfahren hat, ob ihr der Vater die traurige Nachricht überbrachte oder jemand anderer. Doch von einem Tag auf den anderen verschwindet die gutaussehende Frau aus ihrem und Ritas Leben. Wann immer die beiden Mädchen Fragen nach der Mutter stellen, erhalten sie dieselbe Antwort: Die Mutter ist gestorben.

Dina weint heimlich in ihrem Zimmer. Ihre Mutter fehlt ihr. Ab diesem Alter, dem von fünf Jahren, sagt sie, ist ihre Erinnerung leer. Jahrelang hat sie gelitten. In Rom war sie glücklich. Nun kümmert sich die ältere Rita um sie und wird eine Art Mutterersatz. Das schweißt die Mädchen zusammen. Die offizielle Mutterrolle übernimmt künftig hingegen eine andere Frau, die zweite Ehefrau des Vaters.

*

Ursprünglich stammen die Familien von Vater und Mutter nicht aus Kairo, sondern aus Oberägypten, einem Gebiet südlich der Hauptstadt, das bis Luxor reicht. Ein Gebiet, in dem bis heute eine Art traditioneller Ehrenkodex das Zusammenleben bestimmt. Familien sind zusammengefasst in Stämmen mit den Stammesältesten an der Spitze.

Blutige Familienfehden gehen über Generationen, sobald die Würde eines der Mitglieder verletzt wird, sei es durch Vergehen wie Diebstahl, Frauenentführungen oder ungewollte Trennungen von Eheleuten. Bei Mord ist es Brauch, eine Art *Blutgeld* zwischen den Ältesten auszuhandeln. Geschieht das nicht, bekriegen sich die Stämme. Staatsorganen wie der Polizei wird geraten, sich nicht einzumischen.

Dinas Großvater, eine imposante, autoritäre Figur, zieht nach Kairo. Als die Familie, der Vater und die beiden Mädchen, auch hierher zurückkehrt, so beschreibt es Dina, sei die Gesellschaft längst ein Mischmasch gewesen: Eine Frau in einem Minirock stand an der Autobushaltestelle neben einer Verhüllten. Kairo, erinnert sie sich, Ort ihrer an Erinnerungen sonst so leeren Kindheit, sei eine extreme, aber tolerante Stadt gewesen.

In derselben Stadt allerdings forscht niemand nach, wenn eine Frau spurlos verschwindet, ohne Begräbnis, ohne Trauerfeier. Es gibt keine Grabstätte für die Mutter, die ihre beiden Töchter besuchen könnten.

*

Dina ist neun, als sie nach einem Schulwechsel das erste Mal in ihrem Wohnviertel mit Tanz in Berührung gerät. Tanzklassen werden angeboten und Dina macht mit. Sie verfällt dem Tanz. Jahrelang bedrängt sie ihren Vater, ihr eine Ausbildung zu ermöglichen. Er will es nicht. Selbst als sie nur in einer harmlosen Volkstanzgruppe in Alexandria auftritt, wo die Tänzerinnen bewacht werden wie Edelsteine, damit sich ihnen kein männliches Wesen nähert, holt er seine Tochter zurück und sperrt sie tagelang in ihrem Zimmer ein.

Es dauert Jahre, bis sich Dina als herausragendes Talent einen eigenen Namen schafft. Eine Zeitlang arbeitet sie nur in Golfstaaten wie Dubai. Erst später folgen Auftritte in Kairos Fünf-Sterne-Touristenhotels, wo man ständig frische Unterhaltung braucht. Dazwischen lässt sich Dina vom Superstar der vorherigen Generation, Raqia Hassan, ausbilden. Und belegt nebenher auf der Universität Philosophie, um ihren Vater nicht ganz zu vergrämen.

Raqia Hassan bringt ihr zwischen den Vorlesungen die komplizierten, klassischen Bewegungen des Bauchtanzes bei: Knie beugen, Hüften nach unten fallenlassen. Knie durchstrecken, um die Hüften zu heben. Rechte Hüfte mit einer raschen Bewegung fallenlassen. Rest des Körpers steif halten und nicht bewegen! Regel Nummer eins des Bauchtanzes: Nur ein Körperteil ist in Bewegung. Ist es die Hüfte, bleiben die Schultern ruhig, und umgekehrt.

Dina ändert die Tanzschritte. Kurze, heftige Stöße des Unterleibes werden von ihr regelrecht erfunden. Sie stehen außerhalb jeder Verordnung. Erst sie aber schaffen ihren Ruf als eine, die alles anders, sprich freizügiger macht. Wenn man in Kairo nicht als altmodisch gelten will, muss man Dina tanzen gesehen haben.

*

Rita hingegen träumt davon, als Schriftstellerin auf Weltreisen zu gehen. Ihre Schulnoten in den meisten Fächern sind alles andere als vielversprechend.

Als junges Mädchen lauscht sie, anstatt zu lernen, jeden Nachmittag der Stimme der damaligen Maria Callas von Ägypten. Ständig läuft bei ihr ein Radiosender, der nichts anderes sendet als Lieder der bewunderten Umm Kulthum. Rita sagte mir, sie wurde deswegen doch nicht Schriftstellerin, weil sie Umm Kulthum so anhimmelte.

## 3 Die Queen von Kairo

Als ich den Festsaal betrete, erblicke ich den Bärtigen sofort. Er ist ohnehin von niemandem zu übersehen mit seinem faustlangen Bart und dem abrasierten Schnurrbart, typisches Salafisten-Kennzeichen. Laut deren Lehre muss der Bart ungefähr zwanzig Zentimeter lang sein. Barthaare über dem Mund müssen hingegen entfernt werden, weil es genau so an einer Stelle im Koran stehe.

Der Salafist sitzt an einem der eigens für Männer reservierten Tische. Rechts von der Bühne, auf der die Bauchtänzerin auftreten wird. Links werden die Frauen Platz nehmen. Ich kenne inzwischen die Tischordnungen ägyptischer Hochzeiten, Einzelheiten wie die Blumenbouquets und die strikt getrennten Sitzordnungen. Gemischt sitzen die Familien nur in den seltensten Fällen.

Hochzeit auf Ägyptisch: traditionell, aber mit Dina und allem, was dazugehört, einschließlich ihrem Orchester: immer dasselbe Orchester, dieselben Instrumente, dieselben Männer in schon leicht abgetragenen, schwarzen Anzügen. Sie sind Zeugen nicht nur von Dinas Karriere, sondern auch der von Rita. Sie haben die beiden Schwestern jahrelang bei ihren gemeinsamen Auftritten begleitet. Damals, *als Rita noch lustig war*, erinnert sich ein Musiker. *Ausgesprochen heiter war sie als Kollegin.*

Ich frage ihn, wie er sich die Kehrtwende erklärt, aber wie die Familie hat auch er keine Antwort darauf.

Auf der mit hellen Tischtüchern bedeckten Tafel stehen bereits vollgefüllte Gläser. Wie üblich, Mineralwasser, Sprite oder Cola. Kellner füllen in einem Vorraum bereits Nachschub aus Plastikflaschen nach. Der Salafist starrt auf sein Glas, als wäre trotzdem Alkohol drin.

*

*Trockene* Hochzeiten, ohne jeden Tropfen Wein, Bier oder Whiskey, sind gut für uns. *Trockene* Hochzeiten lassen sich leichter filmen. Wird tatsächlich bei einer Hochzeitsgesellschaft in Kairo Alkohol ausgeschenkt, lässt man uns nicht hinein. Sowas soll heutzutage nicht gezeigt werden im Ausland, obwohl in Ägypten kein Alkoholverbot herrscht. Hotels und Restaurants müssen nur staatliche Lizenzen vorweisen. Eine solche ist nicht immer leicht zu erhalten, weil neue Genehmigungen seit einigen Jahren, ebenfalls Folge der neuen Religiosität, nicht mehr erteilt werden. Will einer Alkohol verkaufen, muss er jemanden finden, der noch eine alte Lizenz besitzt. Die kann er umschreiben lassen und übernehmen. Manche Restaurant- und Barbesitzer mit Alkoholgenehmigungen sind inzwischen frommer geworden und haben die Lizenz an die jeweilige Behörde zurückgegeben. Dadurch ist die Zahl der Lizenzen immer kleiner geworden. Unverändert seit fast einem Jahrhundert werden aber in Ägypten zwei Biersorten gebraut, Stella und Sakara. Die Fabriken gehören Kopten. Die lokale Weinproduktion an Ägyptens Mittelmeerküste läuft schlecht, weil die meisten Angestellten Muslime sind. Wein trinken ist für sie verboten. Sie können also das Produkt, das sie anbieten, nicht einmal kosten, was jeder gute Winzer nun einmal tun muss.

*

Mit oder ohne Alkohol droht diese Hochzeit zum perfekten Albtraum zu werden für die Bauchtänzerin. Die Familie der Braut, höre ich, sei streng religiös, der früh eingetroffene Salafist damit nur einer der möglichen Frommen in der Runde. Die Schwester der Braut taucht auf, gekleidet in eine nachtblaue *Niqab*, eine festliche Ausgabe des sonst schwarzen Umhanges. Ihrer ist noch dazu mit goldenen Schriftzeichen bestickt. Der Gesichtsschleier ist mit Spitzen verziert. Darunter ist die Frau geschminkt, ich entdecke in dem Augenschlitz Spuren von dicht aufgetragener Wimperntusche um die kajal-umrandeten Augen. Geschmückte *Niqabs*, weiß ich von Rita, bezeichnet man als *jemenitische Niqabs*. In einem Geschäft für Umhänge sagte mir der Verkäufer, so eine würde um die 2000 ägyptische Pfund kosten, umgerechnet immerhin fast 200 Euro.

Bei einer ähnlichen Feier eines Brautpaares mit religiösen Verwandten, einige Monate davor, wurde Dina hinausgeworfen. Noch dazu war es die Verehelichung eines bekannten Fußballers, bei der die Presse anwesend war.

Wie so oft sollte Dina der Höhepunkt der Feier sein. Sie hatte sich bereits in der Kabine umgezogen, stand in ihrem Tanzkostüm bereit für den Einführungstanz, als ein Onkel des Bräutigams vehement Einspruch erhob. Er hatte von Dinas Auftritt erst vor Ort erfahren und wollte nicht im selben Raum sein wie sie. Ein Wort folgte dem anderen. Ein Familienrat entschied zugunsten des Frommen.

Wie eine Verbrecherin musste Dina durch die Hintertür verschwinden, während die Verwandtschaft des Brautpaares, Muslimbrüder und Salafisten, sich über einen kleinen moralischen Sieg freuen konnten. Anschließend verlangt Dina trotzdem das vereinbarte Honorar und steckt die Nachricht der Presse zu, die genüsslich über das Nachspiel berichtet. Sie akzeptiert schließlich ein Ausfallhonorar in der Höhe von fünfzig Prozent, um deutlich zu demonstrieren: Wenn sie etwas verschenkt, dann nicht an solche Kunden.

Dina einzuladen, ist eine Frage des Prestiges. Damit demonstriert man, dass man sich so einen Star leisten kann. Im Westen mag man ein nicht-alkoholisches Ereignis mit einer Frau, die sich in knappen Kostümen nahezu anbietet, für unlogisch halten. Der Orient ist eben anders. Und Dinas Show ist einzigartig.

Fasziniert von ihrem Höhenflug im islamischen Ägypten wurde sie vor einigen Jahren von einem amerikanischen Wochenmagazin als *die letzte Bauchtänzerin* bezeichnet. Ein verfrühtes Urteil. Neben Dina verdient sich eine ganze Reihe junger Bauchtänzerinnen ihren Unterhalt mit dem Tanz. Nachwuchs aus Osteuropa drängt nach. Der Bedarf kann damit ganz gut gedeckt werden.

*

Das Luxushotel, in dessen Lobby ich auf Dinas Erscheinen warte, ist nicht so viel anders als das, aus dem man sie vor Kurzem hinausgeworfen hat. Andere Widersprüche springen geradezu ins Auge, selbst wenn man nicht darauf achtet. Der überschwenglich dargestellte Reichtum in der Dekoration, passend zu einer Frau wie Dina. Vor der Hoteleinfahrt, auf der Corniche entlang des Nils, dagegen ist kaum eine Frau auf dem Gehsteig zu sehen, die ihre Haare zeigt.

In einem der Säle in den oberen Stockwerken, in den ich schon einen Blick geworfen und den Salafisten sitzen gesehen habe, ist der Kontrast am vordergründigsten, aber gut verborgen. Unbeteiligte werden von der Sicherheit zurückgewiesen. Man will unter sich sein. Man sondert sich ab von der feindlichen Atmosphäre draußen. Einzig verräterische Aufnahmen mit Handys, die oft im Internet landen, zeigen jedem, was sich so abspielt in der feinen Gesellschaft von Ägypten, die unüberbrückbaren Widersprüche. Hier sind auch manchmal wohlhabende Leute streng religiös. Die Kluft reicht durch alle Klassen, wie sich bei dieser Hochzeit zeigt, wo sich neben der *Niqab*-Trägerin junge Mädchen kokett gegenseitig betrachten. Es sind Cousinen des Bräutigams. Ihre Röcke gehen ihnen nicht einmal halb übers Knie.

Kein Ägypter kann mir die Frage beantworten, wie der explosive Cocktail aus Islam und extremer Verwestlichung funktioniert. Dieser Gegensatz springt aber überall ins Auge. Nirgendwo fällt er mir mehr auf als bei meinen Treffen mit Rita und Dina. Bei der einen befinden wir uns im religiösen Mittelalter. Bei der anderen im verruchten Las Vegas. Unentwegt bewegen wir uns hin und her, wie bei einer Zeitreise in die Vergangenheit und wieder zurück in die Gegenwart.

Mein Kameramann, der Übersetzer und ich passen weder so richtig in die eine noch in die andere Welt. Bei Dina sehen wir aus wie ärmliche Verwandte vom Land. Bei Rita dagegen wie gottlose Heiden.

*

Wenn eine die Regeln der Kairoer Tanzszene bestens beherrscht, dann ist es Dina. Zusammen mit einigen wenigen Tänzerinnen ist sie Favoritin von Ägyptens oberen Zehntausend. An manchen Abenden heißt das für sie, dreimal aufzutreten, gegen zwanzig Uhr das erste Mal, gegen Mitternacht das zweite Mal und ein letztes Mal gegen drei Uhr früh. Höchstens noch Engagements in der Stadt Alexandria gehören dazu. Der Rest des Landes kann sich eine wie Dina kaum leisten.

Hochzeiten sind in Ägypten wichtige Ereignisse. Sie sind nur denkbar im Beisein von im Vergleich zu Europa immer noch riesigen Familien, selbst in Kairo, einer Metropole, hat sich daran nur wenig geändert im Lauf der letzten Jahre. Hochzeiten sind dementsprechend teuer, selbst wenn kein Whiskey getrunken wird. Wo Dina tanzt, wird über Geld nicht gesprochen. Da hat man es.

Die Bauchtänzerin bezeichnet diese Kreise als A-Klasse. Das sind Leute der A-Klasse, sagt sie mir mehrmals in Gesprächen. Sie meint damit Leute, die alles haben. Stolz schwingt in ihrer tiefen, rauchigen Stimme mit, wenn sie darüber spricht, dass sie dort auftritt. Bei den Hochzeiten der A-Klasse. Geschäftswelt, Prominente. Kreise der Macht gehören dazu.

Wenn sie vor der A-Klasse auftritt, darf nichts dem Zufall überlassen bleiben. Dinas Team steht bereit wie eine folgsame Armee. Neben der Musikkapelle gibt es eine zweite, kleinere traditionelle Musikgruppe für den Einführungstanz, gekleidet in weiße Hemden, ausgerüstet mit Trommeln und Tamburinen. Sie hat einen eigenen *Kostümträger*, ein Mann, der keine andere Aufgabe hat, als sich um Dinas berühmt-berüchtigte Kostüme zu kümmern. Er bringt mehrere davon in einem Kleidersack an den jeweiligen Ort ihrer Auftritte, dazu den passenden Schmuck und Schuhe.

Zum Team der Bauchtänzerin gehört ihr langjähriger, treuer, übergewichtiger Manager Tarek, der ihr kritische Presse vom Leib hält und ihren Terminkalender führt, ganz ohne moderne Hilfsmittel wie ein Smartphone oder ein iPad. Er schreibt sich alles auf Zettel und ändert Termine wieder, wie es üblich ist in einer Stadt, in der Pünktlichkeit verhandelbar ist.

Wie jetzt. Ursprünglich ist der Beginn für neunzehn Uhr vorgesehen. Drei Stunden später sitzen Dina und wir immer noch in der

Hotel-Cafeteria, der x-te Cappuccino steht vor uns. Wir scherzen, der Bräutigam hätte sich in letzter Minute aus dem Staub gemacht, aber da taucht zumindest das Paar, sie im weißen Kleid, er im dunklen Anzug, oben auf der Rolltreppe auf und lässt sich vom Hochzeitsfotografen ablichten. Nochmals posieren sie in einer der Boutiquen um uns. Wir warten, weil, wie Walid herausfindet, im Fernsehen ein Fußballspiel des bekanntesten ägyptischen Clubs *Al-Ahli* gegen eine afrikanische Mannschaft übertragen wird. Die meisten Geladenen setzen sich erst nach dem Schlusspfiff überhaupt in Bewegung. Weil der Verkehr abends besonders dicht ist, beginnt die Feier schließlich mit dreieinhalbstündiger Verspätung. Braut, Bräutigam und die teuerste Bauchtänzerin des Orients müssen sich gedulden.

Dinas Gage beträgt laut Tarek um die 1500 Euro pro Auftritt, eine stattliche Summe in Ägypten. Dafür gibt es nur eine relativ kurze Tanzeinlage, *Zaffa* genannt, die am Beginn einer Hochzeit für Stimmung sorgen soll. Eine längere Tanzvorführung Dinas kostet mehrere Tausend Euro.

Tourneen in arabischen Nachbarländern bringen ihr und ihrem Team etwa einen fünfstelligen Betrag ein, vor allem, wenn Auftritte von reichen Arabern aus den Golfstaaten geordert werden.

Getanzt wird auch vor Privatpersonen, sagt mir Dina, und nennt als Beispiel den inzwischen verstorbenen italienischen Modedesigner Gianni Versace. Er ließ sie nach Italien einfliegen. Sie tanzte vor einigen auserwählten Gästen.

Wie Dina ist kaum eine zweite Ägypterin gefragt, insofern ist sie mehr als eine heimische Größe.

Dieses ständige Hin und Her zwischen den Welten des Westens, der toleranter ist in einigen Fragen, und der Kairoer Szene verlangt von Dina eine kulturelle Verrenkung. Was sie in Paris anstandslos tun darf, steht in Kairo außer Frage. Eine zigarettenrauchende Frau gehört dazu.

Auch eine Bauchtänzerin sollte hier in der Öffentlichkeit nicht rauchen. Nur in der abgeschotteten Umkleidekammer, wo sie niemand sieht, bekämpft Dina ihre Nervosität in den Minuten vor dem Auftritt mit ein paar Zügen aus einer Zigarette, genauer gesagt ist es die Zigarette ihrer Helferin, einer rund fünfzigjährigen Frau namens Wafa. Sie ist eine passionierte Raucherin. Ohne eine Schachtel in ihrer Tasche ist sie verloren. Für Dina steckt sie immer auch eine elektrische Zigarette ein, um ihre Lust aufs Rauchen trotz aller Verbote in der Öffentlichkeit zu stillen. Mit diesem Trick hilft sich Dina über die Sitten hinweg.

Ich sehe, wie sie beinahe nackt aus der Umkleidekabine kommt, aber Angst hat, mit einer Zigarette im Mund erwischt zu werden. Wafa nimmt sie ihr ab und drückt sie schnell in einem halbvollen Aschenbecher aus. *Los*, sagt Dina daraufhin.

Sie rennt regelrecht, mit riesigen Schritten, zuerst vorbei am Personal, das überall herumsteht, nur um einen Blick auf Dina zu werfen, und drängt sich dann vorbei an den Hochzeitsgästen, bevor sie, begleitet von einem Trommelwirbel, nahe bei dem Hochzeitspaar ruckartig haltmacht. Sollte Dina in diesem Augenblick an die Schmach bei der Fußballer-Hochzeit denken, zeigt sie es nicht. Sie wird nicht dafür gut bezahlt, um nachtragend zu sein.

Szenen folgen, in denen sie nahe an den männlichen Hochzeitsgästen entlangtanzt und sich dabei nach vorne und nach hinten neigt, sodass ihre Brüste mehr als gut sichtbar sind. Paradox: Laut Bauchtanzregeln ist es allen strengstens untersagt, sie anzufassen.

Während Dinas Tanz lasse ich den Salafisten nicht aus den Augen, doch er bleibt die ganze Zeit über erstarrt wie eine Statue, mit gesenktem Blick, um nicht in Versuchung zu geraten, die sündige Frau auch vielleicht nur unabsichtlich anzusehen.

Aber Dina darf sich darstellen. Niemand protestiert. Die *niqab*-tragende Schwester der Braut steht sogar fasziniert am Rande des Tanzparketts. Sie klatscht Beifall – mit ihren behandschuhten Händen.

*

Der Ursprung des im Orient – in Ägypten, betonen hier alle stolz – entstandenen Bauchtanzes ist umstritten. Es gibt dazu keine einheitliche Meinung. Es gibt so viele Geschichten, wie es Bauchtanz-Experten gibt, und, sagte mir eine Tänzerin, eine Vielzahl von Märchen und Anekdoten, beinahe mehr als Einwohner in der Millionenstadt Kairo. Selbst was seine genaue Bezeichnung betrifft, ist man sich nicht einig. Bauchtanz heißt er für die einen; orientalischer Tanz, *Raqs Scharqi*, für die anderen.

Ein Kollege aus Kairo, der mir bei meiner Recherche in Tanzlokalen hilft, findet heraus, dass zu Zeiten der Pharaonen der Bauchtanz von Mädchen aufgeführt wurde, um männliche Besucher zu unterhalten. Ein anderer behauptet, Bauchtanz wäre ursprünglich eine Art altägyptische Schwangerschaftgymnastik gewesen, bei der Frauen vor der Geburt ihren Bauch in rhythmischen Bewegungen kreisen ließen, um die Muskeln zu lockern. Dann wiederum heißt es, Bauchtanz sei entstanden in den abgeschirmten, weiblichen Gemächern, dem Harem, wo der Hausherr sich vor Einbruch der Nacht eine seiner vielen Ehefrauen aussucht. Tanz ist einer der Wege der Verführung. Die Frauen bewegen ihren Körper wie Schlangen. Die das am aufreizendsten tut, hat die beste Chance. Sie verbringt die Nacht nicht im eigenen Bett. Je öfter ihr gelingt, bei ihrem Mann zu übernachten, desto besser sind ihre Chancen, ihm einen Erben zu schenken. Der Sohn gibt ihr Macht. Sie selbst ist nur Mittel zum Zweck.

Andere meinen, Bauchtanz sei ein Tanz einer Sinti- und Roma-Großfamilie, die sich auf dem Weg aus Indien nach Europa vor Jahrhunderten im Niltal niederließ. Der Tanz, so diese Version, war ein reiner Frauentanz. Männer waren ausgeschlossen, selbst als Zuschauer.

Sicher ist, dass europäische Besucher den Tanz auf ihren Entdeckungsreisen in den Orient im 18. Jahrhundert kennenlernten. Sie brachten ihn wie eine seltene Kuriosität in den Westen. Dort erst wurde er zu dem Phänomen, das er bis heute ist. Erotisch. Verführerisch. Unerreichbar mit seinen schlangenartigen Körperbewegungen.

Teils wurden diese im Ausland einfach dazuerfunden. Um den Vorstellungen der Ausländer von fremdartiger Exotik zu entsprechen, wurden die Kleider von Tänzerinnen entsprechend aufgeputzt. Die bis dahin relativ einfachen Kostüme wurden verziert. Durchsichtige Gesichtsschleier, unüblich im damaligen Ägypten, gaben den Frauen einen zusätzlichen Ruch der verbotenen Begierde. Alles wird eine Spur heißer gemacht, außer die Füße. Die bleiben nackt. Dina erklärt das so, dass die Tänzerin damit ständig den Kontakt mit der Erde habe. Das gehöre dazu wie die rhythmische Musik, von der jeder Bauchtanz begleitet wird.

Von den Tanzvarianten Europas wusste man in Ägypten zunächst nichts. Ohnehin wurde Bauchtanz hier traditionell nur dargeboten zur Unterhaltung von Hochzeitsgesellschaften. Später, zu Beginn des 20. Jahrhunderts, wird er in seiner ursprünglichen Heimat neu entdeckt – vor allem als zusätzliche Unterhaltung für ausländische Gäste, für die bald mindestens ein Abend mit einer Bauchtänzerin organisiert werden muss. Geschäftsleute, Politiker, Militärs sind die besten Kunden von Kairos aufstrebendsten Tänzerinnen in der Zwischenkriegszeit, dem Höhepunkt der Bauchtanz-Mode. Danach, in der aufkommenden Zeit des Tourismus, wird kein Ägypten-Urlaub mehr möglich ohne Bauchtanz im Reiseangebot, undenkbar wie ohne eine Fahrt auf dem Nil. Politikergrößen wie Henry Kissinger und die Kennedy-Witwe Jackie lassen sich mit Bauchtänzerinnen ablichten.

So enorm wie die Nachfrage ist das Angebot. Bei den Sing- und Tanzshows in den Sechzigerjahren, die nicht vor ein Uhr nachts beginnen, müssen Bauchtänzerinnen eine ganze Reihe von Verrenkungen bzw. Bewegungen mehr oder weniger perfekt beherrschen. Schreiende Türsteher locken vor den Toren von Clubs und Tanzlokalen in der Al-Haram-Straße, Zentrum der lustvollen Nächte, vor allem männliches Publikum an. Sie versprechen eine noch nie gesehene Mischung aus Kabarett, Unterhaltung und erotischem Tanz. In den Kabinen warten Tänzerinnen und Musiker, tageweise angemietet, nervös auf ihre große Chance. Zu Beginn der goldenen Sechzigerjahre gibt es nicht Hunderte, sondern Tausende professionelle Bauchtänzerinnen in Kairo. Genau gesagt sind es stolze fünftausend.

*

Unter dem Namen Bauchtanz wird alles Mögliche angeboten. Aufführungen bei schummrigem Licht, private Diners in abgetrennten Kabinen mit blutjungen Mädchen auf Plüschsofas. Der Markt ist ein Dschungel. Eine Bauchtänzerin ist insofern eine leichte Beute, als ihr Ruf nicht der beste ist.

*Tochter einer Bauchtänzerin, Ibna ar-raqasa,* gilt bis heute als Beschimpfung in Kairo.

Musiker, Tänzerinnen, Sängerinnen, die Shows musikalisch begleiten, soweit sie nicht den Kunden bis in die Morgenstunden bereitstehen müssen, teilen sich nach Dienstschluss die Einnahmen. Bezahlt wird, indem zufriedene Kunden den Frauen während des Tanzes Geldscheine in den Ausschnitt stecken. Eine Sitte, die heute noch üblich ist in den Lokalen der untersten Kategorien der Al-Haram-Straße. Undenkbar in Dinas A-Klasse-Gesellschaft, wo sich keiner ihr auch nur im Geringsten nähern darf, während sie tanzt.

*

Bei Nachforschungen in Kairos bekanntesten Vierteln des Bauchtanzes, neben der Al-Haram-Straße die Mohammed-Ali-Straße, wo heute noch Musikgruppen wie eine Art Tagelöhner herumlungern, in der Hoffnung, dass jemand sie anheuern wird, finde ich eine Stimmung, die nur entfernt an die glorreichen Zeiten des Bauchtanzes erinnert. Arbeitslos hocken die Männer vor Geschäften mit Instrumenten. Einige Meter weiter wird Unterwäsche neben Möbeln angeboten. In Hinterzimmern schneidern Frauen Bauchtanzkleider. Schulen, um den Bauchtanz in jungen Jahren zu lernen, gibt es keine. In ganz Kairo nicht.

51

Eine nette Serviererin, so um die zwanzig, in der Cafeteria eines Kairoer Hotels erzählt mir auf meine Frage, ob sie tanzen könne, sie habe als Mädchen davon geträumt, Bauchtänzerin zu werden, und sich die rudimentären Tanzschritte selbst beigebracht. Sie imitierte daheim im Wohnzimmer die Stars des Tanzes in den jeweiligen TV-Programmen. Allein in Ägypten gibt es mehrere Sender mit Tanzprogrammen in Schwarz-Weiß oder in Farbe rund um die Uhr. Jede, sagt sie, könne hier tanzen. Will eine ein Profi werden, wie Dina, muss sie mindestens achtzehn sein, bevor sie eine Tanzausbildung antreten kann, und selbst dann ist der Umweg über eine Volkstanz-Ausbildung notwendig. Bauchtanz als Berufsziel ist zu suspekt. Religiöse Ägypter in Elendsvierteln verweigern die im Islam üblichen Almosen von Bauchtänzerinnen, obwohl sie zugleich Tänzerinnen zu Hochzeiten einladen.

*

Dina ist anders als unzählige Träumerinnen, Dilettantinnen, Halbprofis oder auch Supertalente, die aber trotzdem nie den Durchbruch schaffen wie sie. Sobald sie eine Tanzbühne betritt, zieht sie alle in ihren Bann. Mit ihrem Charisma fasziniert sie alle. Ich beobachte sie bei zahlreichen ihrer Vorführungen, ohne am Ende zu durchschauen, was sie anders macht als die Konkurrenz. Die Erklärung, die sie mir dafür gibt, ist, dass sie ständig ihre Schritte neu erfindet. Ihre Bewegungen sind ohnehin weniger schlangenhaft, sind zackiger. Die für Bauchtänzerinnen so typischen Schlangenbewegungen, mit den Armen über dem Kopf, lässt sie ganz weg. Dinas Tanz ist, abgesehen von den ruckartigen Hüftbewegungen, eine unzusammenhängende, aber wirkungsvolle Schrittfolge, bei der sie den Oberkörper weit nach hinten lehnt und mit den Hüften dem Publikum entgegenschreitet, bevor sie sich ruckartig wieder umdreht. Sie sieht dabei aus wie eine sich heranschleichende Katze. Dina sagt, Regeln sind für andere da. Sie tanzt, wie sie lacht, herausfordernd.

Wenn sie Tanzgeheimnisse hat, verrät sie mir diese nicht. Offenbar fürchtet sie, die Konkurrenz könnte sogar von unserem Gespräch profitieren. Also wiederholt sie jedesmal, wenn ich sie darauf anspreche, wie eine Leier, Spontaneität sei wichtiger als alles andere. Wenn sie tanze, würde sie sich nicht an vorgegebene Normen halten. Sie würde sich bewegen, wie es ihr gerade in den Sinn komme. Jedesmal bin ich nicht viel klüger als davor.

Unübersehbar ist bei Dina, neben ihrer eigenwilligen Persönlichkeit und ihrer rhythmischen Begabung, die Lust an der Provokation. Und darauf stolz zu sein. Es käme ihr nie in den Sinn, zu verheimlichen, dass sie die aufreizendsten Bauchtanzkostüme von allen Tänzerinnen trägt. Wie sie zieht sich keine in der ganzen Region an oder, besser gesagt, aus.

Wenn ich sie auf ihre Kostüme anspreche, wird sie geradezu enthusiastisch. Sagt mir, das beste müsste ich unbedingt sehen, weil es nichts als eine Strickkombination aus Kupferdrähten sei. Mit ihren Händen presst Dina dabei ihre Brüste in Richtung Körpermitte. So hätte das ausgesehen. Die ganze Stadt hätte darüber geredet.

Sie hat das Meisterstück wie alle anderen Kostüme, mit denen sie jemals getanzt hat, Tausende und Abertausende, noch in ihrer Wohnung in Doqqi aufbewahrt. Ich könne mir das Kostüm-Archiv gerne ansehen.

*

Eines Abends fahre ich zu der angegebenen Adresse.

Dinas Kostümträger Mohammed öffnet mir die Wohnung und das Hinterzimmer mit Kästen voller BHs mit steifen Körbchen und dazupassenden Hosen, die meisten rot, einige schwarz, andere grün, obwohl es die verbotene Farbe des Islams ist, der Rest verziert mit Strass oder vergoldet. Alles Handarbeit. Dazwischen Hunderte Schuhpaare, Sandalen, Perücken, Pelzmäntel und Handtaschen.

Dina, verrät mir der Kostümträger, bereitet die neidische Konkurrenz unentwegt Kopfschmerzen. Man müsse alle drei Monate neue Kostüme entwerfen und schneidern lassen, weil andere Tänzerinnen Dinas Auftritte ausspionieren würden, um so schnell wie möglich dieselben Kleider zu produzieren. Damit seien sie natürlich out für Dina. Daher der ständige Druck, immer neue Kostüme haben zu müssen.

Nicht schlimmer muss es sich früher in den Harems abgespielt haben, wo der jeweilige Inhaber seine Frauen erfolgreich gegeneinander ausspielte und alle mitmachten, weil sie keine andere Wahl hatten.

Bei Dina kommt noch dazu, dass sie mit fast allen Traditionen des klassischen Bauchtanzes gebrochen hat. Sie bricht die alte, eiserne Regel, keine nackten Beine zu zeigen. Normalerweise müssen zumindest die Beine einer Bauchtänzerin, wenn sie nicht in Bewegung sind, sagt mir ihre Lehrerin Raqia Hassan, als ich sie in ihrer Tanzschule treffe, unter einem knöchellangen Überrock versteckt bleiben. Der Stoff kann durchsichtig sein. Schlitze entlang der Beine sind erlaubt. Kairos rund hundert Bauchtänzerinnen halten sich alle daran. Raqia Hassan erinnert sich an eine Dina, die anders ist als die restlichen hundert. Mehr will sie nicht verraten.

Dass der aufsteigende Star bis an die Grenzen geht, wird auch so klar. Sie tanzt, höre ich, gerne mit nichts als Goldketten um die nackten Hüften. Als sie so bekleidet schon vor Jahren in einem Hotelsaal auftauchte, tobten die Gäste vor Entzücken. Danach geht sie noch weiter und erregt mit ihrem Lieblingskostüm, den geflochtenen Kupferdrähten um den Körper, Aufsehen. Und es ist nicht ihr letzter Coup. Jedes Mal, wenn Dina eine ihrer aufregenden Körperausstattungen zeigt, spricht halb Kairo davon.

*

Es ist unvermeidbar, dass Rita das mitbekommt. Die in den Medien, je nach Linie, entweder entzückt besprochenen oder heftig kritisierten Kostüme sind eine permanente Quelle der Spannungen zwischen den Schwestern. Sie würde es vermeiden, Kleidung auch nur zu erwähnen, sagt mir die Salafistin mehrmals während unserer Treffen, ständig in ihrem schmucklosen Einheitskleid vor mir sitzend.

## 4 Ritas letztes Lied

Nicht eine, sondern zwei Karrieren hat Rita hinter sich. Nicht eine, sondern zwei lange Ausbildungen, für die sie ihre ganze Energie aufgebracht hat. Sie dauerten beide genau gleich lang: vier Jahre Musikschule, vier Jahre Koranschule. Bei allen Gesprächen macht mich Rita aber darauf aufmerksam, dass sie eigentlich mehr, nämlich fünf Jahre Koranunterricht genossen hat. Weil sie zur gleichen Zeit monatelang ihren todkranken Vater pflegte und daher die Kurse über den Islam vernachlässigte. Daher hat sie noch ein Jahr angehängt und alles nachgeholt wie eine brave Schülerin. Sie habe auch nebenbei private Religionsstunden genommen, weil man in diesem Bereich eben nie auslerne. Man müsse immer weiterstudieren und dürfe niemals glauben, man sei religiös genug. Daher besuche sie weiter viermal in der Woche eine Koranschule. Salafismus ist die ewige Schule des Lebens. Salafismus. Salafismus. Ritas zweite Laufbahn. Die erste ist offenbar aus ihrem Denken verschwunden, zumindest erweckt sie bei mir diesen Eindruck.

Ihre Musikausbildung, von 1980 bis 1984, findet in einer bekannten Musikschule im Kairoer Bezirk Zamalek statt, einer Insel des liberalen, offenen Ägyptens im doppelten Sinn. Der Distrikt mit seinen imposanten Gebäuden aus der ersten Hälfte des 20. Jahrhunderts liegt auf einer Nil-Insel. Er ist zusätzlich eine Inselwelt, als seine Starbucks-Kaffeehäuser im teetrinkenden Ägypten eine Ausnahme sind. Abgesehen davon sind diese Produkte für die meisten Menschen unerschwinglich.

Rita lehnt es ab, mich in die Musikschule zu begleiten. Als Salafistin dort heute aufzutauchen, ist für sie unvorstellbar. Zu meinem Pech erfahre ich auch von einem ihrer damaligen Freunde, einem Sänger, nichts, weil er unser fest ausgemachtes Rendezvous cancelt und in den Tagen darauf sein Handy abschaltet. Möglich, dass Rita ihn gebeten hat, mir nicht behilflich zu sein beim Besuch der Schule ihrer *Schandtaten*.

Mir geht es darum, ihren ungewöhnlichen Karrierewechsel nachzuvollziehen. Niemand in der Familie will sich damit so richtig auseinandersetzen, was verständlich ist. Ritas erste Karriere ist den meisten lieber gewesen als ihre zweite. Daher haben sich alle eine Erklärung einfach zusammengeschustert, nur um ihre Ruhe zu haben nach den ewigen Debatten in der Zeit nach Ritas Bruch.

Ritas Gläubigkeit sei die Folge eines Schocks, höre ich von Dina, den sie bei einem Begräbnis zu Beginn des Jahres 2001 erlitten habe. Sie habe damals die Leiche des jung verstorbenen Mannes der Bauchtänzerin erblickt und daraufhin beschlossen, ihr Leben zu ändern. Der Anblick eines Toten sei schuld daran.

Das klingt so, als hätte sie sich am Tag nach der Beerdigung die *Niqab* gekauft, was ich tatsächlich lange glaube. Als wäre es von einem Tag auf den anderen geschehen. Unausgesprochen schwingt in der Familienfama mit, Rita hätte einen krankhaften Schock erlitten. Als wäre sie von einem Virus, in diesem Fall der Religion, befallen worden, von dem sie sich nicht erholt hätte. Man müsse abwarten, bis sich die Krankheit von selbst erledige. So sieht das die Familie. Anfangs hat sie ja nichts unversucht gelassen, um das schwarze Schaf Rita in ihrem schwarzen Umhang umzustimmen. Gutes Zureden. Warnungen, sie würde eine Außenseiterin werden. Drohungen, den Kontakt abzubrechen. Weil nichts nützt, wartet man eben ab. Bis sie wieder zur Besinnung kommen wird, ignorieren alle Ritas *Niqab*. Man tut so, als wäre sie noch ganz die Alte. Sie wird wie alle anderen zu den Familienfeiern eingeladen. Da wird sie geküsst, halt nicht auf die Wange, sondern das Stück Stoff muss herhalten. Kein ungewöhnliches Familienleben, solche kleinen Notlügen und Schauspielereien. Ritas Familie ist laut einer Bekannten ohnehin nicht anti-religiös, sondern eher das Gegenteil. Sie ist, sagt mir die Bekannte, eine ganz normale, durchschnittliche ägyptische Familie.

*

Ritas Musikschule hätte genauso in jeder europäischen Stadt liegen können. Sie wurde schon Ende des 19. Jahrhunderts gegründet. Aus dieser Zeit stammt der Gründerzeit-Bau, zu dem eine imposante Treppe führt wie zu einer Bühne für eine *Aida*-Aufführung. Klassische Musik, klassische Instrumente. *Do, re, mi, fa, so*, ertönt aus einer Klasse in dem Anbau, in dem heute die meisten Klassen untergebracht sind.

Alles scheint wie bei uns, fast alles.

Hier sind ungewöhnlich viele Kopftuch-Trägerinnen für diesen Bezirk, in dem man sie normalerweise mit der Lupe suchen muss. Die Mädchen tragen immerhin modische Tücher. Der Fantasie sind beim Verstecken der Haare paradoxerweise keine Grenzen gesetzt. Eine trägt ein hutartiges Gebilde auf dem Kopf. Einige sind geschminkt.

Sinnlos, da viel hineinzuinterpretieren. Sinnlos, die Mädchen darauf aufmerksam zu machen, wie das denn zusammenpasse, Kopftuch, Lippenstift und Gesang? Antwortet mir eine: *Mir ist egal, was die anderen denken. Ich mach, was ich will.*

In einer Klasse sehe ich dann die perfekte Kopie von Rita, oder wie ich mir vorstelle, dass Rita vor über dreißig Jahren ausgesehen hätte. Die Studentin ist kleingewachsen wie die Salafistin, nicht einmal einssechzig. Etwas mollig. Schlagfertig. Kein Kind von Traurigkeit. Mit einer beeindruckenden Stimme singt sie für mich ein Lied von Ritas erstem Gesangsidol, der inzwischen verstorbenen Umm Kulthum. Der Frau, die dem Orient beibrachte, was eine Frauenstimme den Menschen alles an Emotionen schenken kann. Umm Kulthum begann als Koran-Sängerin. In den Sechziger- und Siebzigerjahren kannte sie jeder im Orient. Wenn Tausende Mädchen Sängerinnen werden wollten, dann ihretwegen – wie Rita.

*Anta umri, anta hubbi – du bist mein Leben, du bist meine Liebe.*
Und weiter:
*Deine Augen brachten mir das Leben zurück.*
*Sie lehrten mich die Vergangenheit und ihre Wunden zu bedauern.*

*Ich hatte ein verlorenes Leben, denn meines begann heute Morgen in deinen Augen.*

*Anta umri!*, erhebt sich die Stimme der Umm Kulthum des 21. Jahrhunderts.

Niemand rührt sich mehr, als die junge Frau singt. Eine starke Stimme, das größte Talent in der ganzen Schule. Der Direktor, der mir seine beste Schülerin zeigen wollte, strahlt.

Ob sie eine Sängerinnen-Karriere anstrebe, frage ich die Studentin. Ja, erwidert sie mit leuchtenden Augen. Es werde jedoch nicht so einfach sein, Sängerin zu werden – mit Kopftuch. Sowas sei nicht selbstverständlich, bricht es aus ihr heraus.

Die Studentin mit den goldenen Stimmbändern trägt das Tuch nicht freiwillig. Der junge Mann, der sie am Klavier begleitet hat, ist ihr Ehemann. Er verlangt, dass seine Frau entweder das Kopftuch umbindet oder daheimbleibt. Karriere mit Kopftuch, sonst eben nur Hausfrau. *Moral* ist das Wort, das der Ehemann bei unserem Gespräch verwendet. Moral sei wichtig. *Meine Frau*, sagt er, *kann ruhig Sängerin werden, sie muss aber eine moralisch saubere Frau bleiben.*

Es ist nicht schwer sich vorzustellen, dass Rita während ihrer Studienzeit ähnliche Probleme gehabt haben muss mit männlichen Wertvorstellungen, obwohl sie mir gegenüber betont, was sie am meisten damals gestört habe, sei der Lernstress gewesen, den sie kaum aushielt.

Die Studentin Rita, knapp über zwanzig, hatte sich vorgestellt, Musik sei eine Welt voller hoher Ideale. Schnell findet sie heraus, dass Ellbogen dazugehören. Konkurrenzneid ist die Regel. Tiefe Dekolletés sind hilfreich bei den Engagements, die folgen. Sie presst sich in die damals modischen, eng geschnittenen Kleider. Sie raucht eine Zigarette nach der anderen. Sie schläft kaum mehr. Tagsüber nimmt sie Gesangsunterricht, nachts singt sie in Hotels oder auf Kreuzfahrtschiffen auf dem Nil für Touristen aus aller Welt. Dina wird gerade Bauchtänzerin. Dina und Rita sind ein Paar, das sich gut verkaufen lässt. Manager, sagt Rita, hätten nichts umsonst getan. Plattenverträge zu erhalten war eine Frage der weiblichen Disponibilität. Sie deutet sexuelle Belästigungen an.

Rita war enttäuscht. Dabei genoss sie andererseits das Klima der absoluten Freiheiten für Sängerinnen. Wie sonst hätte sie damals neben den Songs von Umm Kulthum solche von Frank Sinatra einstudieren können. Die Schule war nicht westlicher als der Rest von Kairo. Islamisten wagten noch nicht, sich zu Wort zu melden. Kairo besaß ein Opernhaus. Kairo hatte ein reges Nachtleben, Clubs wie einen mit dem vielversprechenden Namen *Sherezade*. Kairo war eine Art Weltstadt.

Der Stress einer Sängerinnen-Karriere machte Rita lange zu schaffen. Sie mag es nicht, darüber zu reden, aber weil ich darauf bestehe, kommt doch manchmal etwas zu dem Thema aus ihrem Mund.

Ob sie denn jemals bereue, die Musikkarriere aufgegeben zu haben, frage ich sie. Rita wartet nicht einmal das Ende meiner Frage ab, da sagt sie schon: *Was heißt bereuen! Ich bin heilfroh! Dieser permanente Druck! Dieses ewige Schön-und Adrett-Sein! Was für ein anstrengendes Leben musste ich führen!*

Sie würde sich heute wohler fühlen unter den Kopftuchträgerinnen. Einige tragen das Kopftuch aus reinem Protest.

*

Als ich den Besuch in der Koranschule plane, ist Rita wie verwandelt. Sie ist mehr als begeistert. Das ist die eigentliche Karriere ihres Lebens, in ihren Augen. Sie begann in dem modernen, schmucklosen Hochhaus gleich neben einer der bekanntesten Moscheen im Stadtteil Gize. Eine halboffizielle Koranschule. Dem Salafismus nahestehend. Angeblich finanziert vom reichen Saudi-Arabien, daher mit dementsprechend lächerlich niedrigen Studiengebühren, umgerechnet um die zehn Euro pro Semester. Eine Aufnahmeprüfung ist nicht notwendig.

Das Haus sieht aus wie das genaue Gegenteil von dem, was man sich vorstellen würde. In Zamalek wird Musik in einem denkmalgeschützten Haus unterrichtet. Der Islam begnügt sich mit einem

Betonbau. Portiere mit Salafisten-Bärten hinter einem Pult neben dem Eingang führen Buch über die Kurse. Sie empfangen mich unverbindlich professionell. Ich trage sicherheitshalber eine Kopfbedeckung.

Wäre da nicht ein islamischer Verkaufsmarkt auf dem Gehsteig vor dem Lehrinstitut, würde es niemandem als solches auffallen. An den Ständen des Marktes, wo jeder Koran-Student und jede Koran-Studentin vorbeimuss, wird alles angeboten, was ein religiöses Herz begehrt. Natürlich *Niqabs* in allen Größen, aber ebenso Koransuren als Kühlschrank-Magnete. Bücher, Gratis-Broschüren für Interessierte über die wahre Rolle der Frau im Islam. Für das Beten geeignete Pantoffeln und Stricksocken. Gebetsketten in allen Farben. Laut Rita sind die mit Holzkugeln besonders gut zum Hersagen von Suren.

In der Schule fühlt sie sich fünf Jahre lang wohl. Hier stand sie niemals unter Druck, sagt sie. Obwohl sie nach den ersten Einführungslehrgängen, über die rituellen Waschungen und islamische Kleidung, freiwillig den Koran auswendig lernt. Für alle streng Religiösen ist das eine Art Pflicht. Rita erfüllt sie gerne. Sie hat ihr Ziel gefunden. Ihren Ashram. Sie ist im Frieden mit sich selbst.

Ich sehe es ihr an, als ich mit ihr über den Markt schlendere. Sie kennt sich aus wie keine zweite. Sie betrachtet mit Kennerblick die Waren. Sie plaudert mit den Händlern. Sie kauft einen Abzieh-Aufkleber, vollgeschrieben mit Suren in schwungvoller arabischer Schrift. Jede Sure, sagt sie, habe eine andere Bedeutung.

Rita erinnert sich in diesem Moment kurz an ihre inzwischen verdrängte Karriere als Nachtclubsängerin. Ihr Talent habe nicht gereicht, sagt sie. Daher sei sie stets nur eine Sängerin der zweiten Kategorie gewesen. Sie sei alles andere gewesen als eine Umm Kulthum. Andere sagen mir, es habe ihr nicht an Talent gefehlt. Sie sei eine passable Studentin gewesen. Aber es mangelte an Ehrgeiz, daher reichte es nicht für den Star-Ruhm ihrer Schwester.

*

Rita ist enttäuscht, dass ihr Lieblings-Koranlehrer sie nicht mehr erkennt, wo sie doch eine so fleißige Schülerin war. Dr. Abdallah murmelt nur Unverständliches in seinen Bart, als Rita ihn begrüßt. Ihre Stimme klingt unterwürfig. Zuvor schwärmte sie mir gegenüber von Dr. Abdallah. Er habe ihr den Koran erst so richtig verständlich gemacht. Er sei ein großartiger Lehrmeister.

Rita setzt sich niedergeschlagen auf einen freien Stuhl in eine Ecke, weil er anderes im Kopf hat als ein Wiedersehen mit einer seiner unzähligen Schülerinnen. Ritas Studium liegt lange zurück, vierzehn Jahre, in der Mubarak-Zeit, als das Institut unter ständiger Aufsicht der Behörden stand. Und trotzdem ging sie dreimal pro Woche hin.

*

Montags, mittwochs, samstags saß Rita ab sechzehn Uhr dreißig wie jetzt ihre Nachfolgerinnen im Halbkreis um den Bärtigen in dem langen Kaftan im fünften Stock des Betonbaus. Ein schmuckloser Raum. Neonlicht macht ihn nicht gemütlicher. Ein Heft auf den Knien, einen Kugelschreiber in der Hand. Hausfrauen, Studentinnen. Eine Angestellte einer Touristikfirma. Mutter und Tochter. Eine reine Frauengruppe. Jahraus, jahrein, zu jeder Jahreszeit. Bei sengender Hitze in dem Raum ohne Klimaanlage. Langsam und stetig eignet sich Rita das Grundwissen an. Die wichtigsten Gebete. Wie die rituellen Waschungen gemacht werden müssen, was der Lehrer gerade erklärt, als wir da sind. Die Mädchen und Frauen schreiben fleißig, mit gesenkten Köpfen.

Nur einige unter ihnen tragen eine *Niqab*. Zwei dieser Frauen stecken die Köpfe zusammen und flüstern. Der Lehrer donnert mit tönender Stimme weiter auf alle ein. Waschungen. Anderthalb Stunden lang hat er kein anderes Thema.

Muslimische Kinder lernen das von klein auf im religiösen Unterricht. In Ritas Familie gab es das nicht, Islam-Unterricht. Der war für Leute, die sich keine gute Schulbildung leisten konnten. Sowohl Rita als auch Dina besuchten Klosterschulen der christlichen Minderheit der Kopten. Beim Unterricht trugen sie uniformartige Schulkleider mit dazu passender Kopfbedeckung, wie Nonnen. Das ist Vorschrift in einigen dieser Schulen in Ägypten, die streng, aber effizient von Ordensschwestern geführt werden. Familien des Mittelstandes, zu denen die Schwestern gehören, leisten sich diese christlichen Schulen. Sie haben einen guten Ruf. Sie gelten als besser als die staatlichen.

Als Rita zum dritten Mal, nach Pflichtschule und Musikschule, die Schulbank drückt, wird sie in einigen Fächern von einer streng religiösen Frau unterrichtet. Rita ist beeindruckt von ihr. Deren Gesicht kommt ihr irgendwie bekannt vor, obwohl sie ein Kopftuch tief ins Gesicht gezogen trägt. Rita erfährt, es sei eine ehemalige Schauspielerin. Sie hätte von einem Tag zum anderen das Filmgeschäft bleiben lassen und den Islam studiert. Jetzt unterrichtet sie. Rita ist so hingerissen, dass sie selbst überlegt, Koran-Lehrerin zu werden.

*

Es wundert niemanden in Kairo, wenn eine Sängerin den Salafismus entdeckt. Andere, berühmtere Künstler und vor allem Künstlerinnen haben es ihr vorgemacht. Schauspielerinnen, Stars des ägyptischen Kinos, das Hollywood des Nahen Ostens.

*Drama Queens* nennen sie einige verächtlich. *Drama Queens*, weil sich die Frauen jahrelang vor der Kamera ausziehen oder zumindest zweideutige Rollen einnehmen, um dann alles hinzuwerfen und eine *Niqab* zu tragen für den Rest ihres Lebens. Sie verärgern Produzenten mit ihrer neuen Religiosität. Sie sind fähig, alles abzubrechen, gute Verträge sausen zu lassen, um sich von nun ab nur mehr der Religion zu widmen. In Ägypten ist Rita eine unter vielen.

Populärere Stars als sie haben es vor ihr getan: die angehimmelte Kinoschauspielerin Schams al-Barudi, die verehrte Kamilia al-Arabi und einige mehr, die sich zurückziehen aus der Öffentlichkeit – nicht ins Privatleben, sondern für eine bis dahin unvorstellbare Aufgabe.

Alle verschwinden über Nacht von der Leinwand. Alles wird hingeschmissen, Ruhm, Reichtum, und bei jeder dieselbe Erklärung, sie habe bisher den falschen Weg eingeschlagen. Sie habe ein schlechtes Leben geführt. Das sei nun der richtige, der einzige, der religiöse. Mit Kopftuch, *Niqab*, Koran büffeln.

Sünderin und Heilige sind Dauerthemen des ägyptischen Kinos. In einer ihrer bekanntesten Rollen stellt die spätere strenge Muslimin, die Schauspielerin Schams al-Barudi, ein leichtes Mädchen dar. Ihre Schwester liebt denselben Mann wie sie. Nach Verzicht und Reue endet sie im Kloster. Dort betet sie für die Seele ihrer verlorenen Schwester.

Ein Skript wie aus dem echten Leben.

Einzelne Männer befinden sich unter den Geläuterten, aber die meisten sind Frauen. Darunter einige, die zuerst Kopftuch tragen, um dann die *Niqab* zu wählen, oder umgekehrt.

Nicht wenige machen ihrem Spitznamen, *Drama Queens*, alle Ehre, weil es ihnen nicht genügt, die Karriere an den Nagel zu hängen. Sie wollen die Vergangenheit auslöschen, bis nichts mehr davon übrig ist. Sie kaufen Produzenten und Verleihen die Filmrechte ab, damit die Streifen, in denen sie mitspielten, nie wieder in Kinos oder im Fernsehen gezeigt werden.

In Kairo heißt es, salafistische Kreise wären auf nichts stolzer als auf die Bekehrung einer Schauspielerin oder Sängerin, und je mehr die sich verhüllte, umso besser. Insofern ist Rita ein besonderer Sieg der Religiösen, weil man bei der Nennung ihres Namens den jedesmal mit der Sünderin Nummer eins in Verbindung bringen kann, mit Dina, der Bauchtänzerin. Ausgerechnet deren Schwester bekehrt zu haben, ist kein unerheblicher Sieg.

*

Rita, die immerhin fünfzehn Jahre lang Nachtclubsängerin war, sagt, sie besitze keine einziges Foto von damals von sich. Ich verrate ihr nicht, dass ihre Schwester mir eines gezeigt hat. Darauf ist Rita mit hochgesteckten Haaren in einem engen, blitzroten Kleid bei einem Auftritt in einem Club zu sehen.

Ob Rita noch Tonaufnahmen von sich hat, ist nicht überprüfbar. Sie sagt, alles sei verlorengegangen. Sie besitze überhaupt keine Musik mehr, nicht einmal Tonbandaufnahmen von der bewunderten Umm Kulthum. Ihr allerletztes Lied habe sie im Mai 2001 gesungen, erinnert sie sich auf meine Nachfrage. Kein unerlaubter Ton kam ihr seither über die Lippen. Mai 2001 war das Ende einer Karriere und Ende eines in ihren Augen stressvollen Lebensabschnittes.

Seither führt Rita ein völlig musikloses, makelloses Leben. Makellos selbst, wenn sie im Koran liest. Frauen ist es erlaubt, dabei die Suren in einem leichten Summen, dem Singen ähnlichen Ton vorzutragen. Rita führt es mir vor, macht mich aber darauf aufmerksam, sie müsse strikt eine bestimmte Stimmlage einhalten. Wäre die nur eine Tonlage höher, wäre es ihr untersagt. Hohe weibliche Stimmen würden Männer sexuell reizen.

*

Was Rita nicht erreicht, aus welchem Grund auch immer, vollbringt ihre jüngere Schwester. Sie wird keine Umm Kulthum. Dazu kann sie nicht gut genug singen. Die Bauchtänzerin denkt sich aber eine fantasievolle Choreografie aus, nach der sie bei Tanzfestivals, zu denen sie oft eingeladen wird, zu den Klängen von Umm Kulthums populärsten Hits ihren Körper bewegt.

*Anta umri, du bist mein Leben.*

Es ist eines der Lieblingslieder ihrer Schwester, das sie sich aneignet.

# 5 Allah kehrt zurück

Bevor Rita ihre Gesangsausbildung Anfang der Achtzigerjahre überhaupt startet, steht Ägypten vor einer einschneidenden Wende.

Niederlage in einem Krieg, Schmach für die ganze Nation, unvergessen bis heute.

Das erste Disaster ereignet sich bereits 1967. Die größte arabische Nation erleidet trotz Modernisierung, trotz Miniröcken und Frauenemanzipation eine militärische Niederlage sondergleichen, weil sie den Krieg gegen das um vieles kleinere Israel verliert. Ausgerechnet von dem ungleichen Nachbarn wird die angeblich unbesiegbare ägyptische Armee beinahe aufgerieben. Erniedrigung für die Militärs, Schande für das Land.

Die Sinai-Halbinsel wird von dem historischen Erzfeind in nur sechs Tagen erobert, was der Schmach für immer und ewig den Namen gibt: Sechs-Tage-Krieg, Sechs-Tage-Schande, eingebrannt in das Gedächtnis aller Araber.

Nur wenige Jahre später entgeht Ägypten nur knapp einer neuerlichen Niederlage. Der weniger katastrophale Oktober-Krieg 1973 wird von der frustrierten Nation wie ein Himmelsgeschenk betrachtet, weil ihre Soldaten Israel eine Woche lang Widerstand leisten. Um die Armee zu ehren, werden Siedlungen nach dem Oktober-Krieg benannt und Paraden an jedem Jahrestag abgehalten. Es reicht jedoch nicht, um die Ägypter versöhnlicher zu stimmen. Ein bitterer Geschmack bleibt. Von ihren jeweiligen Herrschern, Präsident Nasser und seinem Nachfolger Sadat, werden die drängendsten Fragen nicht beantwortet.

Islamische Prediger in den Moscheen, näher am Puls der Bevölkerung, greifen die stille Entrüstung auf. In ihren Predigten geben sie ausländischen Einflüssen die Schuld an der Schwächung der eigenen Streitkräfte. Sie behaupten, Ägypten habe die eigenen Wurzeln vergessen. Man müsse zurückkehren zu den alten, unver-

65

fälschten Prinzipien. Einige nennen damals als Schuldige nicht nur Politiker: Manche Prediger klagen explizit Bauchtänzerinnen an. Die würden die Nation ablenken von ihren Aufgaben. Ein weit verbreitetes Gerücht besagt, ägyptische Generäle hätten in der Nacht vor den verlorenen Kriegen in Anwesenheit von Bauchtänzerinnen gefeiert. Die erlittene Schmach sei ihrer lockeren Moral zuzuschreiben.

Ein Prozess der religiösen Suche setzt ein.

Ende der Siebzigerjahre wird sie noch dringlicher, als die gesamte Region von einem weiteren politischen Erdbeben sondergleichen erschüttert wird. In einer der Hochburgen westlicher Lebensart mit Zehntausenden Ausländern im Land, in Persien, errichtet ein radikaler Islamist die erste *Islamische Republik* seit Jahrhunderten. Mit Khomeinis Machtergreifung fühlen sich islamische Kreise auch in Ägypten in ihrer Kritik bestätigt. Die Rufe nach einer Rückkehr zum Islam werden lauter. Bald sei es zu spät, so wird gewarnt. Bald würde Ägypten total verwestlicht sein.

Zur Aufbruchstimmung unter den Religiösen trägt ein weiteres Ereignis im selben Jahr, 1979, bei: Im fernen Afghanistan beginnen islamische Fundamentalisten gegen die sowjetische Supermacht zu kämpfen – nicht mehr mit Worten, sondern mit Kalaschnikows. Weil die Islamisten überall siegen, im Gegensatz zu den eigenen Generälen, werden sie zu Idolen einer unzufriedenen Nation. Und ein Teil von ihnen wird radikaler. Durch den Sieg in Afghanistan – paradoxerweise unterstützt von den USA – wird die Idee eines Gottesstaates erst so richtig geboren als einzige Lösung, um den Abstieg der muslimischen Welt aufzuhalten.

Die zunehmende Islamisierung der ganzen Region ist nicht mehr zu übersehen. Ägyptens Politiker müssen handeln. Anfang der Achtzigerjahre wird der Koran in die Gesetzgebung eingeführt, die *Scharia* wird in einer sanften Version in der Verfassung verankert.

*

Fromme Ägypter und Ägypterinnen brauchen keinen Nachhilfe-unterricht aus der Ferne. Seit Jahrzehnten agiert in Kairos von allen vergessenen Elendssiedlungen, wie Ain Schams und Imbaba, eine eigenständige islamische Gruppierung, die ägyptische *Muslim-bruderschaft*. Keine in der gesamten Region ist straffer organisiert als sie und hat, obwohl im Untergrund, mehr Macht über die Ausle-gung des Glaubens in Ägypten als die Gotteskrieger in Afghanistan oder in Irans Islamischer Republik.

Die Muslimbruderschaft steht dem Volk näher als die Präsiden-tengattin. Die Frauenverfechterin Suzanne Mubarak taucht selten in den abgelegenen Hinterhöfen auf.

Die *Muslimbrüder* hingegen leben dort. Sie sind Nachbarn. Sie verstehen besser als die herrschende Elite den Kampf der durch-schnittlichen ägyptischen Familie ums tägliche Brot. Sie und nicht die korrupten, ineffizienten Behörden verteilen Almosen unter die Leute gemäß einer der religiösen Pflichten jedes Anhängers Allahs: Almosen geben, *Zakat* genannt, ist Pflicht.

Von der allgegenwärtigen Staatssicherheit werden islamische Gruppen je nach Bedarf geduldet. Sie sind nützliches Mittel zum Zweck, wenn es darum geht, nichtreligiöse Kritiker zu schwächen. Zwischendurch lassen Mubarak & Co. die Islamisten eine Zeitlang frei walten. Dann sind wieder die Religiösen an der Reihe, in die Haftanstalten zu wandern.

Nur zögerlich tauchen Salafisten in Kairos Gotteshäusern auf, und auch nur in den entlegensten. Nach Ägypten wird der Salafis-mus von den Zehntausenden ägyptischen Gastarbeitern gebracht, die aus den reichen Golfstaaten zurückkehren. Was sie mitbringen, ist neben Geschenken wie Transistorradios und Konsumartikeln eine neue Version des Islams. Strikter als der Islam, den die Mus-limbrüder predigen. Man nennt den Salafismus auch *Beduinen-Islam*. Denn ursprünglich stammt er aus der Wüste, dem heutigen Saudi-Arabien. Ein Islam-Gelehrter namens Ibn Taimiya hatte vor sechs Jahrhunderten dort schon gelehrt, dass die Erneuerung und

Modernisierung des Islams verwerflich seien. All das sei lediglich die Erfindung des Menschen und daher abzulehnen. Der richtige Weg sei der Weg zurück: der Weg, der Rita so fasziniert. Als dann vor allem Salafisten in Afghanistan Krieg führen, befördern sie mehr als nur die Sehnsucht nach einem idealen Leben. Für einen Teil der Ultrafrommen muss ein Gottesstaat her, und sei es mit Gewalt. Das ist, was der bald bekannteste Salafist predigt, Osama bin Laden.

*

Unter Ägyptens Salafisten gibt es bald alles: weltfremde Religiöse, zurückgezogene Nostalgiker, die nichts sehen als den Islam, und radikale Gotteskrieger. Zunehmend wettern sie nicht nur gegen genusssüchtige Militärs und gegen chronische Armut, sondern mehr noch gegen die importierte Kultur der Ungläubigen, gegen die Länder des Westens.

Es werden Mittel gesucht, um den Einfluss zu kontern. Eines wird schnell gefunden: Es ist die *Niqab*. Der Schleier ist insofern beinahe logisch, als er die Antwort des Orients ist auf die ansteigende Körperbetontheit im Westen, die längst nicht beim Minirock haltmacht. Bisher leben West- und Ost-Kultur, Religion und Bauchtanz, in einer Art angespannter Koexistenz zusammen.

Ein Islam, strikter denn je, fordert jetzt seine Rechte ein.

*

Die Meinungen darüber, ob die Gesichtsverschleierung für religiöse Frauen tatsächlich *Pflicht* ist oder nicht, *fard*, wie der arabische Ausdruck dafür lautet, gehen auseinander. Es hängt davon ab, welcher Denkschule eine Muslimin folgt. Es gibt allein bei den Sunniten, der Mehrheit der Muslime, fünf solcher Schulen, neben jener der Salafisten die *Maliki*- und die *Hanafi*-, die *Hanbali*- und die *Schafi'i*-Schule. Drei von diesen erlauben Frauen, ihre Gesichtszüge zu zeigen. Zwei hingegen nicht, die *Hanbali*-Schule und die Schule der Salafisten. Bei den Schiiten gibt es ähnliche Schulen. Schiiten und Sunniten unterscheiden sich aber vor allem in einem Punkt:

Die Schiiten glauben bis heute, nur Familienangehörige des Propheten Mohammed seien dessen rechtmäßige Nachfolger. Nach dem Tod des Propheten folgten sie seinem Schwiegersohn Ali. Sunniten hingegen wollen, dass die Anführer der Muslime aus den eigenen Reihen bestimmt oder gewählt werden.

Eine Antwort auf die Frage, woher die Tradition stammt, die Gesichter der Frauen zu verstecken, hängt davon ab, wen man fragt.

Im Ursprungsland des Schleiers, im vorislamischen Persien, gilt das Tragen eines Schleiers als Zeichen eines besseren sozialen Standes. Reiche Frauen verstecken sich dahinter vor den Blicken Fremder. Arme Frauen hingegen können schon deshalb dieser Mode nicht folgen, weil sie sich Umhänge aus Metern von Stoff nicht leisten können. Daneben ist es bei den Beduinen in den Wüstengebieten des heutigen Saudi-Arabiens Sitte, ihre Frauen zu verstecken oder zu verschleiern, um sie in der feindlichen Wüstenregion vor Entführern zu schützen.

Strenggläubige haben wie bei allem eine religiöse Erklärung. Rita beruft sich in unserem Gespräch auf den Koran, wo in der Sure 24, Vers 31, steht: *Sag den gläubigen Frauen, sie sollten ihren Blick senken und bescheiden sein und nicht ihren Schmuck zeigen mit Ausnahme von dem, was sonst sichtbar ist, und mit einem Schleier den Ausschnitt bedecken.*

Das ist eine der gängigen Erklärungen von vielen. Dazu kommt bei Salafisten das Argument, dass die Frauen des Propheten sich nicht vor anderen Männern zeigten. Daher muss das die Regel sein. Linientreue wie Rita leben danach. Sie folgt auch in anderem dem Beispiel der Frauen des Propheten. Die lebten im Verborgenen, also muss sie es genauso handhaben. Sie verlässt wochenlang nicht ihre Wohnung. Ihr Salafismus erscheint Außenstehenden wie mir nicht nur wie eine extrem reine Lehre, sondern auch als eine Art Selbstgeiselung, weil auf Rita, anders als bei manchen Salafistinnen, keinerlei Druck von ihren Nächsten ausgeübt wird. Wenn Druck von ihrer Familie kommt, dann eher in die entgegengesetzte Richtung.

*

Salafisten und Muslimbrüder werden unerbittliche Konkurrenten um die Herzen der Bevölkerung. Jeder nimmt für sich in Anspruch, den richtigen islamischen Weg zu gehen, wobei beide am Ende in etwa dasselbe wollen: einen islamischen Staat, in dem das Gesetz des Korans das Leben regelt. Der Unterschied ist, dass die Muslimbrüder diesen Weg bedächtiger gehen wollen. Sie wollen zuerst Ägypten von unten her religiöser machen, den Schulunterricht anders orientieren, alle Ägypterinnen dazu bringen, das für Frauen der Muslimbrüder typische Kopftuch umzubinden. Die sichtbare Vereinheitlichung ist wichtig für alle islamischen Gruppen. Die deutlichsten sozialen Unterschiede ausmerzen, gerecht sein. Schmucktragen, Schminke, auffallende Kleidung ist bei allen verpönt. Kurz, alle Anzeichen eines offensichtlichen Reichtums. Das heißt nicht, dass wohlhabende Ägypter nicht willkommen sind, im Gegenteil. Man wirbt sie als Mitglieder an. Man braucht sie, um die religiöse Wohltätigkeit zu finanzieren. Geschäftsleute, gutgestellte Ärzte sind keine Seltenheit bei der Muslimbruderschaft.

Mit ihrer straffen Organisation gleichen die Muslimbrüder einer kommunistischen Kaderpartei. Geheime Treffen finden in Wohnungen, Garagen oder Bazaren statt. Vieles wird vor Außenstehenden geheimgehalten, um so besser im Untergrund zu überleben. Manche Muslimbrüder geben sich niemals zu erkennen. Der Zugang zu ihrer Gruppe ist reglementiert. Man will so vermeiden, dass sich Regimespitzel einschleichen.

Der Sicherheitsapparat von Mubarak hat bei den Salafisten dagegen leichtes Spiel. Deren auffallendes Aussehen verrät sie. Muslimbrüder tragen Drei-Tage-Bärte, wenn überhaupt, ihre Frauen Kopftücher. Die Bärte der Salafisten sind um vieles länger und ihre Frauen sind wie Rita in *Niqabs* gehüllt.

Salafisten treffen einander meist nur in Moscheen. Sie sind ein lockerer Verband von Anhängern, bei dem Eintritt oder Austritt keine Rolle spielen, sondern jeder kann sich dem Studium des Korans hingeben, so viel er will. Mitglied des Salafismus werden, das gibt es insofern nicht. Religiöse Ratgeber hingegen, Scheichs genannt, sind üblich nicht nur bei Rita, die mir sagt, sie würde gleichzeitig mehreren folgen. Pflicht sei das allerdings keine. Rita hält den Salafismus daher, erstaunlich in unseren Augen, für eine tolerante Version des Islams.

Es ist augenscheinlich, dass sie die Gewalt eines Osama bin Laden oder anderer radikaler Gruppen einfach aus ihrem Denken ausklammert. Auf meine Fragen nach dem islamischen Terror erwidert sie, er beruhe auf Missverständnissen. Die würden von Reportern in die Welt gesetzt werden. Sie sagt, jeder, der einen Salafisten persönlich kennen würde, wisse, dass sie alles andere als brutal seien. Vor jeder religiös motivierten Gewalt verschließt sie die Augen. Muslime seien dazu nicht fähig, meint sie.

*

Mit Rita aber überhaupt über ihren Weg des Salafismus zu reden, ist schwieriger als ein Hindernislauf. Sie weiß selbst nicht so genau, was sie befolgt und was nicht. Die Koran-Interpretationen unterscheiden sich zum Teil stark voneinander, am auffallendsten ist das in Bezug auf Frauen. So bestehen saudische Wahabisten, den Salafisten in vielem ähnlich, darauf, dass kein weibliches Wesen sich ans Steuer setzen darf. In Ägypten hingegen fahren niqab-verhüllte Frauen, trotz ihrer eingeengten Sicht, durch die Straßen. Rita würde es tun, hätte sie einen Wagen.

Ihr persönlich gehe es nicht um die eine oder andere Regel, betont sie mir gegenüber, sondern um ein Leben in Reinheit, das heißt in Religiosität. Als ehemalige Sängerin im eher zwielichtigen Milieu habe sie gesündigt und müsse nun versuchen, das mit Frömmigkeit wiedergutzumachen. Sie erwartet sich wie alle Ultrafrommen keinerlei Belohnung auf Erden. Der Zugang zum Paradies ist der einzige Lohn, der für sie zählt.

Was voraussetzt, an ein Leben nach dem Tode zu glauben.

*

Wie Rita sind so manche Salafisten voller Widersprüche. Im Laufe meiner Recherchen treffe ich einen Unternehmer mit Salafisten-Bart. In seiner Jugend war er Rockmusiker. Hatte alles ausprobiert, was das Leben so zu bieten hatte. Reisen in alle Welt. Wahrscheinlich auch Drogen. Als ihm das Leben nichts Neues mehr zu bieten schien, entdeckte er den Salafismus. Er kann nur lachen über die Ängste im Westen. Wie Rita meint er, Salafisten würden keiner Fliege etwas zuleide tun. Am besten sei es, meint er, alle würden Salafisten, so wäre die Welt friedlicher.

Das hindert ihn nicht daran, für eine Geschlechtertrennung ohne Ausnahme zu sein. Zu Beginn und am Ende unseres Gespräches begrüßt er mich mit einem Kopfnicken. Meine hingestreckte Hand verweigert er. Seine Ehefrau, *Niqab*-Trägerin, darf selbstverständlich nur von Frauen behandelt werden, wenn sie krank ist. Sie folge der Lehre freiwillig, sagt er.

Einige salafistische Frauen in einem *Niqab*-Laden, ich dem ich mich umschaue, weigern sich hingegen, mit mir auch nur zu reden, und wenn, dann geben sie mir kurze, nichtssagende Antworten. Am anderen Extrem der Skala steht eine junge *Niqab*-Trägerin, die sich mit mir im ersten Stock eines Friseursalons verabredet. Da sitzt sie auf einer Bank und lässt sich einen Schmetterling auf den Unterarm tätowieren. Tattoos, erklärt sie, seien nicht verboten, denn es gebe keinerlei Hinweise im Koran darauf, und solange es nur ihr eigener Mann sehen würde, sei es in Ordnung. Was mit dem Spezialisten ist, der ihr die Zeichnung einritzt, erklärt sie mir nicht.

Manchmal werden Umhang und Gesichtsschleier in Kairo von Prostituierten getragen, weil sie so ihre illegale Tätigkeit ausüben können. Sie können von einem Kunden zum anderen gehen, ohne Gefahr zu laufen, erkannt zu werden.

Laut Gesetz sind in Ägypten Gesichtsschleier nicht verboten. Um zum Beispiel einen Führerschein zu machen, muss eine Salafistin ein Foto ohne *Niqab* vorweisen. Wird sie kontrolliert, muss sie den Gesichtsschleier heben, damit ihr Gesicht mit dem Bild im Ausweis verglichen werden kann. Sich dagegen zu sträuben, ist sinnlos. Am Flughafen von Kairo gibt es aber einen separaten Raum, in dem eine Salafistin ihr Gesicht einer anderen Frau zeigen kann.

*

Ritas Reisetätigkeit liegt in der Vergangenheit, in der Zeit, als sie als Sängerin halb Europa, darunter auch Deutschland, besucht hat. Das ist lange vorbei. Deutschland gefiel ihr, erinnert sie sich. So sauber. Ganz anders als Kairo. Reisen im Allgemeinen gefällt ihr, sagt sie, sie habe es damals genossen. Sie war in Amerika. Das mochte sie weniger. Es war ihr zu materialistisch.

Sie weiß, die Zeit des Reisens nach Europa ist vorbei. In einigen Ländern ist, wie sie längste erfahren hat, *Niqab*-Tragen verboten. Sie bleibe schon allein deshalb lieber in Ägypten. Sie liebe ihr Land über alles, meint sie. Wenn sie es vorübergehend verlassen würde, dann nur, um noch einen einzigen Reiseplan zu realisieren. Ihr einziges Traumziel ist Mekka, das Ziel jährlicher Pilgerfahrten von Muslimen aus aller Welt. Heilige Stadt, Geburtsort des Propheten, der Ort, an dem laut islamischer Überlieferung Allah ihm seine erste Botschaft übermittelte. Rita war bereits einmal eine Woche lang in Mekka. Sie sagt, das sei nicht genug gewesen. Sie würde am liebsten einen Monat dort mit Gebeten verbringen. Dies entspreche ihrer derzeitigen inneren Suche, ihrem Wunsch, Allah zu würdigen. Reisen nach Europa wären dafür nicht zweckdienlich.

*

Ihre Schwester Dina möchte gerne glauben, Rita hätte sich einem romantischen Salafismus verschrieben. Sie würde ohnehin niemandem etwas zuleide tun, sagt sie sich in einer Art trügerischer Selbstberuhigung. Zweifel, ob so etwas wie ein völlig harmloser Salafismus überhaupt möglich ist, liegen nahe.

Unweigerlich fällt einem bei Ritas Anblick alles ein, was mit Salafismus allgemein assoziiert wird: strenge Frömmigkeit. Das auffallende Äußere. Aber auch Bombenterror. Videos mit gewaltbereiten *Heiligen Kriegern*. Der Ägypter Aiman as-Sawahiri, der hinter

Osama bin Laden der eigentliche Kopf von al-Qaida ist. All das hat nicht unbedingt etwas mit Rita zu tun. Es fällt jedoch schwer, es zu vergessen, sobald man ihr gegenübersteht.

*

Es kommt nicht selten vor, dass Rita die Schattenseiten eines unreligiösen Lebens mit mir besprechen will. Religion sei wichtig zu nehmen. Das nicht zu tun, ist in ihren Augen bereits eine Sünde. Jedes unserer Gespräche dreht sich unweigerlich um Religion. Sie ist der Maßstab aller Dinge. Das Leben in einer nicht-religiösen Gesellschaft ist in ihren Augen keines.

Es gibt wenig, das Rita mehr traumatisiert hat als die Jahre unter dem un- oder sogar anti-religiösen Mubarak. Sie beschreibt mir das damalige Ägypten, in dem trotz aller Frömmigkeit Jagd auf alles Religiöse gemacht wird. Salafisten werden jahrzehntelang Posten in der öffentlichen Verwaltung verweigert. Das ist ein Nachteil in einem Land, wo der Job eines Türstehers in einem Ministerium oft der einzig mögliche Arbeitsplatz ist. Ägyptens Privatwirtschaft ist schwach, der Staatsapparat das Gegenteil.

Religiöse werden geduldet, solange sie die ihnen zugeteilte Aufgabe erfüllen: den Armen helfen zu überleben. Karitative Arbeiten übernehmen. Lammfleisch verteilen nach dem Freitagsgebet und Gasflaschen, damit sich die Slumbewohner im Winter wärmen können. Das dürfen sie. Das ist erlaubt. Die Grenzen sind eng gesteckt, und nicht nur vor allem in den Moscheen überwachen Spitzel die religiösen Gruppen. Vor allem die Salafisten haben den Ruf, regelrecht unterwandert zu sein von Regierungsspionen. Das ist der Preis, der zu bezahlen ist, um überhaupt existieren zu dürfen als politisch-religiöser Hilfsverein.

Die Bärtigen werden benutzt und verachtet zugleich in Mubaraks Ägypten, erinnert sie sich. Witze über sie gehören beinahe zum guten Ton im nicht-religiösen Ägypten unter Künstlern, Freidenkern, westlich orientierten Geschäftsleuten und natürlich den Feinden aller Religiösen, dem Sicherheitsapparat, der Wurzel allen

Übels. Männer, die Rita aus Autobussen herausholten, um sie zu kontrollieren und, in ihren Augen, zu erniedrigen.

Mit jedem zusätzlichen Kopftuch in den Straßen, mit jeder *Niqab* wird ein neues Schimpfwort von *den anderen* in Umlauf gebracht, wie einige, die ich in privaten Runden höre, *Dreck, Ungeziefer,* ungewaschene Gestalten, die wochenlang in denselben Umhängen herumlaufen. Mittelalterliche Typen. Sie gehören nicht zu uns – Ausdrücke, sobald die Rede auf Salafisten kommt.

Rita erzählt mir, wie sie, eine Salafistin des unteren Ranges, im eigenen Land als Mensch zweiter Klasse behandelt wurde. Die schlimmste Erniedrigung erfuhr sie, als sie in die Touristen-Hochburg Scharm El-Scheich reisen will. Das Ereignis liegt einige Jahre zurück, doch es ist immer noch eingebrannt in ihr Gedächtnis.

*

Rita will eine Freundin dort besuchen. Ihr Plan ist, höchstens ein Wochenende zu bleiben, um sich auszuruhen von Kairo, sagt sie mir. Sie braucht einen Tapetenwechsel. Die Freundin bietet ihr an, bei ihr zu übernachten, doch alles scheitert daran, dass Rita einen Umhang trägt.

Noch bevor Rita ins Flugzeug steigt, ruft die Freundin sie an und bittet sie, den Besuch abzusagen, weil sie erfahren habe, dass eine *Niqab*-Trägerin in Badeorten als suspekt gelte. Sie würde unangenehm auffallen, wenn nicht sogar verhaftet werden.

In allen Badeorten Ägyptens gelten diese ungeschriebenen Gesetze. Bis heute ist es unüblich, dass weibliche Angestellte in der Tourismusbranche ein Kopftuch tragen. Frauen in *Niqabs* sind noch weniger erwünscht. Man geht davon aus, dass ihr Anblick westliche Urlauber erschrecken würde.

Die Frage, ob die Ausländer in ihrer Heimat mehr Rechte haben als sie, muss sich Rita oft gestellt haben, sonst hätte sie diesen Zwischenfall längst aus ihrem Gedächtnis gestrichen. Sie erinnert sich daran, als wäre es gestern gewesen.

*

Dann kündigen sich bessere Zeiten für Fromme an. Rita, die auch als Kind schon religiöser war als ihre Schwester, sagt mir, sie sei als Schülerin gerne in Moscheen gegangen. Manchmal sei sie nach dem Unterricht auch in Kirchen gegangen. Die ruhige Stimmung in allen Gebetshäusern habe ihr gefallen.

In Ägypten werden die bis dahin kurzen religiösen Programme im staatlichen Fernsehen erweitert – so etwas kann nur geschehen auf Befehl von oben, von Präsident Mubarak, der glaubt, damit den Religiösen das Wasser abzugraben. Freitags zur Mittagszeit, Stunde des Gebets, hört nun die Bevölkerung den lauten Ruf des Muezzins aus den Moscheen über einen Lautsprecher, eine andere Neuerung, die jedem auffallen muss, ob er will oder nicht. Ab da sind die Rufe überall dort zu hören, wo es Moscheen gibt, also in jedem Viertel.

Gerade Bauchtänzerinnen spüren den Wandel deutlich. Sie sind in den Augen vieler der Grund für die militärischen Niederlagen. Dafür müssen sie zahlen. Auf Druck von Predigern handelt das im Innenministerium angesiedelte *Amt für moralische Angelegenheiten* und erlässt neue, einschränkende Regeln. Eine der positiven Neuerungen ist, dass Mädchen unter achtzehn Auftrittsverbot erhalten. Die immer freizügigeren Kostüme sind den Konservativen ein Dorn im Auge. Westliche Frauenkleider waren früher ein Symbol der Befreiung. Jetzt wird das Rad der Geschichte zurückgedreht, und sei es nur bei den Frauen in der Al-Haram-Straße. Bauchtänzerinnen wird verboten, ihre Beine zu zeigen. Der Nabelbereich muss verhüllt sein, und sei es mit einem transparenten Tuch. Um eine Schule für orientalischen Tanz zu eröffnen, braucht man eine Genehmigung des Parlaments. Sich darum zu bemühen, ist insofern sinnlos, als Mädchen unter achtzehn nicht mehr tanzen dürfen, es also nur wenige Schülerinnen gäbe.

In einer anderen detaillierten Verordnung wird beschrieben, wie der Rest des Kostüms auszusehen hat. Entdeckt die Moralpolizei bei ihren Runden durch die Nachtlokale eine Tänzerin, die bei den Bewegungen ihre Brustwarzen zeigt, greift sie ein. Die Gefahr, dass

Oberteile während des Tanzes verrutschen, wird insofern unter Kontrolle gebracht, als trägerlose Kostüme untersagt werden, wobei die Träger nicht schmäler als fünf Zentimeter sein dürfen. Kostüme in der Farbe Grün, der Farbe des Islams, verschwinden. Tanzbewegungen werden insofern genormt, als sie alles außer einladend sein dürfen. Die Zugeständnisse an die Religiösen sind nicht gering. Sie könnten mehr als zufrieden sein, sind es jedoch nicht.

*

Prinzipiell sind Salafisten gegen jede Art von Unterhaltung. Tanz, Gesang, Film, Fernsehen, Sport, all das müsste in ihren Augen nicht geregelt, sondern verboten werden. Laut ihrer Auslegung hat der Prophet dies so gewünscht. Als einzige Kunst akzeptieren Ultrafromme Kalligrafie, solange sie Suren aus dem Koran darstellt.

Alles andere, und sei es klassische Musik, lenkt ab von der einzigen wichtigen Tätigkeit, dem Beten.

Dass eine Salafistin keinen Lippenstift aufträgt und keinen Schmuck umhängt, muss nicht in religiösen Instituten gelehrt werden. Jeder Frommen ist das einsichtig. Genauso, dass sie Flirts mit dem anderen Geschlecht aus ihrem Alltag verbannt, wo sie doch einen Mann nicht einmal berühren und nicht in wilder Ehe leben darf.

Eine wie Rita bringen die strikten Unterhaltungsverbote in einen unlösbaren Konflikt mit ihrer Schwester. Dina ist in den Augen der Salafisten eine Entertainerin von der schlimmsten Sorte. Ihre Aufführungen auf der Bühne oder im Fernsehen zu verfolgen, ist Rita untersagt. Sie bricht dieses Verbot nicht. Sie würde nur, wenn sie Gelegenheit hätte, sagt sie mir, die Fernsehinterviews von Dina ansehen. Alle ihre Tanzauftritte im Fernsehen oder im Kino, wo sie noch dazu mit fremden Männern auf den Nebensitzen in Kontakt geraten könnte, nein. Ich habe sie mehrmals danach gefragt, immer dieselbe Antwort: niemals.

Kein Kino, kein Konzert. Kein Fest. Keine Museumsbesuche.

## 6 Februar-Hoffnung

Es ist der 2. Februar 2011, als alles nur noch schwieriger wird zwischen Rita und Dina. Ägypten wird seit Wochen von schweren Protesten erschüttert. Auf den ersten Blick nicht ungewöhnlich in diesem Land, davor schon sind Studenten oft auf die Straße gegangen. Sie fordern mehr Freiheit. Hungerrevolten brechen aus, sobald die Brotpreise steigen. Grundnahrungsmittel werden staatlich subventioniert und die Preise damit künstlich niedrig gehalten. Jede Erhöhung erzürnt die Menschen in den Elendsvierteln.

Mubaraks Polizeistaat ist stärker in Bereitschaft denn je. In anderen arabischen Staaten wie Tunesien toben die Revolutionen auf der Straße. Der Herrscher dort wurde bereits vertrieben.

Ägypten ist anders. Ritas und Dinas Ägypten ist ohnehin die Heimat des politischen Islams. Hier wurde die Idee eines Gottesstaates geboren durch Denker wie Sayyid Qutb, einen Muslimbruder, der wegen seiner radikalen Thesen Mitte der Sechzigerjahre zum Tode verurteilt und gehängt wurde.

Hier lebt die zahlenmäßig größte arabische Bevölkerung. Hier entscheidet sich alles. Fällt Ägypten, heißt es, dann fällt der Orient. Der unter der Oberfläche brodelnde Konflikt hat sich seit Jahren angekündigt. Dass er so rasch ausbrechen wird, haben die wenigsten geglaubt. Jetzt ist es so weit.

Am 2. Februar 2011 bin ich in Kairo.

Ich habe noch keine Ahnung von der Existenz der ungleichen Schwestern. Im Hotel führen gegen dreiundzwanzig Uhr einige Polizisten in Zivil die vergewaltigte junge Frau und ihre Mutter ab. Sie sagen, sie möchten nur die Zeugenaussagen aufnehmen. Es werde ihnen nichts geschehen. In dem Trubel der nächsten Tage verliere ich die Frauen aus den Augen.

Die meisten Ägypterinnen bleiben in diesen Tagen aus Furcht daheim, wie Rita. Sie wird sich erinnern, dass sie in ihrer Wohnung sitzt, damals noch in einem anderen Viertel als heute. Sie fürchtet sich, wie viele andere. In die Angst mischt sich eine erste Hoffnung mit Blick auf die Zukunft. Für eine *Niqab*-Trägerin ist die Mubarak-Zeit nicht leicht gewesen. Sie stellt sich vor, dass zumindest die Erniedrigungen, die sie als Umhang-Trägerin in Ägypten erleidet, ein Ende nehmen könnten.

Ungenaue Erwartungshaltungen, diffuse Ängste beherrschen ganz Kairo.

Derselbe milchig-trübe Himmel, den sie von ihrem Fenster aus sieht und den ich von meinem Hotelzimmer im Zentrum Kairos aus erblicke, steht gegen Mittag über der Villa ihrer Schwester Dina. Die schläft gerne lang. Eine Art Berufskrankheit: Sie geht niemals vor drei oder vier Uhr morgens ins Bett. An diesem Tag kann sie sich wieder hinlegen. Den schweren BMW nehmen und hinausfahren aus der Siedlung ist zu riskant. Die Sicherheit an der Zufahrt wird verstärkt. Wenn die Bauchtänzerin an diesem Tag beunruhigt ist, erinnert sie sich nicht mehr daran. Sie sollte es sein. Sie lebt in einer der Hochburgen des Regimes. In den Villen um sie ist Mubarak-Land. Leute, die von dem Regime in der einen oder anderen Form profitiert haben – wie sie.

*

Ausgerechnet im sonst so lärmenden Zentrum Kairos ist es an diesem Tag am stillsten. Keine Staus, nicht einmal auf den sonst am dichtesten befahrenen Plätzen wie dem Tahrir-Platz.

Nicht in Ritas oder Dinas Viertel, sondern hier, in der Arena der bisherigen Proteste, wird sich alles entscheiden zwischen den wichtigsten einheimischen Spielern: Polizei, Armee, Jugend und islamische Gruppen. Eine stundenlang ablaufende Tragödie mit ungewissem Ausgang, die sich blutige Revolution nennt.

Gestalten in dunklen Uniformen, kaum erkennbar, sind entlang des Innenministeriums in der Machmudi-Straße positioniert, bereit zum Einsatz mit Schutzschilden, Pistolen, Schrotflinten, Tränengaspatronen an den Gürteln. Jeder sechste Ägypter arbeitet für die *Staatssicherheit*. Eine Schattenarmee, die in Hauseingängen und auf Dächern auf Befehle wartet. Sie schlägt, mordet, verhaftet, sobald die zuständige Instanz den Auftrag erteilt.

Die für Ägypten typischen Schlägertypen, *Beltagi*, die alle fürchten, stehen bereit. *Beltagi* gelten als das zweite Rückgrat von Ägyptens Sicherheitskräften, weil sie außerhalb der ohnehin laxen Gesetzgebung operieren. Jede Polizeistation hat ein paar Dutzend *Beltagi*, meist Arbeitslose, bei der Hand. Braucht man sie, wie nun, werden sie schnell versammelt. Das Spektrum ihrer Einsätze reicht vom Zusammenschlagen bis zur Vergewaltigung von Frauen.

Die Demonstranten sind bereits zur Stelle, die meisten sind Studenten und Jugendliche in Laufschuhen und Jeans, die seit Tagen den Sicherheitskräften Straßenschlachten liefern, mit Toten und Verletzten: *Freiheit!* schreien sie. *Freiheit! Weg mit der Diktatur Mubarak!*

Noch sind die Religiösen nicht zu sehen, obwohl sie jeden Grund hätten, den Polizeiapparat zu hassen. Sie halten sich zurück, vor allem die Salafisten. Besser nicht auffallen, sagen sie sich, solange das Spiel nicht entschieden ist. Ihre Vorsicht ist eine Folge der Repressionen, denen sie ausgesetzt sind, noch in den Tagen unmittelbar vor der Revolte, als Hunderte von ihnen verhaftet werden, ohne überhaupt an den Demonstrationen teilgenommen zu haben.

Die Salafisten sind besonders unsichtbar. Mangels Organisation wissen sie nicht so recht, was tun.

Rita hätte zumindest in die Nähe des Platzes gehen können. In ihrer *Niqab* hätte ohnehin niemand geglaubt, dass sie demonstrieren wolle. Sie hätte gesehen, wie der Protest immer größer wurde in den Vormittagsstunden, wie sich die Jugendlichen nicht mehr einschüchtern ließen. Sie geht nicht hin. Rita betet hingegen mehr denn je.

Ihre einzige Informationsquelle ist ein altes Radio, mit dem sie normalerweise nur religiöse Gesänge hört. Aus dem Radio und von Nachbarn hört sie, wie es zugeht auf dem Tahrir-Platz, wie sich ihre Heimat verändert, mehr als sie sich in ihren kühnsten Träumen vorgestellt hätte. In dieser ersten unsicheren Phase hat sie sich wie viele andere noch in ihrer Wohnung verbarrikadiert, sie hortet Lebensmittel, weil sie fürchtet, sie würde verhungern, wenn Plünderer Kairo heimsuchen sollten.

Die Gefahr von Chaos besteht insofern, als die Jugendlichen es bei Einbruch der Nacht nicht mehr schaffen, ihre Stellungen auf dem Tahrir-Platz zu halten. Sie sind machtlos gegen den gut organisierten Staatsapparat. Sie sind am Verlieren, als ihnen dann plötzlich doch junge Muslimbrüder und sogar einige Salafisten zu Hilfe kommen beim Errichten der Barrikaden, mit denen sie sich in ihren Vierteln seit Langem gegen die Sicherheitskräfte schützen.

Wenn es Profigegner des Mubarak-Regimes gibt, dann sind sie es.

*

Zwanzig Jahre davor, zu Beginn der Neunzigerjahre, errichten Islamisten im Armenviertel Imbaba eine eigene islamische Republik mit entsprechenden bewaffneten Milizen. Sie hält wenige Wochen, bevor die Regierung mit Tausenden Sicherheitskräften Imbaba einnimmt und alles niederschlägt. Blut rinnt durch die Straßen.

Einige religiöse Gruppen besitzen seither im Untergrund ein gut organisiertes Netz an gegenseitiger, nicht nur karitativer Hilfe als Schutz gegen polizeiliche Repressionen. Manche Gruppen verschreiben sich dem Terrorismus. Ägypten wird immer wieder erschüttert von Anschlägen, auch in den Hochburgen des Fremdenverkehrs.

Andere Islamisten besorgen sich eine Art amateurhafte Bewaffnung. Die traditionelle Nachbarschaftshilfe wird insofern ausgeweitet, als sich die Religiösen auch um die Jugendlichen kümmern und ihnen Gelegenheitsjobs besorgen. Sitzt ein Familienvater im Gefängnis, werden Frau und Kinder unterstützt, im Gegenzug für regelmäßige Moschee-Besuche.

Kleinkriminelle, präsent in allen Armenvierteln, sind beinahe natürliche Verbündete der Islamisten in den nicht enden wollenden Konflikten mit der Staatsmacht. Jetzt stellen Kairos Vorstädte den protestierenden Studenten ihre Tricks zur Verfügung und helfen mit abgerissenen Holzplanken und Blechdächern, den Tahrir-Platz zu halten. Verbrannte Autos dienen als Schutz vor den Schüssen der Sicherheitskräfte.

Auch wenn Rita daheimbleibt, mit dem Ohr am Radio, muss sich einiges in ihrem Kopf abspielen. Sie muss in den Nachrichten hören, dass ihre Glaubensbrüder mit dabei sind an vorderster Front. Sie muss sich vorstellen, wie das wäre, wenn es keine Erniedrigungen mehr geben würde und sie nach Scharm El-Scheich reisen dürfte wie alle anderen. Freie Koran-Lesungen, bis zu diesem Zeitpunkt nur unter staatlicher Kontrolle möglich, sind eine geheime Wunschvorstellung nicht nur von Rita, sondern von ihrem gesamten salafistischen Freundinnenkreis, den sie mir erst viel später vorstellen wird.

Meine Schwester Rita und ihre Salafistinnen, sagt mir die Bauchtänzerin, haben einen Traum. Sie wollen eine Islamische Republik in Ägypten. Das ist es, was sie wollen, sagt mir Dina. Das ist ihr Traum, und es ist der Traum ihrer Freundinnen. Sie wollen einen Gottesstaat in Ägypten. Sie wiederholt es mehrmals.

*

Stimmt diese Vermutung, zeigt es, wie wenig sich die beiden Schwestern trauen. Sie sind einander mehr entfremdet denn je, obwohl sie den Kontakt niemals ganz abbrechen, seit Rita die *Niqab* trägt.

Immerhin kleidet sie sich nun schon seit mehr als einem Jahrzehnt so. Seitdem hat es heftige Streitigkeiten in der Familie gegeben. Verwandte und Bekannte haben Rita aufgefordert, den lächerlichen Umhang doch wieder wegzulegen. Die meisten Freundschaften der ehemaligen Sängerin sind zerbrochen. Kolleginnen, Nachbarn. Doch Rita gibt nicht nach.

Ihr eigener Vater hat sie, als er sie zum ersten Mal mit der *Niqab* sah, folgendermaßen angesprochen: *Leg doch diese Zorro-Maske wieder ab!*

Unter anderem sorgt sich die Familie um Rita, weil sie Asthma entwickelt hat, gewaltsame, harte Hustenanfälle. Überfällt Rita einer ihrer Ausbrüche, wölbt sich der Schleier vor, dass man glaubt, er werde zerreißen. Zweifellos erschwert ihr der Umhang vor dem Gesicht das Atmen zusätzlich, ist doch Kairo ohnehin wegen der dramatischen Luftverschmutzung eine Stadt zum Ersticken.

Anstatt zumindest den Gesichtsschleier abzulegen und sich wie viele andere Fromme mit dem islamischen Mantel zu begnügen, geht sie den gegenteiligen Weg. Sie zwingt sich regelrecht dazu, die *Niqab* zu tragen.

Manche Frauen seien zu schwach für den Salafismus, erklärt sie mir in einer seltenen Minute der Vertrautheit. So sehr sie es versuchen, sie würden sich nicht mit der *Niqab* anfreunden können. Es gebe welche, die würden sie nach einigen Tagen ablegen müssen, weil sie sich eingeengt fühlen. Sie will damit sagen, sie gehöre nicht zu diesen Frauen. In Ritas Stimme klingt Stolz mit, dass ausgerechnet sie, mit ihren entzündeten Bronchien, es schafft, also sehr wohl Ehrgeiz zeigt, der ihr beim Singen angeblich fehlte.

Jetzt, so fürchtet nicht nur Dina, entpuppen sich hinter dem Schleier Machtansprüche. Islamisten wollen nicht nur beten, sie wollen herrschen.

Ritas islamische Hoffnung, die sie ihrer Schwester nur in Einzelgesprächen gesteht, wäre andererseits nicht ungewöhnlich. In den Februar-Ereignissen musste sie notgedrungen ein Signal für einen unerwarteten Neustart Ägyptens sehen nach den Demütigungen, den Verboten, den Schwierigkeiten, die sie hatte als eine Frau in einem Ganzkörperumhang.

Die Revolution wird nicht nur in Ägypten getragen von den Erwartungen der Menschen ganz unten. Sie glauben, jetzt sind sie an die Reihe. Jetzt werden sie reich und die anderen werden arm. Die Macht fällt ihnen zu und die bisherigen Herrscher landen hinter Gittern.

Im Falle von Rita und Dina sind die Fronten insofern klar, als die

Bauchtänzerin alles andere als streng religiös ist und inzwischen eine viel gefragte Tänzerin mit den entsprechenden Kontakten und dazugehörigen Einnahmen. Sie ist reich geworden – ein für so viele Ägypter unerreichbares Traumziel.

Sobald ich jemandem nur andeute, ich würde ein Porträt über Dina machen, heißt es sofort: Die ist ein Star.

*

Allein der Gedanke an eine religiöse Revolution ist für Leute wie die Bauchtänzerin eine Horrorvorstellung, ja ein Albtraum.

So viel weiß Dina schon, dass ihr Tanz als allererstes verboten werden würde, sollten die Ideen ihrer Schwester in Erfüllung gehen. So weit kann sie sich vorstellen, was ein Gottesstaat bedeutet: mehr verschleierte Frauen und im schlimmsten Fall der Zwang, sich ein Kopftuch umzubinden, selbst wenn man dagegen ist. Dina und das Kopftuch sind zwei Dinge, die nicht zusammenpassen. Nicht bei einer Frau, die ihre langen braunen Haare offen trägt und sich kaum jemals nicht geschminkt zeigt. In jeder Beziehung ist sie Ritas Gegenwelt. Wenn die eine die Nacht ist, ist sie der Tag, und umgekehrt.

Mir gegenüber beteuert Dina mehrmals, sie interessiere sich nicht für Politik. Als Künstlerin halte sie sich da heraus. Doch es ist eigentlich undenkbar, dass sie von den aktuellen Ereignissen nicht erfasst wird.

Nur in einem gleicht sie ihrer Schwester: Auch sie verlässt das Haus kaum in diesen Tagen. Sie wartet ab, bis sich die politischen Gewitterwolken verziehen. Dina wohnt zwar in sicherer Distanz von den Unruhen. Um zu ihr zu gelangen, muss man durch das verstärkt bewachte Tor am Eingang ihrer Villensiedlung. Das Viertel liegt vierzig Kilometer entfernt vom Epizentrum der Revolte, dem Tahrir-Platz. Jede Befürchtung ist unangebracht. Trotzdem bricht Panik aus in Dinas Kreisen.

*

Sobald die Nachricht von den ersten Protesten gemeldet wird, beginnen sich die Bewohner in ihrer Siedlung gegen alles Mögliche zu wappnen. Gerüchte, Horden von Slumbewohnern würden den herrschenden Zusammenbruch der staatlichen Ordnung nutzen und seien auf dem Marsch in alle Villenviertel, verbreiten sich wie ein Buschfeuer. Meldungen von Gefängnisausbrüchen machen die Runde. Schwerverbrecher hätten angeblich Waffen erbeutet. Plünderungen stünden bevor. Chaos drohe. Niemand sei mehr sicher. In einigen Vierteln seien Kriminelle schon am Werk.

Nachbarschaftsmilizen werden zusammengestellt. Knüppel und Waffen, soweit vorhanden, werden verteilt. Bei Einbruch der Dunkelheit wird jeder Fremde, der sich dem Viertel nähert, kontrolliert, bevor er umdrehen muss oder von der Bürgerwehr willkürlich festgehalten wird.

Dinas Nachbarin, die zu ihren Freundinnen zählt, sagt, die Wintertage 2011 seien die schlimmsten ihres Lebens gewesen. Auch sie verbarrikadiert sich in ihrem Haus und versteckt alles, was sie besitzt an Bargeld, Schmuck und Wertgegenständen. Niemand wusste ja, wie es weitergehen würde, sagt sie. Alles ist auf den Kopf gestellt. Nichts ist mehr wie früher. Sie hört, die Frommen, die *Männer mit Bärten*, würden auf dem Tahrir-Platz mitprotestieren. Vor denen hat sie mehr Angst als vor allen anderen. Außerdem sollen ohnehin nur Extremisten ausgebrochen sein aus den Haftanstalten. Die Menschen in den Villenbezirken zittern. Der Tag der Rache droht.

Wenn Dina beunruhigt ist über die *islamische Gefahr*, zeigt ausgerechnet sie es nicht. Niemand weiß besser als sie, dass es nicht einfach ist, Religiöse von ihrem Kurs abzubringen.

Dinas Auftritte bei Hochzeiten in Nobelhotels sind beinahe alle gecancelt. Teilweise aus Angst, teilweise, weil niemandem zum Feiern zumute ist. Hat Dina ein Engagement, lässt sie ihre dunkle Limousine sicherheitshalber in der Garage. Sie fährt in einem der unscheinbaren Kairoer Taxis zu ihren Auftritten, damit niemand sie erkennen oder gar als Bauchtänzerin identifizieren kann. Damit sie leichter untertauchen kann in der Masse der Menschen. Sie ist froh, wenn sie heil zurück ist. Sie bleibt wie ihre Schwester lieber in den eigenen vier Wänden.

Die Zukunft von einer wie Dina ist unsicher.

*

Die Blutspuren auf dem Tahrir-Platz sind noch nicht getrocknet. Die Verletzungen der Demonstranten sind noch nicht verheilt. Keiner der Schuldigen ist noch verurteilt, da ist schon der nächste Kleinkrieg ausgebrochen, der alle im Westen aufschreckt, so wenig hatten sie die heimliche Islamisierung Ägyptens in den Jahrzehnten davor bemerkt. Der Westen hat sie verschlafen. Er hat der Propaganda des alten Regimes geglaubt, das fromme Ägypten kümmere sich nicht um Politik, Religion sei im Aussterben begriffen. Suzanne Mubarak sei dabei, die Frauenrechte auf den westlichen Standard zu heben – das genüge. Den Rest hätte ihr Mann, der Präsident, im Griff. Er gibt den Ägyptern, was sie sich angeblich vor allem wünschen: Stabilität. Ruhe im Land. Ein bisschen Fortschritt. Einige Konsumartikel mehr. Eine Diktatur, je nach Bedarf sanfter oder härter.

Terroranschläge gegen Touristen in den Achtzigerjahren bringen den Fremdenverkehr vorübergehend zum Erlahmen, aber der Fortschrittsglaube siegt. Die damalige Regierung präsentiert sich als siegreicher Vertreter des modernen Ägyptens. Die Radikalen sitzen in Haft. Sie sind ausgemerzt.

Die Februar-Revolte des Jahres 2011 bringt die diplomatischen Schummeleien mit voller Wucht zutage. Beinahe über Nacht verwandelt sich Ägypten in das, was es seit Langem ist, eine gespaltene Gesellschaft. Hier Rita. Dort Dina.

*

Nur wenige Monate nach der Revolution sind die ersten demokratischen Wahlen angesetzt. Ich fahre nach Kairo. Es ist der Moment, da Islamisten wieder die Gunst der Stunde nützen, geschickter, als viele ihnen zutrauen.

Bisher durften sich Ägypter, die geheim in islamischen Gruppen wie der Muslimbruderschaft organisiert sind, höchstens als Einzelpersonen in der Politik engagieren. Wurden Sündenböcke gebraucht, drohte ihnen die Verhaftung. Selbst nach Beginn der Revolte wurden religiöse Kritiker festgenommen, weil Mubarak hoffte, so die Proteste im letzten Moment doch noch unter Kontrolle bringen zu können. Zu spät. Seine Zeit war längst abgelaufen.

Bei den Wahlen nach seinem Sturz im Herbst 2011 und im darauffolgenden Frühjahr siegen klarerweise die am besten organisierten Gruppen, die religiösen. Die harten Jahre in der Illegalität sind nun ihr Vorteil. Sie nutzen ihn gut. Sie überrumpeln alle anderen regelrecht, von den Jugendlichen bis zum Hoffnungsträger des Westens, Mohammed al-Baradai, mit ihrer straffen islamischen Organisation.

Ich beobachte, wie sie mit eigens angeheuerten Autobussen Millionen zu den Wahllokalen karren. Und der Wahltag wird zum Zahltag für ihre langjährige karitative Tätigkeit. Wenn das einer vergisst, helfen Muslimbrüder und Salafisten seinem Gedächtnis nach, indem sie in den Tagen vorher Waren verteilen. Verführerische Gesten in einem Land, in dem vierzig Prozent der Bevölkerung unter der Armutsgrenze überleben müssen.

In den Stadtvierteln der Arbeitslosigkeit, der unverputzten Häuser kommt einer wie der im Westen beliebte Politiker und Friedensnobelpreisträger Mohammed al-Baradai nicht gut an. Er gilt bestenfalls als eine Art Agent des Auslandes, und Schlimmeres kann einem in der islamischen Aufbruchstimmung nicht nachgesagt werden. Genügt es doch schon, dass ein Regime wie das von Mubarak mit der Unterstützung westlicher Regierungen regierte. Dass Amerika jährlich eine Milliardenhilfe, vor allem in Form von Militärhilfe, zahlte. Dass die Ausrüstung der ungeliebten Polizei aus dem Westen stammte.

Der einfachste Fellache versteht, dass der Islam kein Import ist. Er ist fester Bestandteil des Nahen Ostens. In den Dörfern, in denen die Mehrheit der Ägypter lebt, machen nicht Politiker, sondern islamische Geistliche freitags in der Moschee Wahlkampf. Die Religion ist der soziale Kitt, der Ägyptens Landbevölkerung zusammenhält.

Ritas beste Freundin Tahani, von der die Salafistin unentwegt redet, ist auf dem Land aufgewachsen als Tochter einer armen, strenggläubigen, wenn auch nicht-salafistischen Familie. Nach ihrer Heirat zieht sie mit ihrem Mann in die Hauptstadt, Traumziel so vieler auf der Suche nach einem besseren Leben – nach Kairo.

Das Überleben ist schwierig. Tahani und ihrem Mann, einem Ingenieur, wird wenig geschenkt. Drei Kinder sind zu ernähren. Anfang der Neunzigerjahre erschüttert ein schweres Erdbeben Kairo. Tahani sagt, sie habe Todesängste ausgestanden und sei von da an zur ultra-frommen Salafistin geworden. Neben der Führung des Haushaltes will sie abends eine Koranschule besuchen. Ihr Mann ist nicht religiös. Er verbietet es ihr. Die Frau soll sich um die Kinder kümmern. Tahani lässt sich aber nicht beirren und besucht tagsüber private Kurse bei einer prominenten Salafistin. In jeder freien Minute näht sie auf einer Nähmaschine *Niqabs* und Kopftücher zusammen, um sie zu verkaufen. Alles am Salafismus interessiert sie: das Beten, die Lebensweise, die Essensvorschriften, die traditionellen Heilmethoden.

*

Wie Tahani, wie Millionen andere gibt Rita den Islamisten ihre Stimme. Zuerst bei den Parlamentswahlen, die ihre Gesinnungsfreunde haushoch gewinnen. Schließlich, im Sommer 2012, kreuzt sie auf ihrem Stimmzettel, ohne weiter nachzudenken, den bärtigen Mohammed Mursi an, obwohl er kein Salafist ist.

In ihren Augen ist er insofern besser als alle anderen Kandidaten, als er zumindest ein frommes Ägypten verspricht, wobei jeder in diese allgemein gehaltene Formel hineininterpretieren kann, was er will, doch Mursi-Wähler wie Rita glauben, die versteckte Botschaft zu verstehen: Über kurz oder lang wird sich Ägypten verwandeln. Das ist nur der Beginn. Geduld ist angebracht.

Mit und ohne islamische Regierung folgt die Salafistin Rita ohnehin seit ihrer Konversion diesen Grundprinzipien. Rückkehr in eine Welt von vor nun rund 1400 Jahren, als das Zusammenleben unter Muslimen geregelt wurde von einem Kalifen und strikten Koran-Gesetzen, der *Scharia*. Ein Wort, das Angst bei uns auslöst. Alles hängt davon ab, wie man es auslegt.

Als Salafistin gilt für Rita nur eine enge Interpretation, Grundlage allen Zusammenlebens, selbst zwischen ihr und mir – und Quelle von endlosen Problemen.

*

Undenkbar ist es für Rita, im Taxi neben dem Kameramann zu sitzen, sondern nur ich darf neben sie auf den Rücksitz. Unvorstellbar ist es für sie, einem Mann die Hand zu geben, und streckt einer ihr die seine hin, zieht sie ihre instinktiv zurück. In einem Geschäft beobachte ich, wie sie so weit geht, einen Verkäufer zurechtzuweisen, nur weil er ihr einen Handschuh zum Anziehen hinhält. Sie verlangt, er müsse ihn vor ihr aufs Pult legen. Erst daraufhin nimmt sie den Handschuh und streift ihn über.

Das ist längst nicht alles. Pläne, mit der Salafistin Drehorte zu besuchen, scheitern ebenso wie die Visite in ihrer ehemaligen Musikschule. Moschee-Besuche müssen ausgeschlossen werden, obwohl sie naheliegend wären bei einer so religiösen Frau. Nein, erklärt Rita, Salafistinnen beten meistens daheim. Während ihrer Gebete zu Allah in ihrer Wohnung nimmt sie den Umhang nicht ab, weil sie nur so erhört werden, wie sie glaubt. Trotzdem will sie dabei nicht gefilmt oder fotografiert werden und mich nicht einmal als Beobachterin dabeihaben.

Schnelle Antworten von Rita zu erhalten, ist insofern schwer, als sie bei jeder Gelegenheit entweder den Koran konsultieren muss oder einen ihrer Scheichs, oder sie fragt bei ihren salafistischen

Freundinnen nach. Das heißt jedoch nicht, dass es dann eindeutige Antworten gebe.

Lange reagiert sie nicht, als ich sie bitte, mir einen für unsere Reportage wichtigen Friedhof zu zeigen. Sie erkundigt sich und findet heraus, laut salafistischer Lehre dürfe man auf islamischen Grabstätten nicht filmen. Ich hätte das bereits öfters in anderen Ländern getan, erwidere ich. Rita findet ein weiteres Hindernis heraus. Frauen, meint sie, würden auf Gedenkstätten zu emotional reagieren. Daraus schließt sie, sie als Salafistin dürfe dort nicht hin. Ein Friedhof sei *haram*, verboten für sie.

Ich gebe mich nicht geschlagen und frage sie, ob wir vor den Toren des Friedhofs mit ihr drehen könnten.

*Inshallah!*, erwidert Rita nicht ohne Spitzbübigkeit.

*

Sie kann lustig sein. Sie scherzt mit unserem Fahrer Kamal, obwohl er Kopte ist. Das stört sie nicht. Rita hat eine kräftige Stimme, Folge ihrer Gesangsausbildung, und sie lacht gerne, was mir nicht nur die Musiker von früher bestätigen. Sie war, oder besser sie ist ein Sonnenkind.

Bei einer Gelegenheit scherzt sie, sie habe doch so einiges an Gewicht zugenommen, seit sie keine engen Kleider mehr trage. Die *Niqab* sei eine gemeine Verführung zum haltlosen Essen. Unserem Kameramann ruft sie zu, er solle sie allein aufnehmen, weil sie ohnehin den Bildschirm in voller Breite ausfülle.

Mit einem tiefen Lacher beinahe des Bedauerns sagt sie mir ein anderes Mal, in ihren schlanken Zeiten hätten ihr die Männer trotz *Niqab* nachgepfiffen. Ein Taxifahrer habe die Frechheit gehabt, sie am Ende einer Fahrt nach ihrer Handynummer zu fragen.

Bei religiösen Themen erstirbt Ritas Lachen. Darüber scherzt man nicht. Der Islam ist nichts Unterhaltsames.

Das verändert alles.

# 7 Planet der Salafisten

Zugleich mit dem religiösen Erwachen in Ägypten beginnt eine Welle von neuen Fernsehkanälen das Land zu überfluten. Mithilfe von günstig zu erhaltenden Satellitenschüsseln sind sie überall leicht zu empfangen. Eine Hütte kann noch so ärmlich sein, eine Satellitenschüssel auf dem Dach ist Pflicht. Sie sind das Ohr zur Welt für Millionen von Menschen in den Elendsvierteln. Sie bringen Abwechslung in deren eintöniges Leben. Müllsammler, Prostituierte, Automechaniker haben plötzlich Anschluss an eine Welt, die ihnen bisher verschlossen geblieben ist. Ägypten hat viele Analphabeten. Schreiben und Lesen ist aber nun nicht mehr notwendig. Man muss nur Augen und Ohren haben.

Zusätzlich erleichtert wird die Ausbreitung der Sender durch die gemeinsame Sprache, das Arabische. Über 200 Millionen Menschen, darunter die 85 Millionen Ägypter, verstehen einander.

Libanesische Seifenopern werden von Hausfrauen in Kairo genauso verfolgt wie von denen in Bagdad oder Casablanca. Und das Angebot ist breit. Unterhaltung, Quizshows, Frauensendungen, Kochprogramme. Dazu erleben religiöse Sender einen Boom, *unsere Sender*, wie Rita sie nennt.

Die neue islamische Regierung weiß über deren Bedeutung gut Bescheid. Projekte von unreligiösen Unterhaltungssendern werden kritisch betrachtet. Genehmigungen verzögert, bis die jeweiligen Besitzer resigniert ins Ausland gehen. Einige von Ägyptens reichsten Bewohnern verschwinden sicherheitshalber von selbst. Die Mursi-Regierung beschuldigt sie jahrelanger Steuerhinterziehung.

Ritas Sender haben es leichter denn je zuvor. Beinahe jede Woche erscheint ein neuer auf den Bildschirmen. Die meisten religiösen Kanäle sind billig zu produzieren. Sie bestehen ausschließlich aus stundenlangen Predigten. Salafisten sind besonders erfolgreich, weil sie von nichts anderem als dem Koran reden und damit die Ägypter in eine Art Traumwelt entführen.

Diese Prediger sind beinahe die besten Entertainer der Region. Manche schreien ihre Botschaften wild gestikulierend in die Kameras. Sie beschwören die Ägypter, den Weg der Religion einzuschlagen. Sie warnen in dramatischen Worten vor dem Niedergang des Islams, sollten sich die Gläubigen nicht besinnen und den rechten Weg einschlagen, Ritas Weg.

Sie ist eine begeisterte Fernseherin. Sie kann sich zwar kein eigenes TV-Gerät leisten, doch wenn sie die Lust überkommt, sagt sie mir, besucht sie ihre Freundin Tahani. Gemeinsames Beten, gemeinsames Interpretieren des Korans und gemeinsames Fernsehen stehen auf dem Programm. Rita bewundert ganz offensichtlich Tahani. Sie habe aber noch andere salafistische Freundinnen, sagt sie mir. Ich bitte sie, mir diese vorzustellen. Ich erhalte über Wochen keine Antwort.

Wie viele Anhänger die Salafisten dazugewinnen dank ihrer TV-Prediger, ist nicht bekannt, aber ihr Einfluss ist enorm. Schon allein deshalb, weil sie mit wenig Mitteln – einer leicht zu erhaltenden Senderlizenz, einer Kamera und einem Raum, der zum TV-Studio umgewandelt wird – um ein Vielfaches mehr Menschen erreichen, als sie es in den Moscheen je könnten.

Die Salafisten nutzen die Gunst der Stunde. Die Prediger lassen kein Thema aus. Selbst die persönlichsten und intimsten Bereiche, ein Tabu in der prüden islamischen Welt, werden nun offen von allen Seiten beleuchtet. Unter der Voraussetzung, dass sie in ein religiöses Schema passen. Ist es so, entgeht kein Detail des persönlichen Lebens. Menstruation. Sex. Intimpflege. Potenzprobleme.

Insofern gibt es kaum andere Sender, die so stark einer gezielten Gehirnwäsche gleichen.

Sex wird die Spezialität eines salafistischen Starpredigers namens Mahmud al-Masri. Sein Programm, das ich mir übersetzen lasse, besteht in einer ständigen Wiederholung von Sätzen wie: *Allah sagt, die schwarzäugigen Jungfrauen sind wie versteckte Perlen,* schreit Mahmud al-Masri. *Das ist eine Botschaft an jede gläubige*

*Schwester. Wenn sie wie diese Jungfrauen sein möchte, muss sie sich verhüllen. Allah sagt auch*, erklärt der Prediger, *die Jungfrauen des Paradieses sind nicht ständig unterwegs. Also bleibt daheim! Geht nicht ständig zum Friseur oder zu euren Freundinnen!*

Nichts wird im Orient schamhafter versteckt als das Leben der Frauen. Es ist selten, dass man offen darüber redet. Al-Masri macht genau das Gegenteil und greift das Thema Menstruation auf, indem er es, wie könnte es anders sein, unter dem religiösen Blickwinkel darstellt. Er stellt die gewagte These auf, dass die *schwarzäugigen Jungfrauen im Paradies keine Menstruationen haben, weil sie sind rein!*

*

Es gibt nichts, was ein Fernsehsender mehr braucht als Zuseher und Zuseherinnen. Salafisten-TV ist da keine Ausnahme. Zuschauer, also Anhänger, bedeuten Spenden. Die wiederum können verwendet werden zum Bau einer Moschee: sichtbares Zeichen von Wichtigkeit und Macht eines islamischen Gelehrten, auch wenn er selbst bescheiden lebt.

Als einer der erfolgreichsten Prediger ist ein greiser, dürrer Salafist namens Mohammed Yaqub auch einer der radikalsten. Das macht seinen Ruhm aus. Er fällt auf.

Rita gehört zu seinem riesigen Kreis von Anhängern und Anhängerinnen. Seine wöchentlichen Sendungen zählen zu ihren Lieblingsprogrammen und wann immer sie Gelegenheit hat, diese bei Tahani zu verfolgen, tut sie es. Jahrelanges Koran-Studium, unzählige private Stunden mit ihren Freundinnen genügen nicht. Rita braucht auch noch Mohammed Yaqub. Eine Leitfigur, *ihr Scheich*. Sie kennt alle seine Erlässe und Verordnungen, *Fatwas* genannt.

Es stört sie nicht, dass Mohammed Yaqub besonders Frauen gegenüber extrem radikale Haltungen einnimmt, neben all den anderen wie antisemitischen, die selbst anderen Religiösen zu viel sind. Bei Frauen ist der Prediger zu keinem Zugeständnis bereit. Keine Frau darf im selben Raum sein, in dem er sich befindet. Kommt eine nur durch die Tür herein, steht der Prediger auf und verschwindet. Die einzigen weiblichen Wesen, die er in seine Nähe lässt, sind seine eigenen Frauen. Er ist vier Ehen eingegangen. In seinem Sender zwingt er allen seine harte Linie auf. So setzt er die Entlassung aller Moderatorinnen durch – obwohl sie tief verschleiert auftreten.

*Sie können den Scheich nicht sehen,* sagt Rita. *Er empfängt keine Frauen.* Mohammed Yaqub lehrt in einer sich noch im Bau befindlichen Moschee, im Westen von Kairo. Einige Straßen weiter liegt seine ansehnliche Privatvilla. Mittwochs hält der Prediger im fertigen Teil der Moschee eine Art Audienz. Bittsteller kommen ihn um Rat zu fragen. Andere brauchen finanzielle Unterstützung für Arztvisiten oder suchen einen Job. Da, zwischen den Anhängern des Predigers, wartet einmal auch ein Bekannter von mir. Als er an der Reihe ist, fragt er nach einem Interviewtermin. Mohammed Yaqub lässt ihn nicht lange reden. Frau oder nicht Frau spielt nicht einmal eine Rolle. Der Salafist hat kein Interesse.

Unter den vielen Schriften des Predigers, im Internet verfügbar, gibt es auffallend verschiedene Werke, auch eines gegen das Rauchen, das Rita inspiriert hat, als sie sich die Zigarettensucht abgewöhnen wollte. Mohammed Yaqubs Spezialität sind aber Schriften über den Tod. Sterben, Gruften, Begräbnisse, über all das äußert er sich ausführlich.

Tod und Sterben sind in einer gewissen Weise Ritas Leitmotive, daher ihre Nähe zu Mohammed Yaqub, neben seiner Anti-Raucher-Haltung. Wenn es etwas gibt, das sie nie vergessen kann, dann ist es das Begräbnis von Dinas Ehemann an einem trüben Januartag im Jahr 2001.

Der Tote, der zuerst gewaschen, daraufhin in weiße Tücher – im Islam Farbe der Trauer – eingewickelt wird unter dem Vorbeten von Koransuren. Der innerhalb von 24 Stunden in diesen Tüchern begraben wird mit dem Kopf in Richtung Mekka. Das sei Ritas *Damaskus-Erlebnis* gewesen, höre ich von ihrer Schwester, ohne weitere Einzelheiten.

Tod ist ein Thema, das Rita zum Salafismus gebracht hat. Und sollte sie es je vergessen, erinnert sie der Salafisten-Prediger Mohammed Yaqub daran.

*

Neben ihrem Lieblingsprediger hat Rita noch einen zweiten, den sie mir empfiehlt. Abu Islam habe mindestens genauso viel Zulauf, meint sie. Er habe sich mit seinen religiösen Rechtssprüchen populär gemacht. Er trete ebenfalls in einem Sender auf. Übersetzer Walid macht sich auf die Suche.

*

Der Rechtsspruch eines Predigers, eine *Fatwa*, kann unterschiedliche Folgen haben. Die Rechtssprüche lassen sich in zwei Gruppen einteilen, in harmlose und solche, die Todesurteilen gleichkommen.

Die Mehrheit, die harmlosen, betreffen Alltagsfragen, um Fromme wie Rita in ihrem Salafisten-Dasein zu leiten. Es geht darum, wie sie sich kleiden, wie sie beten, wie sie arbeiten und wie sie sich verhalten sollen. Vor allem salafistische Prediger erinnern die Gläubigen mit Rechtssprüchen zusätzlich daran, dass Kunst verboten ist. Dass Fernsehen eine nicht erlaubte Art des Vergnügens darstellt, obwohl sich unter den TV-Predigern so viele Salafisten befinden.

Rechtssprüche, die das meiste Aufsehen erregen, sind diejenigen gegen echte und unterstellte Religionskritiker. Der bekannteste ägyptische Schriftsteller Nagib Mahfus wurde von einem Radikalen schwer verletzt nach einer *Fatwa*, die ihn zur Gefahr für den Islam erklärte, weil seine Bücher nicht genug über Religion sprechen. Beleidigt einer den Propheten, droht ihm der Tod. Ein Ägypter hat das vor einigen Jahren gewagt, woraufhin ihn ein Prediger aus der Gemeinde der Muslime verstoßen hat. Weil er kein Gläubiger mehr ist, wird von seiner Frau verlangt, sie müsse sich von ihm scheiden lassen. In Lebensgefahr hat das Paar seine Heimat Ägypten für immer verlassen müssen.

Zumindest in der Theorie sind alle Muslime verpflichtet, den jeweiligen Islamkritiker zu jagen und das Urteil zu vollstrecken, wie im bekanntesten Fall, dem des britischen Schriftstellers Salman Rushdie. Nach der Veröffentlichung eines Romans wird er zum Tode verurteilt. In den Augen radikaler Muslime hat er den Propheten beleidigt. Seither wird der Mann rund um die Uhr von Leibwächtern beschützt.

## 8 Dinas A-Klasse

Wenn Dina weiß, dass die Leute, vor denen sie an manchen Abenden tanzt, Blut an den Händen haben, zeigt sie es nicht. Es ist in Kairo ein offenes Geheimnis. Sie ist eine der Favoritinnen bei Hochzeiten von Angehörigen des Sicherheitsapparates, Militärs ebenso wie Polizei. Den Folterern von Salafisten und Muslimbrüdern, den Kreisen, in denen ihre Schwester verkehrt. Dinas Kunden sperrten jahrzehntelang jeden Mubarak-Gegner ein, Demokraten nicht weniger als Islamisten. Es sind Leute, deren Macht sich angeblich auch über den Drogenschmuggel auf der Halbinsel Sinai erstreckte. Wer kennt schon so genau die Liste ihrer Machtbefugnisse? Es sind Ägypter mit, bisher zumindest, garantierter Straffreiheit.

Und als wäre das nicht alles schon kompliziert genug, sollen Islamisten in der Überwachungsmaschinerie mitgearbeitet haben. Jeder Ägypter argwöhnt, einige Salafisten seien nichts anderes als der verlängerte Arm der Sicherheit, um Moscheen auszuspionieren.

Man kann es mit einer kurzen Formel umschreiben: Dina tanzt vor Ägyptens zweitem Staat, dem *Staat im Staat.*

Je höher der Rang der Militärs oder Polizisten, desto diskreter ist die Vorbereitung von Dinas Auftritt. Meistens jedoch läutet bei ihrem Manager Tarek das Telefon und die Sache wird gebucht von Leuten aus dem Verteidigungs- oder Innenministerium, wie eben schon seit Jahren. Deren Clubs, neben den anderen Armee-Geschäften, sind für die Militärs eine zusätzliche Einnahmequelle. Ihre Verwandten können dort Räume privat anmieten, um ihre Feiern abzuhalten.

Daran hat die Revolution wenig geändert. Auch daran nicht, dass über den Preis der Aufführung überall außer mit den Militärs verhandelt wird. Eine Bauchtänzerin tut gut daran, das Angebot zu akzeptieren. Im Gegenzug genießen gebuchte Bauchtänzerinnen Vergünstigungen. Sie wissen, wohin sie sich wenden können, falls sie Hilfe brauchen. Jeder Ägypter wäre froh, für den Notfall die Handynummer eines hohen Offiziers zu haben.

Dinas Auftritte bei Hochzeiten in Ägyptens unantastbaren Kreisen finden wie bisher meistens in deren streng abgeschirmten Militärclubs statt, obwohl ohnehin jeder davon weiß. Kellner tratschen. Fahrer verplaudern sich. Noch bevor ich weiß, wer Dina ist, höre ich schon von ihren diskretesten Kunden.

Ich versuche nur einmal, Zugang zu einer dieser Hochzeiten zu erhalten, was so endet, wie mir alle prophezeit haben. Wir kommen nicht einmal in die Nähe des Militärclubs, in dem Dina tanzen soll. Wer da genau versammelt ist, bleibt ihr Geheimnis.

*

Bei einem neuerlichen Hochzeitstermin weist nichts auf eine besondere Klientel hin. Diesmal, so lässt uns Dinas Manager auf unsere Anfrage mitteilen, tanze Dina in einem Luxushotel in Neu-Kairo. Die genaue Adresse und die Uhrzeit würden wie üblich erst in letzter Minute folgen. Es sieht aus, als wäre es eine Feier von den uns bereits bekannten Besserstehenden, als wir an den weitläufigen Anlagen des Viertels vorbeifahren. Dinas Ägypten der A-Klasse.

Neu-Kairo ist nun insofern eine Art Geisterstadt, als viele der Villenbesitzer während der Unruhen ins Ausland geflüchtet sind. Ursprünglich war es vorgesehen als Teil einer neuen Mega-City, die das bisherige Kairo mit seiner jahrhundertealten Geschichte ersetzen sollte. Auf dem Reißbrett ist das Projekt längst entwickelt. Wohnsiedlungen, Autobahnnetze, Shoppingmalls gehören dazu. Ein Viertel der Neureichen, der oberen Militärs, der aufgestiegenen Sicherheitsleute, die sich verständlicherweise bedeckt halten unter der Regierung des islamischen Präsidenten Mursi. Hass trennt die beiden, Neureiche und Islamisten, mehr als jeden Polizisten und Demonstranten auf dem Tahrir-Platz.

Bis unser Fahrer Kamal die richtige Adresse findet, dauert es, weil das Hotel trotz seiner massiven Tore inmitten eines gepflegten Parkgeländes versteckt liegt. Erst als Kamal durch die Sicherheitskontrollen gefahren ist und am Parkplatz haltmacht, merken wir, dass unser Fahrzeug hier auffällt wie das von armen Verwandten, die zu einer Reichen-Hochzeit geladen sind. Ein Meer von Luxus-limousinen umgibt uns. Die Türsteher gewähren uns nur wider-willig Einlass.

Wir haben die Kamera noch nicht richtig ausgepackt, schon sind wir im Visier der Sicherheitsleute. Gleich mehrere Männer in Zivil wollen wissen, was wir hier zu suchen hätten. Dass wir Dinas Auftritt filmen wollen, beeindruckt sie wenig. Wegen der ange-spannten Lage, wir würden ja wissen, wie es zugehe in Ägypten, sagt man uns, dürften wir jedenfalls in der Lobby nicht filmen, und ob das im Hochzeitssaal möglich sein wird, sei genauso fraglich. Die Gäste, rutscht einem der Männer unabsichtlich heraus, seien diskrete Leute, die vom alten Mubarak-Regime.

Dinas Manager kann gegen die Macht des ägyptischen Geheim-dienstes wenig bewirken, als er im Tross mit der Bauchtänzerin auf-taucht. Dina will alles, nur nicht ihre Kunden verärgern.

\*

Am stetigen Anstieg der Islamisierung Ägyptens sind nicht allein aus Saudi-Arabien zurückkehrende ägyptische Gastarbeiter schuld. Der neue, strenge Islam ist auf einen fruchtbaren Boden gefallen.

Seit Mitte der Achtzigerjahre, also ungefähr zur gleichen Zeit, als der Salafismus Fuß fasst, steuert der Staat parallel dazu auf einen Kollaps zu, Folge der Politik der Widersprüche des Mubarak-Re-gimes, zu dem Frau Mubarak mit ihren Frauenprojekten gehört. Das Ehepaar predigt an der Spitze Fortschritt auf allen Ebenen, bei Frauen, Investitionen, Kultur.

Die im Ausland hochgelobte Frauenpolitik Suzanne Mubaraks reicht jedoch nicht aus, um mehr Frauen in die politischen Vertre-tungen zu pushen, damit sie dort möglicherweise mithelfen könnten, eine neue Politik zu machen. Drei Frauen befinden sich unter den 454 Abgeordneten im Parlament.

In jedem Bereich herrscht Reformstau. Während in anderen Ländern die Globalisierung einen frischen Wind bringt, wenn auch mit manchmal zweifelhaften Resultaten für den Einzelnen, verschlimmert sich in Ägypten beinahe alles – die Unterdrückung von Andersdenkenden nicht ausgenommen.

Mubarak lässt das Budget des Sicherheitsapparates Jahr für Jahr erhöhen. Gewalt und Willkür nehmen auf allen Ebenen zu. Die ohnehin weit verbreitete Korruption wird zum ungeschriebenen Gesetz. Einen Polizisten zu beschuldigen, er verletze die Gesetze, bringt nicht den Sicherheitsmann, sondern den Kläger hinter Gitter.

Geld ist der wahre Gott des Landes. Das ohnehin korrupte Ägypten steigt in der Skala der Bestechlichkeit unter allen arabischen Staaten auf den ersten Platz auf, ausgerechnet während einer Phase, als viel Staatseigentum verkauft wird.

Eine Gruppe von Ägyptern, die von Landverkäufen, Handylizenzen und Computerimporten profitiert, wird schnell reich. Leute, die sich für ihre opulenten Hochzeiten eine wie Dina noch leisten können. Leute, für die in den Jahren unter Mubarak Las Vegas am Nil erbaut wird. Als Immobilien eine der wichtigsten Geldquellen im Land werden. Luxushotels mit vier und fünf Sternen, mit Sushi-Restaurants, Vitrinen mit sündteuren Uhren, Fitness- und Massage-Clubs entstehen am Wüstenrand. Als Außenstehende lerne ich all das erst durch Dina kennen.

Die sichtbaren Statussymbole der Neureichen entgehen aber niemandem. Importierte Luxusautos tauchen in den Straßen auf, unabdingbar, wenn einer zeigen will, dass er es geschafft hat, in die Welt der oberen Zehntausend aufzusteigen. So einen Wagen will jeder haben. Die wenigsten können sich überhaupt einen leisten, von einem Luxusschlitten nicht zu reden. Nur jeder zehnte Ägypter besitzt ein Auto.

In Sendungen der ersten ägyptischen Unterhaltungskanäle verfolgen Zuseher sehnsüchtig alle Wendungen und Dramen im verlockenden Leben der Neureichen – wie eines Mannes namens Abul

Fattuh. Er ist der Mann der Stunde. Er wird reich mit der Verkaufs-lizenz einer deutschen Automarke. Er ist ein Mann aus dem Umfeld der Familie Mubarak. Und der Mann, dem Dina einen Skandal ver-dankt. Er kostet ihr beinahe ihre glanzvolle Karriere.

Nach der von oben vorgeordneten Modernisierungswelle ist der Staat bankrott. Um die Kassen zu füllen, hebt Mubarak einen Teil der seit Jahrzehnten üblichen Subventionen für Lebensmittelpreise auf – vor allem für das Grundnahrungsmittel Nummer eins der mittellosen Ägypter, Brot. Im April 2008 läuft das Fass der Unzufrie-denheit über. Hunger-Unruhen brechen aus. Sicherheitskräfte schlagen die Aufstände brutal nieder. Es herrscht Ruhe, bis die in-ternationale Finanzkrise auch Ägypten trifft. Im Februar 2011 ist es längst zu spät für Reformen. Das immer weiter gewachsene Heer der Polizisten, Geheimdienstler, der *Beltagi* und Militärs schafft es nicht mehr, die Lage unter Kontrolle zu bringen wie in der Zeit davor. Es ist die Stunde der gewaltsamen Revolution, bekannt als »arabischer Frühling«.

*

Dina verteilt gerade in der Hotellobby Autogramme, als die Mu-barak-Leute beginnen, uns gezielter auszufragen. Was wir denn ei-gentlich vorhaben? Ob wir überhaupt Genehmigungen hätten?

Die Fragerei will nicht aufhören, bis ich genervt sage, ich würde gut verstehen, dass Leute des Mubarak-Regimes nicht gefilmt werden wollen, woraufhin Tarek versucht zu retten, was nicht mehr zu retten ist, und behauptet, es wären ja ohnehin nur Mus-limbrüder, die im Festsaal säßen. Die seien dagegen, gefilmt zu werden.

Besser wir gehen wieder, sagen wir uns, bevor die Lage aus-weglos wird. Der Sicherheitsapparat ist nicht nur für seine Über-lebenskunst bekannt. Er ist niemandem gegenüber zimperlich.

Dina nützt die Zeit vor ihrem Auftritt, um in der Lobby mit dem Hoteldirektor zu plaudern, diesmal gekleidet in einen Minirock, der diesen Namen nicht mehr so richtig verdient. Geöffneter Nerzmantel darüber, schwarzbestrumpfte Beine schauen hervor und an den Füßen ihr Kennzeichen, Dina-Schuhe, noch ein paar Zentimeter höher als sonst.

Wenn die Islamisierung Ägyptens an einer spurlos vorübergegangen ist, so an der Bauchtänzerin.

*

Keine müsste eigentlich den Zeitenwechsel mehr fürchten als sie. Absagen von Tanzterminen begleiten die islamische Regierungsübernahme. Leute, die früher nicht im Traum daran gedacht hätten, beginnen sich aus offensichtlichem Opportunismus mit Religion zu schmücken. Absagen gehen laufend ein. Ihre gut bezahlten Engagements bei Hochzeiten werden seltener. Rollen bei Filmprojekten werden rarer. Die sind neben dem Tanz ihre beste Einnahmequelle.

Bauchtänzerinnen einzuladen, war bisher in Kairo alles andere als eine Schande. Jetzt überwiegt sogar bei Ägyptens Neureichen die Vorsicht. Eine von einem Privatsender geplante TV-Sendung mit Dina, eine mehrteilige Serie, in der sie Nachhilfe im Bauchtanz geben sollte, wird auf einen unbestimmten Termin verschoben. Ein der Muslimbruderschaft nahestehender Anwalt beschuldigt sie, die Jugend zu verführen. Der von ihm angedrohte Prozess findet zum Glück nie statt.

Bei einem privaten Fest in der Hafenstadt Alexandria, wohin wir Dina begleiten wollen, wird sie jedoch diskret wieder ausgeladen, nur auf das Gerücht hin, Islamisten würden dort einen Protest gegen sie planen. Der findet nicht statt. Das Fest verläuft wie geplant – nur ohne Dina.

*

Das staatliche ägyptische Fernsehen, in dem sie früher Stammgast war, ist jetzt fest unter islamistischer Kontrolle. Dina wartet vergeblich auf einen neuen Auftritt. Bauchtanzmode ist out. Erstmals in der Geschichte des Senders tauchen junge Frauen mit Kopftuch auf, die neue In-Mode. Einige tragen es, um der beruflichen Laufbahn etwas nachzuhelfen. Wendehälse in den Chefetagen von staatlichen Betrieben entdecken ihre Sympathien für den Islam. Was vergangen ist, ist vergessen. Die Leute erinnern sich gerade noch daran, dass es einige salafistische Prediger gegeben hat, die noch vor Kurzem das Mubarak-Regime vehement verteidigten. Und nun predigen sie die Vorzüge eines Gottesstaates. In einigen Vierteln nimmt das Volk, lange unterdrückt von den Mubarak-Spitzeln, Rache. Männer werden aus ihren Wohnungen geholt und verprügelt. Nicht verwunderlich, denn Mubarak selbst sitzt nun als Häftling dort, wo er die anderen hinsperrte, im Gefängnis. Was vergangen ist, muss verschwinden.

Andersdenkende werden Zielscheibe des Islamisten-Hasses, wie der Satiriker Bassam Yussif. Jeden Freitag sitzen Millionen Ägypter vor den Bildschirmen, um seine neuesten Witze über Mursi zu verfolgen. Seine Popularität nützt dem Mann wenig. Er erhält eine Klage ausgerechnet wegen Ehrenbeleidigung, was für ihn bedrohlich werden kann.

Beleidigungen eines islamischen Präsidenten sind insofern eine besonders heikle Angelegenheit, als alles, was mit dem Islam zu tun hat, in der Region ein Tabu ist, eine nicht zu hinterfragende Wirklichkeit. Die in den letzten Jahrzehnten angestiegene Islamisierung trägt dazu bei, dass ein Politiker sich hinter der Religion verschanzen kann und dort vor jeder Kritik sicher ist.

*

Dina danach zu fragen, ob sie Veränderungen im Straßenbild bemerkt, ist insofern sinnlos, als sie sich nicht unter das Volk mischt. Straßennamen sind ihr nicht geläufig. Sie geht genauso wenig zu Fuß wie meine ehemalige Übersetzerin aus Heliopolis. So etwas gehört sich nicht. Wer zu Fuß geht, zeigt, dass er kein Auto hat, und allein Autobesitzer zu sein, genügt nicht. Es muss eine Limousine mit Fahrer sein.

Um unerkannt zu bleiben, zieht Dina tagsüber den Sonnenschutz über das Fenster der Rückbank, wo sie an der vom Gehsteig abgewandten Seite Platz nimmt. Dazu hat sie schließlich ihren riesigen, dunklen Wagen. Sie will nicht erkannt und nicht gestört werden in dem Gewirr von Kairo.

Von dem, was draußen vorgeht, bekommt sie wenig mit. Mädchen in Ganzkörperumhängen, noch vor der Revolution eine Unvorstellbarkeit in Kairo, die an der Hand ihrer gleichfalls verhüllten und verschleierten Mütter auftauchen. Verkäufer von *Niqabs* machen bessere Geschäfte denn je, erfahre ich von hochzufriedenen Händlern.

Dina dazu überreden zu wollen, einmal nur durch ein Einkaufszentrum zu gehen, wie ich es versuche, ist insofern sinnlos, als sie Kairo kaum kennt und daher nicht weiß, wohin wir gehen sollten. Firmen bringen ihr die Waren ins Haus. Zu meiner Enttäuschung ist ihr sogar der berühmte Tahrir-Platz fremder als jedem Fernsehzuschauer, der die Ereignisse in Ägypten aus der Ferne verfolgt.

*

In einem unserer ersten Gespräche höre ich von der Bauchtänzerin, sie würde sich vor Islamisten nicht fürchten – trotz der Drohungen, die eine wie sie zweifelsohne erhält. Radikale, meint sie, hätten ihr nichts vorzuschreiben. Sie selbst sei religiös. Religion sei Privatsache und solle von niemandem von oben gepredigt werden. Wie und wie oft sie betet oder andere religiöse Pflichten erfüllt, vermag ich nicht zu sagen. Ich begleite sie monatelang, mit Unterbrechungen. Zumindest beten sehe ich sie jedoch nie.

Bei einer anderen Gelegenheit erzählt sie, wie sie von einem Salafisten bedroht wurde. Er sei ihr nachgeschlichen. Sie habe sich jedoch umgedreht und ihn angeschrien: Was er denn von ihr wolle? Ob er nicht wisse, ein religiöser Mann dürfe keine fremde Frau anstarren?

Dann wieder lese ich, Salafisten-Prediger würden sich in TV-Sendern lustig machen über die Bauchtänzerin, weil sie sich, wie mir gegenüber, auch in einem Interview als *religiös* geoutet habe. Hämisch kontern die Prediger, sie würden sich ja gerne von Dina den Koran erklären lassen wollen.

Einer Zeitung erzählt Dina wiederum, sie sei während eines Fluges zufällig neben einem Bärtigen gesessen. Der Mann erkennt sie und beginnt auf sie einzureden. Er sagt ihr, sie solle schnellstmöglich ihren Beruf aufgeben. Wenn sie das nicht tue, würde sie nach ihrem Tod in der Hölle enden.

Aus Dinas Erklärungen und meinen Gesprächen mit ihr zum Thema Islamisierung ein vollständiges Bild zu zeichnen, ist schwierig.

Sie nimmt Drohungen der Islamisten nicht ernst, wie sie es tun sollte. Andererseits macht sie mich bei einer unserer Unterhaltungen darauf aufmerksam, ein junger Ägypter habe auf seiner Facebook-Seite eine anti-religiöse Erklärung abgegeben. Nach einem Sturm der Entrüstung verschwindet die Seite aus dem Netz.

Mindestens einmal in ihrem Leben hat sie versprochen, sich zu bessern und wie ihre Schwester religiös zu werden. Das ist lange her. Sie hat es bereits vergessen. Das kann man auch aus ihrer Bekleidung schließen, die bei jeder Gelegenheit, bei der ich sie sehe, entweder aus enganliegenden Hosen, Röcken und Kleidern besteht, extrem provozierend, aber sichtbar teuer. Dina und billige Imitationen passen nicht zusammen.

*

Im Zuge des Machtwechsels in Ägypten werden Haftbefehle gegen hohe Vertreter des Mubarak-Regimes erlassen. Soweit sie nicht rechtzeitig ins Ausland fliehen können, werden sie festgenommen, wie der Ex-Präsident des ägyptischen Parlaments.

Er holt in seinem »Geständnis« zu einem Rundumschlag gegen das gestürzte Regime aus. Dessen Machenschaften mit Künstlerinnen gehören dazu. Die bekannte Schauspielerin Suad Hosni, sagt er, habe über Jahre für den ägyptischen Geheimdienst gearbeitet. Anfänglich habe man sie erpresst. Man filmt sie heimlich bei einem außerehelichen Geschlechtsverkehr und die Falle schnappt zu. Ägyptens Geheimdienstchef lädt sie vor und beschuldigt sie der Spionage. Ihr Partner soll angeblich ein französischer Spitzel sein.

Sie bekommt noch eine zweite Chance.

Die Schauspielerin wird angesetzt auf arabische Potentaten. Sie soll Informationen liefern. Sie folgt.

Ihrer Karriere schadet es nicht. Suad Hosni spielt in beinahe hundert Filmen mit. Sie ist eine der populärsten Darstellerinnen in Ägypten. Niemand weiß, dass sie angeblich noch andere Rollen spielt als die auf der Leinwand gezeigten.

Ägyptische Schönheiten für Spionage einzusetzen, war laut dem Politiker nicht selten. Eine offensichtlich erfolgreiche Methode.

Suad Hosni zieht sich im Alter in ihre Londoner Wohnung zurück. 2001 unterschreibt sie einen Buchvertrag. Bevor sie ihre Memoiren veröffentlichen kann, stürzt sie vom Balkon im fünften Stock ihres Wohnhauses. Sie erliegt ihren Verletzungen.

Untersuchungen der britischen Polizei ergeben, dass es sich um Selbstmord handelt. Suads Schwester aber beschuldigt die Geheimdienste des Mordes. Suad, sagt sie, habe viele Geheimnisse über arabische Politiker aufdecken wollen. Sie habe Kompromittierendes über Präsident Mubarak gewusst.

Der Politiker bestätigt nach seiner Verhaftung zehn Jahre später, ohne Beweise vorzulegen, die Mordthese.

*

In Militärclubs aufzutreten, ist in den Augen von Dina kein Verbrechen. Sie hängt die Liste ihrer Kunden ohnehin nicht an die große Glocke, genauso wenig versteckt sie sie. Nach ihrem Auftritt lässt sich Dina von niemandem ansprechen. Sie zieht ihre Kostüme aus und Mohammed bringt sie zurück nach Doqqi, während Dina längst weg ist. Sich an einen der Tische zu setzen, ist für sie ausgeschlossen. Sie hält Distanz, und das ist ihr wichtig. Geschäft ist Geschäft.

Trotzdem sind die Vorteile für sie mehr als groß. Mit ihrem Hang zum angenehmen Leben kann sie nicht so wählerisch sein bei

Buchungen, selbst wenn es zweifelhafte Kreise sind, die sie tanzen sehen wollen. Den Leuten in dem Luxushotel, bei denen sie in einigen Minuten auftreten wird, fehlt es nicht an Geld für so einen Abend. Um die 20 000 Euro wird die Rechnung betragen.

Der Abend wird ohne uns stattfinden. Wir sind diesmal unerwünscht.

## 9 Der Skandal

Es gibt nichts, das Dina lieber aus ihrem Gedächtnis löschen würde als den Skandal, in den sie 2003 verwickelt war. Es geht um Sexszenen. Kaum ein Thema kann schlimmer sein. Es ist wie das angekündigte Ende einer Karriere in einem islamischen Land. Davon kann sich kaum eine erholen, außer sie heißt Dina Talaat und kämpft, wie sie gekämpft hat, um ein Comeback. Wie eine Löwin.

Meine Recherche über die Affäre ist insofern das Allereinfachste an meiner Arbeit über die beiden Schwestern, als jeder in Kairo darüber Bescheid weiß. Jeder munkelt über die Aufnahmen oder kennt alle Hintergründe, selbst jene, die sie nie im Internet oder auf DVD gesehen haben. Begleitet werden alle Erzählungen darüber mit verhohlenem Schmunzeln, nicht verwunderlich in Ägypten. Die meisten Menschen sind prüde, trotz Bauchtanz, trotz Zugang zum Internet. Sexskandale dringen normalerweise nicht an die Öffentlichkeit. Folge einer weit verbreiteten strengen Moralvorstellung. Die Islamisten sind da nicht die einzigen Verantwortlichen.

In Dinas Fall jedoch wird der Skandal regelrecht zelebriert.

Wer damals die Aufnahmen an die Öffentlichkeit gebracht hat, ist bis heute ungeklärt. Dina glaubt, es sei eine gezielte Kampagne des Sicherheitsapparats, noch dem von Mubarak, gewesen, um von sich damals ausweitenden Korruptionsskandalen abzulenken. Es ging um illegale Landverkäufe und, nicht unüblich in Ägypten, Bestechung. Sie glaubt, sie sei nichts als der Sündenbock gewesen. Man brauchte jemanden. Als provozierende Bauchtänzerin war sie das perfekte Opfer, sagt sie mir. Die Aufnahmen waren bei ihrer Veröffentlichung mehr als zehn Jahre alt.

Auf ihnen ist Dina mit Ägyptens reichstem Mann, dem Autoimporteur Abul Fattuh, beim Geschlechtsakt zu sehen. Da ich sie selbst im Internet gesehen habe, kann ich sagen, dass sie für unsere um vieles weniger prüde Gesellschaft relativ harmlos sind. Die Bilder

108

wurden offenbar ohne Dinas Kenntnis aufgenommen. Dina streitet vehement ab, dass sie von der Filmerei gewusst hätte.

Ursprünglich findet die Polizei die Aufnahmen bei einer Haus-durchsuchung bei Abul Fattuh, wo sie nach Unterlagen über illegale Geschäfte fahndet. Dinas Versuch, vor Gericht eine einstweilige Verfügung zu erwirken, fruchtet nicht. Niemand wird zur Verant-wortung gezogen. Ihr Fall landet – wie so viele andere – in den Archiven.

Dinas Erniedrigung ist aber nicht zu Ende. Monatelang werden an Zeitungskiosken unter dem Tisch Raubkopien der Aufnahmen angeboten. Es werden sogar mehrere verschiedene Versionen von Dina und Abul Fattuh auf DVD verkauft und trotz der Frömmigkeit der Ägypter gehen sie weg wie warmes Fladenbrot.

Auch jetzt ist die Polizei alles andere als aktiv. Verzögerungen und Fehler bei den Ermittlungen geschehen am laufenden Band.

*

Doppelmoral bestimmt seit jeher den Alltag der tanzenden Frauen.

Eine Bauchtänzerin, Britin von Geburt, die ich in ihrer Wohnung treffe, sagt mir, sie verdiene sich heute ihren Unterhalt durch Tanz-stunden für Ausländerinnen. Einheimische Frauen, sagt sie, würden den Weg zu ihr nicht finden. Man würde ihnen sofort einen lockeren Lebenswandel unterstellen. Sie selbst müsse ihren Beruf ausgerechnet in dem Land, das stolz ist, den Bauchtanz er-funden zu haben, Wohnungsvermietern verschweigen. Nachbarn, meint sie, würden, sobald bekannt sei, sie sei Tänzerin, alles daran setzen, um sie zu vertreiben. Doch zugleich konnte sich die Britin, angelockt durch den Boom in Kairos Lokalen, jahrelang vor Engage-ments als Bauchtänzerin nicht retten. Kairo hat sich verändert, meint sie. Kairo ist heute eine völlig andere Stadt, was nicht heißt, dass die Doppelmoral verschwunden ist.

*

Über Nacht wird Dina wie eine Aussätzige behandelt. Tanzengage-ments werden storniert, Verpflichtungen abgesagt.

Dina verfällt in eine tiefe Depression. Sie nimmt Schlafmittel, um nicht nächtelang wachzuliegen. Sie nimmt Tabletten, um morgens aus dem Bett zu kommen. Ich habe meinen Preis bezahlt, sagt sie mir. Dazwischen ist sie beinahe froh, wenn sich jemand für sie interessiert. Sobald ein Journalist auftaucht, schüttet sie ihm ihr ganzes Herz aus. Sie erzählt von zwei Selbstmordversuchen in ihrer Jugend und outet ihre Schwester als Salafistin.

Sie denkt laut darüber nach, alles hinzuwerfen. Sie möchte nichts wie weg, am liebsten so weit wie nur möglich. Ihren Sohn, den sie abgöttisch liebt, damals erst wenige Jahre alt, hat sie längst nach Amerika bringen lassen. Damit er den Hänseleien im Kindergarten entgeht. *Sohn einer Bauchtänzerin* wird wie das in Ägypten geläufige Schimpfwort *Tochter einer Bauchtänzerin* zu einer Beleidigung.

*

Schließlich geht Dina in die Offensive. Ihre treue Helferin Wafa schminkt ihr die Augen. Ihr Friseur richtet ihr eine beispiellose Haarpracht her. Und die gefallene Diva setzt sich auf den heißen Stuhl eines Fernsehstudios. Die halbe Nation sieht zu, als sie ihr Herz ausschüttet wie nie zuvor. Es kommt gut an, dass sie sagt, sie sei mit Abul Fattuh verheiratet gewesen. Ein paar Monate lang war sie seine heimliche, aber legale zweite Frau. Damit ist der Fleck der Ehebrecherin weg. Dina wagt es, Abul Fattuh in den Dreck zu ziehen. Er habe sie heimlich, ohne ihr Wissen, gefilmt. Sie habe ihm vertraut. Er habe dieses Vertrauen gebrochen. Tränen rinnen ihr dabei über die Wangen. Sie gewinnt ihre Fans zurück. Sie zeigt Herz. Sie ist eine Sünderin, aber keine Ehebrecherin.

Der Skandal, so hart er sie trifft, katapultiert sie paradoxerweise zugleich in eine Sphäre, in der sie unangreifbar wird. Attackieren sie die Religiösen, was sie mehr denn je tun, müssen sie notgedrungen über das Tabuthema Sex reden. Das hassen sie mehr als alles andere.

Und Dina schlägt sie noch dazu mit ihren eigenen Waffen.

Weitere Bilder von Dina gelangen auf den Markt, diesmal aber die einer reuigen Frau mit fest umgebundenem Kopftuch. Ihr unge-schminktes Gesicht sieht aus wie das einer Heiligen, als sie wenige Monate nach Ausbruch des Skandals am Flughafen abgelichtet wird, zurückgekehrt von einer Pilgerfahrt nach Saudi-Arabien. In der Zeit ihrer größten Krise erwähnt sie ihre tiefreligiöse Schwester Rita mehrmals in der Öffentlichkeit.

Die Nachricht hinter all dem lautet, sie würde nun eine andere sein, es täte ihr leid, was geschehen sei. Doch selbst diese Reise wäre beinahe im letzten Moment gescheitert. Die saudischen Be-hörden wollten ihr kein Visum geben. Ihr zwielichtiger Ruf war ihr vorausgeeilt. Aber als sie die Reise hinter sich hat, kann ihr niemand mehr vorwerfen, sie zeige keine Reue, umso weniger, als die im Koran, Sure 9, einen wichtigen Stellenwert einnimmt.

*

Sexualität im Orient ist, abgesehen von der Tatsache, dass es sie gibt wie überall, insofern nichts Ungewöhnliches, als sie in der Erzählsammlung *Tausendundeine Nacht*, einem der bekanntesten erotischen Werke der Weltliteratur, beschrieben ist. Eigentlich persischen Ursprungs, hat es die westlichen Vorstellungen über das mysteriöse, aber aufregende Leben hinter dem Schleier geprägt.

Es entspricht insofern nicht der Wirklichkeit, als Dinas Tanzvor-führungen, wie die Szenen im Buch, ohne Ausnahme in privaten Kreisen stattfinden. Sich bei einem öffentlichen Konzert in Ägypten so zu zeigen, ist undenkbar. Draußen ist draußen. Drinnen, in Hotels, Restaurants oder Privathäusern, ist, wie in *Tausendundeine Nacht*, alles erlaubt, was auch im Rest der Welt nicht verboten ist.

Solange halberotische Szenen nicht an die Öffentlichkeit dringen, so lange besteht für Dina keinerlei Gefahr. Etwas anderes ist es, wenn Aufnahmen wie ihre Nacktszenen jedem Ägypter zu-gänglich werden. Es ist, laut Dina, der Sicherheitsapparat, der diese Bilder bewusst unters Volk gestreut hat. Derselbe Apparat, für den sie tanzt. Er engagiert sie. Er benutzt sie. Es sind nicht die Reli-giösen, die Dina so hasst und die sie so hassen.

Heute ist dies ein programmierter Konflikt, insofern als Handy-kameras und Internet keinen privaten Bereich mehr erlauben, nicht einmal mehr in Ägypten. Dina ist nur eines der Opfer dieser Entwicklung.

Zu den Opfern gehört eine junge Ägypterin. Sie veröffentlicht auf ihrer Facebook-Seite ein offenherziges Nacktfoto von sich. Damit sich schneller etwas ändert für die Frau in Ägypten. Im Internet gibt es massenweise ähnliche Fotos, wenn nicht schlimmere. Sie aber löst einen Sturm der Entrüstung aus. Seither ist sie untergetaucht. Eine nackte Frau, eine von uns, das ist beinahe schlimmer als eine Niederlage gegen Israel.

*

Als Dina, die freizügigste aller Bauchtänzerinnen, in einem ihrer posttraumatischen Interviews erstmals über ihre salafistische Schwester spricht, ist sie erstaunlich direkt. Rita, sagt sie, habe das Richtige getan, als sie die *Niqab* anzog. Sie würde das ebenfalls in Erwägung ziehen. Oder vielleicht ein Kopftuch tragen.

Wie ernst sie das meinte, ist schwer nachzuvollziehen. Sicher ist, Dina hat in den dunkelsten Stunden ihres Lebens viel an ihre religiöse Schwester gedacht. Und es hat ihr nicht geschadet, dies in Gesprächen mit Reportern zu erwähnen.

Ihrer Schwester hätte eine zweite Salafistin in der Familie mehr als gefallen. Ob es mit dem Skandal zu tun hat, weiß ich nicht, aber die Salafistin sagt mir, sie erinnere Dina oft an ihre religiösen Pflichten dem Islam gegenüber, vor allem daran zu beten. Sie erwähnt mir gegenüber, sie würde Dina gerne dazu bewegen, frommer zu werden.

Dina hätte längst in der Versenkung verschwinden können wie andere Bauchtänzerinnen vor ihr, auch ohne religiös zu werden. Die Affäre wäre dafür ein guter Anlass gewesen. Sie geht einen anderen Weg, den der Kämpferin, die auf alles verzichten möchte, außer auf ihre Karriere.

## 10 Tahani & Co.

Eines Tages ändern Ritas Freundinnen ihre Haltung. Sie lassen mir ausrichten, ich könnte dabei sein bei einer Koran-Stunde. Wann sie genau stattfinden würde, sei noch nicht klar. Der Kreis wisse es selbst noch nicht.

Monate sind seit meiner ersten Anfrage vergangen. Jede neuerliche wird von einer knappen, trockenen Absage begleitet. Nein, es geht nicht. Ich will dabei nichts anderes als bei einer ihrer Koran-Lesungen zusehen und beobachten, wie Ritas salafistische Freundinnen mit den neuen Freiheiten umgehen. Seit Mursis Wahl zum Präsidenten müssen private Koran-Lesungen nicht mehr im Geheimen stattfinden. Salafisten profitieren am meisten davon, weil sie am genauesten das Buch aller Bücher des Islams studieren.

Bei ihren Absagen bemühen sich die Frauen nicht im Geringsten, den in der arabischen Welt üblichen Anschein der Höflichkeit zu wahren. Ich sei nicht willkommen, höre ich. Das ist alles.

Mir verschließt sich damit die Welt der Salafisten, oder, genauer gesagt, ein wichtiger Teil davon, denn mit den Salafistinnen verbringt Rita einen beachtlichen Teil ihrer Zeit. So viel weiß ich schon, dass bei den abendlichen Treffen nach Arbeitsschluss, damit eine jede teilnehmen könne, Koransuren nicht nur gelesen, sondern von Frauen, die als besondern erfahren gelten, genauer erklärt werden. Männer halten ihre eigenen Kurse ab. Gemischte Kurse sind untersagt.

*

Jetzt hat es unter den strenggläubigen Frauen Debatten gegeben, ob man einer Nicht-Muslimin erlauben solle, bei einer Koran-Lesung dabeizusein. Man ist sich offenbar über die Antwort lange Zeit nicht einig.

Bei den Lesungen, lässt man mir schließlich ausrichten, müssten sich die Gläubigen auf den Text konzentrieren und Außenstehende seien unerwünscht. Sie würden den religiösen Sinn des Treffens nicht verstehen, außerdem sei es möglich, dass die Frauen manchmal weinen, wenn sie der gelesene Text besonders berührt. Wie könnte ich das nachvollziehen?

Endlich geben die Freundinnen nach. Rita bekommt die Erlaubnis, die Ausländerin mitzubringen. Wenn sie schon unbedingt will, darf sie an einer Koran-Lesung teilnehmen.

Da ist es schon Oktober 2012, sechs Monate nach der ersten Abfuhr, gefolgt von einigen anderen. Vorsichtshalber habe ich nach jedem Nein einige Zeit verstreichen lassen, bevor ich wieder nachfragte.

Ich versuche zu argumentieren, ein Übertritt zum Islam stehe für mich außer Frage als Bedingung, dabei zu sein, ich würde mich jedoch nicht einmischen in das Gebet, sondern nur zusehen.

Keine der Frauen glaubt mir, aber da ich darauf bestehe, lässt Rita mir schließlich über eine gemeinsame Bekannte ausrichten, ich könne in einer Ecke dabei sein, müsse jedoch ganz alleine kommen. Ein Mann, auch nicht mein ägyptischer Übersetzer Walid, dürfe nicht mit.

Das bedeutet die nächste Hürde: Keine von Ritas Freundinnen spricht, im Gegensatz zu ihr, Englisch. Fremde Übersetzerinnen will man nicht. Einzige Lösung ist unsere gemeinsame Bekannte, insofern ideal, als sie religiös ist, ein Kopftuch fest ums Gesicht gebunden trägt, damit kein einziges Haar hervorschauen kann.

Bei unseren Treffen trägt sie jedesmal ein anderes, stets schickes Tuch, mit farblich abgestimmtem Ohrschmuck und den passenden Ketten um den Hals. Ihre anliegenden Hosen stecken in kniehohen Stiefeln. Mit dem Lippenstift, den sie aus ihrer Tasche holt, zieht sie manchmal die Lippen nach, als wäre es das Selbstverständlichste auf der Welt. Mit ihrer Kopfbedeckung geht sie zur Arbeit in einem lokalen TV-Sender oder bringt ihre drei Söhne ins Kino. Sie zeigt mir stolz Fotos der drei auf ihrem Samsung Galaxy.

In vielerlei Beziehung ist sie eine Ägypterin zwischen Rita und Dina. Bei den Wahlen hat sie nicht wie Rita der Muslimbruderschaft, die ihr genauso missfallen wie die Salafisten, ihre Stimme gegeben. Geht es um die Einhaltung der religiösen Vorschriften, ist sie trotzdem streng. Sie fastet an beinahe jedem zweiten islamischen Wochenende (Donnerstag und Freitag), weil es so vorgeschrieben ist. Selbst Rita hatte keine Ahnung von diesen religiösen Verordnungen und verzichtet nur im allgemein bekannten Fastenmonat *Ramadan* tagsüber darauf, zu essen.

Die gemeinsame Bekannte, des Englischen so halbwegs mächtig, wird von Ritas Freundeskreis zum Glück nicht abgelehnt. Sie vertrauen einer Kopftuchträgerin. Meine rudimentären Arabischkenntnisse hätten für die Koran-Stunde nicht gereicht.

*

Kairo gleicht zunehmend einem Pulverfass. Alles, was an Verbrechen geschehen kann, geschieht – auch Kidnapping. Als wollten sie sich rächen an den Kopten, die früher auf der Seite Mubaraks standen, entführen Radikale koptische Mädchen. Kirchliche Gruppen klagen über Hunderte Fälle. Zwangsheirat und Schwängerung, das diene dazu, um den Mädchen die Möglichkeit einer Rückkehr zur eigenen Familie zu versperren. Eine Art der »Zwangskonvertierung«, heißt es, zum salafistischen Islam. Einige Familien von Opfern zahlen Lösegeld. Manche Mädchen kommen wieder frei. Koptische junge Männer stellen sich als Ehemänner zur Verfügung, um den Frauen die Schande zu ersparen. Schande, das Wort geistert durch alle Religionsgruppen des Landes, sobald es um Frauen geht. Kopten sind da nicht anders als Muslime.

Es gibt immer mehr Anschläge gegen Kirchen.

Die Kriminalität, ohnehin schwer kontrollierbar bei einer Menschenansammlung von ungefähr sechzehn Millionen, steigt rapide an, weil der ehemalige Polizeiapparat nur wartet auf das Scheitern der verhassten Islamisten, damit er daraufhin als Retter in letzter Not zurückgerufen wird. Alle beklagen die Unordnung. Islamische Gruppen sprechen von einer gezielten Kampagne der Destabilisierung durch den Polizeiapparat. Der hat dem formal mächtigsten

Mann des Landes, Präsident Mursi, sichtbar den Gehorsam verweigert. Polizisten erscheinen nicht zum Dienst. Man warnt mich, ich solle nachts vorsichtig sein. Überfälle auf Frauen würden sich häufen. Die Sicherheitskräfte sitzen am längeren Ast und, so wie es sich darstellt in Kairo, sorgt sie die Gewalt auf den Straßen wenig. Ihre Stunde wird, so ihr Kalkül, wiederkehren. Sie müssen nur lange genug warten. Ägypten muss nur tief genug sinken.

Der politik-unerfahrene Mohammed Mursi schafft es nicht, sich den notwendigen Respekt zu verschaffen, sondern stößt mit religiösen Erklärungen seine Gegner noch mehr vor den Kopf.

Eine Lösung hat weder er noch irgendein anderer Islamist zu bieten.

Beten.

Allah wird es richten.

Seit ihrer Gründung lautet der Leitspruch der Muslimbruderschaft: *Der Islam ist die Lösung.* Nun ist er das Problem. Von meinem Hotelfenster aus sehe ich Nacht für Nacht, wie sich vor meinen Augen verschiedene Gruppen gegenseitig die Köpfe einschlagen. Wer dabei wer ist, das ist weniger klar zu erkennen.

*

Wann die nächste Zusammenkunft ihrer Freundinnen sein wird, kann Rita nicht genau sagen, trotz der festen Zusage. Wo sie stattfinden soll, genauso wenig. Man würde sich jedes Mal in einer anderen Wohnung verabreden, das aber erst in allerletzter Minute entscheiden.

Schlüssig wäre, dass sich die Frauen in einem der überbevölkerten Viertel außerhalb des Zentrums treffen, den üblichen Hochburgen der Salafisten. Ohne irgendeinen Schutz wie einen männlichen Begleiter bin ich mir nicht sicher, ob ich den Weg heraus wieder so leicht finde.

An dem Nachmittag, an dem es schließlich so weit ist, ist zwar Schönwetter angesagt in Kairo, mit der üblichen Smogdecke, die Winter wie Sommer über der Stadt hängt.

Es ist kurz nach zwei Uhr nachmittags, Stunde des dichtesten Verkehrsstaus, weil gerade Ministerien und Ämter schließen, als ich im Taxi sitze auf dem Weg zu einer ersten Vorverabredung mit Ritas bester Freundin Tahani. Unsere gemeinsame Bekannte fährt als Übersetzerin mit mir mit.

Es ist Ritas Wunsch gewesen, dass ich Tahani kennenlerne, bevor wir uns zur eigentlichen Koran-Stunde treffen. Tahani sei laut Rita anders als einige der Frauen in dem religiösen Kreis. Sie sei offener. Sie liebe sie wie eine Schwester und ich würde sie sicher sympathisch finden. Rita verspricht mir, sie würde vor Tahanis Wohnhaus, gelegen im Bezirk Doqqi, auf mich warten. Später würden wir zu unserem zweiten Treffen fahren, zur Koran-Stunde. Wo das stattfinden wird, sagt sie mir nicht. Eine Vorsichtsmaß-nahme zu treffen, wie die Adresse an den Übersetzer durchzugeben, damit er mich zur Not abholen kann, fällt weg.

Das Taxi steckt fest, weil ein zusammengebrochener Autobus den Weg blockiert. Nichts Außergewöhnliches in Kairo. Begleitet von Hupkonzerten fahren wir nur im Schritttempo weiter. Rita muss schon längst da sein. Es ist ein wichtiger Tag für mich und für sie.

*

In meiner Handtasche steckt eine unauffällige Kamera, ähnlich der geläufigen Aufnahmegeräte, die Touristen verwenden. Mein Plan ist, die Frauen zu überreden, sich doch filmen zu lassen, wenn ich schon bei einem seltenen Salafisten-Treffen dabei sein darf. Man wird sehen.

Ritas Freundinnen haben mir nicht ausdrücklich untersagt, eine Kamera mitzubringen, doch als strenggläubige Salafistinnen würden sie sich weigern müssen, gefilmt zu werden. Aufnahmen sind *haram*, verboten. Selbst bei den Radikalsten gibt es in dieser Frage aber keine klare Linie. Wie vieles hängt es von der jeweiligen Situation ab. So sind Fotos innerhalb der eigenen Familie ganz etwas anderes.

Ähnlich ist es mit dem Gebrauch des Handys. Es müsste für Salafisten verboten sein, wird jedoch von allen verwendet. Es ist nichts
Besonderes, in den Straßen Kairos einen Bärtigen mit einem Handy
am Ohr zu sehen.

Bei dem Filmverbot lassen sich Salafisten im Großen und
Ganzen von der Koran-Vorschrift leiten, die besagt, alle Aufnahmen
seien erlaubt, außer die von lebenden Wesen. Das heißt, Berge und
Wälder dürfen gefilmt werden genauso wie Häuserfassaden oder
Fahrräder. Das Verbot, Bilder von Menschen, Frauen und Männern
gleichermaßen, und Tieren zu machen, wird zurückgeführt auf
eine Stelle im Koran mit einer Beschreibung Allahs als *Formen-
Bildner, Musawi* auf Arabisch, der alles erschuf. Ihm allein sei, laut
Interpretation der Salafisten, erlaubt, Bilder von lebenden Wesen zu
machen. Alles andere sei Götzendienst, und der ist besonders verwerflich in den Augen der streng Religiösen, weil er typisch war in
den prä-islamischen Religionen in der arabischen Region. Und die
wurden vom Propheten als Feinde bekämpft.

In Schriften, den *Hadith*, die dem Propheten Mohammed zuge-
schrieben werden, werden angeblich sogar Maler gewarnt, Menschen darzustellen, *Figuren Leben zu geben*, und es wird ihnen mit
entsprechender Bestrafung beim Jüngsten Gericht gedroht.

Die Taliban, eine der radikalsten Formen des Salafismus, zertrümmern daher Kunstwerke, sobald diese Personen darstellen,
weil jede Form der Kultur, die nicht in ihren religiösen Rahmen
passt, in ihren Augen kein Existenzrecht hat. Im Nachbarland
Ägyptens, in Libyen, zerstören Salafisten historisch kostbare
Schreine mit Abbildungen als unislamisch. Ein Salafist in Ägypten
verlangt allen Ernstes, die Pyramiden müssten dem Boden gleichge-
macht werden, denn sie seien Symbole eines unerlaubten Götzen-
dienstes.

Die andere, ganz gegenseitige Facette zeigt einen der bekanntesten Salafisten, ausgerechnet Osama bin Laden: Er hat sich immer
wieder filmen lassen, wenn er Botschaften an den Westen oder an

seine Anhänger richtete und in alle Welt aussenden ließ. Als strenggläubiger Salafist hätte er sich nicht filmen lassen dürfen. Sobald Bin Laden aber eine wichtige Botschaft hatte, wurde das Verbot stillschweigend aufgehoben.

\*

Rita wirkt irgendwie anders, wie sie dasteht in dem Hauseingang. Inzwischen ist es für mich leichter, sie an ihrer Körpergröße zu erkennen, obwohl sie wie üblich nichts als ein dunkler Schatten ist, diesmal noch dazu mit einer anderen, breiteren Damenhandtasche am Handgelenk als der, die ich schon kenne.

Wir steigen in den sichtlich reparaturbedürftigen Lift des Wohnhauses, keine Seltenheit in Kairo. Er soll uns in den allerletzten Stock bringen. Eine ruckartige Fahrt, als würde der Aufzug jede Sekunde steckenbleiben. Deswegen ist Rita aber nicht aufgeregt, wie ich an ihren etwas zittrigen, behandschuhten Händen sehen kann. Unter der *Niqab* atmet sie schwer. Meistens wirkt Rita ausgesprochen ruhig, sie ist beinahe ein phlegmatischer Charakter, was mit ihrer Krankheit zu tun haben muss oder mit ihrer früheren Ausbildung zur Sängerin. Die Schulung der Stimme ist langwierig. Sie erfordert Geduld und vor allem eine Atemtechnik.

Heute ist für Rita ein stressvoller Nachmittag.

Sie liebt die Routine, den gleichmäßigen Tagesablauf, sie ist keine, die sich auf Überraschungen, wie die Vorstellung einer Ausländerin bei Salafisten, freut. In Ruhe gelassen zu werden, wäre ihr lieber. Bei ihrer Freundin herumzuhängen, ohne besonderen Zweck. Ich weiß, sie genießt die besinnlichen Stunden mit ihrer besten Freundin in deren Wohnung, und als sie noch selbst in demselben Viertel wohnte, ging sie oft zu Fuß zu Tahani. Jetzt nimmt sie den Autobus und spaziert den Rest des Weges zu Fuß hin, vorbei an einem Kiosk nach dem anderen. An verschmutzten Schaufenstern, Müllhalden, einem Supermarkt der Kette Metro, Kaffeehäusern und Wohnhäusern mit Fassaden, von denen der Putz abbröckelt.

Seit Jahrzehnten wird in dem zentrumnahen Viertel Doqqi wenig investiert. Erst wenn man die Wohnungen betritt, tut sich eine Welt mit verblichenem Glanz auf.

Tahani hat eine Wohnung der mittleren Preisklasse. Wie eine Kopie von Rita steht sie in der Tür, dahinter ihr Sohn und die mädchenhafte Silhouette ihrer Tochter. Es braucht einige Zeit, bis ich mich an die Dunkelheit drinnen gewöhne. Die Vorhänge sind halb zugezogen, nichts ist auffallend, ein Heim, wie es Tausenden anderen Ägyptern gehören könnte. Nur die notwendigsten Möbel wurden angeschafft. Sofas. Ein Tisch. Der in der arabischen Welt unabkömmliche Teppich. In keiner Wohnung fehlen schwere, lichtundurchlässige Vorhänge. Dunkle Apartments entsprechen dem Geschmack der Kairoer Bewohner. Draußen scheint mehr als genug Sonne, sie brauchen keine in ihren eigenen vier Wänden.

Im Halbdunkeln kaum zu sehen sind die vergoldeten Koransuren, eingerahmt an den Wänden, ein Hinweis darauf, dass hier religiöse Leute wohnen. Neben Tahani und den zwei Kindern ist das ihr modern denkender Ehemann, ein Ingenieur, der gerade bei der Arbeit ist.

Rita verschweigt mir, dass die Freundin in einer angespannten privaten Lage lebt. Ihr Mann hat sich zwei Nebenfrauen genommen. Er hat Tahani verstoßen und sie aufgefordert, die Wohnung zu verlassen. Diese Art von Scheidung ist nicht unüblich in Ägypten, wenn im Ehevertrag nicht ausdrücklich das Scheiderecht der Frau festgelegt ist. Eine Wiederheirat des Mannes ist insofern leicht, als er per Gesetz seine bisherige Frau nur darüber informieren muss. Einige Männer lassen von einem Anwalt einen Brief aufsetzen, sodass die Frau es schriftlich hat. Tahani wird sich mehr recht als schlecht über Wasser halten können. Sie ist Teilhaberin einer Schnellimbissstube. Außerdem kommt durch den Verkauf ihrer selbstgeschneiderten *Niqabs* etwas Geld herein.

Ein paar Monate später wird ihr der Mann auch noch die Kinder wegnehmen.

Ritas Freundin lässt sich von all dem nichts anmerken, sondern plaudert mit mir, versteckt wie Rita hinter ihrer *Niqab*. Sie verbringe ihre Tage neben dem Koran-Studium mit der Erziehung des Sohnes, sagt sie. Sie würde ihm in allen möglichen Fächern Nachhilfe geben, soweit es in ihren Kräften stehe. Sie meint, in der Schule würde man ihm nichts beibringen.

*

Das ägyptische Schulsystem ist eine Produktionsstätte von Analphabeten. Über die Hälfte der Bevölkerung kann trotz Schulabschluss nicht lesen und schreiben, wobei Männer genauso dazugehören wie Frauen. Korruption ist weitverbreitet. Damit Schüler aufsteigen, sagt mir eine Ägypterin, verlangen einige Lehrer Geld. So und so lernen die meisten Schüler aber wenig.

Religiöse füllen die Lücken. Koranschulen sind der kostenlose Ersatz für eine Ausbildung. Generationen von Ägyptern haben dieses alternative »Schulsystem« durchlaufen, darunter einer von Ägyptens ehemaligen Präsidenten. Anwar as-Sadat wurde in einer Koranschule ausgebildet. Ausgerechnet er wurde von einem radikalen Moslem ermordet.

*

Der Sohn von Ritas Freundin spielt in einer Ecke und starrt mich zwischendurch von der Seite an. Tahani bittet ihn, er solle woanders hingehen. Da taucht die Tochter auf, ein Kopftuch umgebunden. Sie schleicht beinahe aus einer Nebenkammer, in der sie gerade für das Abitur lernt. Da die Tür zu der Kammer offen bleibt, erspähe ich durch den Spalt die üblichen rosafarbenen Mädchen-Poster. Nach dem Abitur, sagt sie, will sie Grafikerin werden, aber der Mutter ist es wichtiger, die Neuigkeit von der baldigen Heirat der Tochter loszuwerden. Da lacht das Mädchen verlegen.

Ob sie die *Niqab* als Ehefrau anlegen würde, frage ich das Mädchen.

*Weiß ich noch nicht*, lautet ihre geflüsterte Antwort. Man braucht keine besondere Vorstellungskraft, um das Mädchen in derselben

*Niqab* zu sehen wie die Mutter, doch andererseits gibt es genug Salafistinnen, deren Töchter alles andere als religiös sind.

Es ist, als ob die Zeit hier stehengeblieben wäre. Die verblichenen Vorhänge, der abgenützte Bodenbelag und die abgesessenen Möbel sehen aus, als gäbe es sie hier bereits seit Mitte des vorigen Jahrhunderts. Damals gerade neu erstanden in einem der Läden in Doqqi. In einer Zeit, als hier ein Palais nach dem anderen fertiggestellt wurde. Als die Aufzüge noch tadellos funktionierten. Als die Service-Industrie keine Arbeitskräfte fand, weil die Fellachen nicht schnell genug vom Land nach Kairo strömen konnten. Das Versprechen auf Wohlstand hing in der Luft. Das wichtige Ägypten wurde regiert von einem charismatischen General, Nationalheld Gamal Abdel Nasser. Alle glaubten seinem Versprechen, Ägypten werde bald in der vordersten Reihe der Nationen stehen. Dazu gehörten unzählige Reformen für die Gleichberechtigung der Geschlechter. Das war gestern.

Jetzt sitzen zwei Frauen in *Niqabs* auf dem Sofa und hören aufmerksam einem religiösen Prediger zu.

Es ist ein uralter Salafist, gekleidet in das übliche Salafisten-Hemd. Während er geradewegs in die Kamera schaut, beginnt er seine Arme zu bewegen, auf und ab, als würde er eine Zahlenreihe herunterzählen. Mit jeder Bewegung wird seine Stimme lauter. Er schreit. Er brüllt. Rita und Tahani sitzen da wie hypnotisiert.

\*

Vor nicht allzu langer Zeit übertrugen alle ägyptischen Sender, außer die religiösen, die Rede von US-Präsident Barack Obama. Er war 2009 nach Kairo zu Besuch gekommen. Nicht weit von Tahanis Wohnung, an der Universität von Gize, versprach er ein Goldenes Zeitalter der Beziehungen zwischen Ost und West. Alle Muslime der Welt rief er auf, sich für mehr Freiheit einzusetzen, gegen Gewaltherrschaft zu sein, das würde beiden Seiten zugutekommen, Christen und Muslimen. Amerika werde unterstützen, was in die richtige Richtung gehe.

Nicht, dass die Ägypter es nicht versucht hätten. Seit Obamas Rede ging Ägyptens Jugend in unregelmäßigen Abständen auf die Straße. Sie protestierte. Sie wurde verletzt. Verhaftungen standen auf der Tagesordnung. Die Forderungen nach Demokratie endeten schließlich in dem Februar-Aufruhr auf dem Tahrir-Platz.

In der Salafisten-Wohnung ist weder der eine noch der andere willkommen, Nasser nicht, Obama noch weniger.

Nasser ließ nach einem gescheiterten Attentat, für das er die Religiösen verantwortlich machte, Tausende Islamisten inhaftieren. Harte Jahre der Verfolgung im Untergrund folgten. Amerika hingegen hatte sich mit Kriegen in der Region so viele Feinde geschaffen, dass eine Rede längst nicht alles ungeschehen machen konnte, die arabisch-israelischen Kriege, den Irak-Feldzug, Syrien, das verblutete. In den Augen vieler Ägypter sind die USA dafür verantwortlich und genauso deren wichtigster Verbündeter, Israel.

*

Das 21. Jahrhundert ist in dieser Wohnung, abgesehen von dem Fernsehgerät, ohnehin nicht vertreten. In der Küche, wo Tahani den Umhang ebenso wenig ablegt, als sie Tee für uns zubereitet, ist zeitgemäßes Leben nur als Geruch präsent; dem von verschiedenen Reinigungsmitteln.

Amoniakduft liegt in der Luft. Brotfladen sind auf dem Küchenkasten zu sehen. Ein paar Zwiebeln. Kein Obst oder Gemüse. Es ist für viele Familien unerschwinglich.

Ich fühle mich genauso wenig erwünscht wie der amerikanische Präsident, wobei Rita und ihre Freundin vergessen haben, dass ich da bin. Es ist, als existierte ich nicht mehr für sie. Sie schenken ihre ganze Aufmerksamkeit ihren TV-Predigern.

Der Sonnenuntergang draußen taucht die beiden Frauen in ein irreales Licht. Als ein Prediger besonders laut wird, murmelt Rita: *Allahu akbar.*

Der Prediger hatte erzählt, übersetzt mir die Bekannte, dass der Glaube an Allah alles besiegen könne. Es gebe Fälle, wo Schwerkranke geheilt würden. Ohne den Islam würde es kein Ägypten mehr geben. Geister würden das Land beherrschen.

*

In Ägypten, vor allem in den Dörfern, ist neben der Religion ein starker Aberglaube präsent. Die Menschen glauben fest daran, dass die Toten in Form von Geistern weiterleben. Die unwahrscheinlichsten Gerüchte genügen, um die Stimmung sogar in einer Weltstadt wie Kairo ins Irrationale kippen zu lassen. Verdächtige werden von einer Meute gelyncht, nur weil sie im Verdacht von unbegründeten Anschuldigungen stehen.

Mitte der Sechzigerjahre brach ein Volksaufstand aus, als sich das Gerücht wie ein Lauffeuer verbreitete, die Regierung würde Jugendlichen das Blut absaugen, um sie auf diese Weise umzubringen. In der Fantasie der Bevölkerung stellte dies eine perfide Methode dar, um das unkontrollierbare Bevölkerungswachstum unter Kontrolle zu bringen. Eltern stürmten Schulen und setzten sie in Brand – einige Lehrinstitute mussten geschlossen werden, weil sich die Lage nicht beruhigen wollte.

Von da zu politischen Verschwörungstheorien, die genauso verbreitet sind wie der Glaube an das Überirdische, ist es kein großer Schritt.

*

Obamas Kairoer Aufruf hat nichts daran geändert, dass Rita und ihre Freundinnen wie zahlreiche Ägypter bei den meisten Ereignissen fest an von Amerika gelenkte Manöver glauben, die Muslime zu schwächen oder zu spalten. Übernatürliche, unsichtbare Waffen wären im Einsatz. Besucher aus dem Westen würden als Spione bei den geheimen Plänen mitmachen, indem sie die Lage vor Ort unter Vorwänden ausschnüffelten. Die Schwächung der Nation ist ein in den Augen der Ägypter unverzeihliches Vergehen.

Wenn die beiden Frauen mich als eine ausländische Gefahr ansehen, zeigen sie es zumindest nicht. Außer, als Rita wissen möchte, warum ich mich denn überhaupt für Ägypten interessiere, und ich

124

erwidere, die Ägypter seien eine Art Nachbarn, meint sie lachend:
*Ja, aber laute Nachbarn!*

Danach sind die beiden wieder ganz mit sich beschäftigt. Es naht für sie die Stunde des Gebets. Rita und ihre Freundin verschwinden, um die rituelle Waschung vorzunehmen, bevor sie, wie alle Muslime um diese Zeit, zum Abendgebet, dem *Maghrib*, in Richtung der Stadt Mekka die Worte sprechen: *Gott ist groß, Allahu akbar! Im Namen Gottes, des gütigen und allmächtigen. Gepriesen sei Allah, Herr der Welten ...*

Ich bleibe alleine vor dem Fernseher zurück. Der Prediger schimpft weiter.

*

An dem Nachmittag bei ihrer Freundin Tahani fühlt Rita sich wohl. Ihre Nervosität ist verflogen. Ihr Phlegma ist zurückgekehrt. Sie ist beruhigt, Tahani hat mich offenbar akzeptiert. Es ist der Augenblick, als die Salafistin zu einer überraschenden Geste greift. Sie lüftet für mich, zum ersten und zum letzten Mal, ihren Gesichtsschleier.

Das Heben des Schleiers geschieht für mich völlig überraschend. Eine Geste, die Rita aber erst wagt, als die Kinder in den hinteren Teil der Wohnung verschwunden sind. Die Sonne geht gerade über dem hektischen Kairo draußen unter.

Niemand, außer die Freundin und ich, sind in dem düsteren Wohnzimmer mit seinen abgesessenen Polstermöbeln. Rita kann sicher sein, dass kein Mann sie sehen würde. Der Hausherr, haben wir bereits von Tahani erfahren, wird erst am nächsten Tag zurückerwartet. Er geht Tahani nicht ab, nachdem er sie verstoßen hat. Sicherheitshalber fragt mich Rita noch, ob ich Lust hätte, ihr Gesicht zu sehen. Ohne meine Antwort abzuwarten, fährt ihre Hand mit einer raschen Bewegung zuerst von der Stirn hinunter über die bedeckten Augen, weiter hinunter, wo ungefähr ihr Mund ist, bis in Brusthöhe, wo sie den Rand der *Niqab* fasst, zuerst nach oben und nach hinten reißt. Das geschieht blitzschnell.

Während sie mir direkt in die Augen blickt, fragt sie die am wenigsten erwartete von allen Fragen: *Wie sehe ich aus?*

Es sind die dieselben runden braunen Augen mit den beeindruckenden Wimpern, die mir bereits auf den Kinderfotos aufgefallen sind. Obwohl sie beinahe fünfzig ist, hat Rita eine glatte, weiße Haut ohne eine einzige Falte – offenbar eine unbeabsichtigte Folge der *Niqab*, unter der Ritas Gesicht vor hautschädigenden Sonnenstrahlen geschützt wird.

Sollte ihr das Kettenrauchen jemals geschadet haben, sieht man es ihr nicht an. Es hat keine Spuren hinterlassen. Die Nächte, die sie als Sängerin in Clubs durcharbeitete, haben sich nicht eingeprägt in Form von Augenringen oder tiefen Falten. Rita hat ein ungewöhlich glattes Gesicht.

Obwohl sie ihren Ganzkörperumhang nicht abgelegt hat, wirkt sie auf mich trotzdem wie eine andere Person und ich versuche, mir Ritas Gesichtszüge so gut wie möglich einzuprägen. Einen Augenblick lang hoffe ich, sie ließe sich vielleicht erweichen für eine Filmaufnahme ohne Gesichtsschleier.

*

Vor fremden Frauen die *Niqab* abzulegen, ist Salafistinnen nicht ausdrücklich untersagt. Solange sie dabei nicht gefilmt werden oder die Gefahr besteht, nicht eng verwandte Männer könnten sie sehen. Taucht ein Fremder auf, muss sich die Salafistin sofort wieder bedecken. Sind Männer zufällig anwesend, während eine Frau ohne Gesichtsschleier ist, müssen die den Blick sofort abwenden. So oder so soll eine Frau direkten Augenkontakt mit Männern meiden. Es gilt bei uns als Zeichen des Respekts, Leuten direkt in die Augen zu sehen, wenn man mit ihnen spricht. Bei Salafisten ist es das Gegenteil. Augenkontakt zwischen den beiden Geschlechtern gehört sich nicht, mit oder ohne Schleier.

Sich ständig daran zu halten, ist auch für Salafistinnen schwierig. Die wenigsten von ihnen starren zu Boden, wenn sie in Kairo unterwegs sind. Das Überqueren von Straßen und Einsteigen in Taxis sind mit der begrenzten Sicht schon schwierig genug.

*

Ritas Heben der *Niqab* dauert nur wenige Augenblicke. Ihre kleine menschliche Schwäche, wissen zu wollen, wie sie aussehe, bringt sie schnell wieder unter Kontrolle. Eine spontane, ungewollte Geste. Reue folgt. Hastig zieht sie die *Niqab* mit einem Ruck wieder nach vorne und streicht sich noch über den Schleier, um sicher zu gehen, dass er gut sitzt.

Da ist sie wieder, die Frau ohne Gesicht.

So kurz ich Rita nur gesehen habe, ihr Gesicht hinterlässt einen bleibenden Eindruck auf mich. Danach ist sie für mich nicht mehr dieselbe wie vorher. Jedesmal, wenn wir uns begegnen, tauchen ihre Züge zumindest verschwommen wieder vor meinen Augen auf und ich ärgere mich, dass ich sie nicht wieder sehen kann.

Ihre Familie, die ständig zwei verschiedene Ritas kennt, hat sich inzwischen daran gewöhnt. An die zwei Ausgaben ein und derselben Frau, die seit dreizehn Jahren in unregelmäßigen Abständen zu Besuch kommt oder die man anruft, um ihr alles Gute zum Geburtstag zu wünschen. Rita Nummer eins legt bei Familienfeiern den Umhang beiseite. Sie lacht und macht Witze, höre ich aus dem Familienkreis. Rita Nummer zwei ist Rokkaya, die Salafistin. Es gelingt ihrer eigenen Familie nicht, sie auf der Straße zu erkennen, wenn sie sich zufällig begegnen. Die Familie weiß, dass ihre braunen Haare inzwischen leicht ergraut sind. Sie weiß, dass Rita unter ihrer Gewichtszunahme leidet. Viele Salafistinnen klagen darüber, wie verführerisch es sei, unter einem weit geschnittenen Umhang seine zusätzlichen Kilos zu verstecken.

## 11 Unter Freundinnen

Die Koptin hat drei Töchter, von denen eine von Salafisten gekidnappt wurde, und die zwei anderen wurden bedroht. Die kleinste war zwölf, die andere vierzehn und die verschwundene Tochter Nadja sechzehn. Die Mutter sagt mir, sie habe ihre Wohnung aufgeben müssen, weil die Nachbarn fürchteten, Salafisten würden auch sie nicht verschonen mit ihrem Zorn. Gegen Salafisten sei man machtlos. Die Koptin haust nun mit ihren Mädchen in einem Rohbau. Der Bruder des Entführers sei laut Mutter ein Gelehrter mit Einfluss. Da sei ohnehin nichts zu machen.

Der Mann, der seit Monaten ihre Nadja festhält, ist hingegen ein Verbrecher. Ein Mafiaboss, sagt sie. Schmuggelt alles Mögliche. Arbeitet mit dem bekannt korrupten Polizeichef des Viertels zusammen. Weil die Mutter keinerlei Mittel hat, die Sicherheitsbehörden zu bewegen, eine Untersuchung einzuleiten, fürchtet sie, den beiden Jüngeren könnte genau dasselbe Schicksal drohen, weil es in Ain Schams eben so sei. Alles in Salafisten-Hand. Alles unter dem Deckmantel der Religion. Nichts zu machen für einfache Leute, wie sie es sind, Kopten an erster Stelle. Salafisten halten zusammen, und vor denen habe jeder andere Muslim Angst. Salafist und Muslim sein, das ist nicht dasselbe, so die Frau sinngemäß.

*

Als das Taxi Tahanis Wohnung hinter sich lässt, ist die Nacht angebrochen und ich kann nicht mehr sehen, in welche Richtung der Wagen fährt. Rita müsste es wissen, aber sie sitzt neben mir auf dem Rücksitz, wie zur Salzsäule erstarrt. Kein Wort, ob es nach Ain Schams geht.

Mein Treffen mit der koptischen Mutter in Ain Schams liegt zu diesem Zeitpunkt erst wenige Wochen zurück. Es ist frisch genug, dass ich es noch nicht vergessen habe, und schockierend genug, dass ich lieber nicht wieder hinwill. Gebessert hat sich die Lage in dem Elendsviertel nicht, eher im Gegenteil. Es wird kein Problem sein, hinzugelangen, auch wenn es weit ist. Wie lange Ritas Freundinnen zusammensitzen werden, wie spät es werden wird, ist jedoch unklar.

Wie von da wieder zurückfinden zu meinem zentral gelegenen Hotel, des Nachts? Kairo ist voller Taxis, die Frage ist nur, ob ein Fahrer den Weg heraus aus Ain Schams findet in dem Wirrwarr der Vororte. Taxifahren ist der einzige Broterwerb für viele. Man braucht nicht viel außer einen Wagen. Oft nicht einmal einen Führerschein. Für mich ist das nicht immer von Vorteil. Taxifahrer, die sich in der Stadt auskennen, sind selten. Meiner, Kamal, muss an diesem Tag seinen kranken Sohn zu einem Arzt bringen.

Schließlich stehen wir vor der Adresse, schneller, als ich dachte. Zum Glück nicht in Ain Schams, sondern wir befinden uns nur wenige Kilometer Luftlinie von Tahanis Wohnung entfernt im Bezirk Gize. Keine ärmliche Gegend, sondern besser gestellt als ein Ort, wo man sich normalerweise Salafisten-Treffen vorstellen würde. Ein unerwarteter Ort für Radikale.

Gerade als wir aussteigen, trottet am Gehsteig eine Alte daher in einem schwarzen Ganzkörperumhang, das Gesicht frei. Sie nimmt den Lift in denselben Stock, ohne uns nur einen Blick zu schenken. Ich habe kein Kopftuch um die Haare, geschweige denn eine *Niqab* an. Auf Ritas Gruß murrt die Alte nur ein paar schwer verständliche Worte in ihren Umhang. Sie vermeidet es, vor allem mich anzusehen.

Die Wohnungstür an der Zieladresse steht halb offen. Das sei eine Einladung für Nachbarn, erklärt mir Rita. Falls sie Interesse an Koran-Lesungen haben, können sie leichter ihre Scheu überwinden und teilnehmen. Solange ich da bin, kommt keiner aus den Wohnungen nebenan.

Wir ziehen alle unsere Schuhe aus, bevor wir das Wohnzimmer betreten, ausgestattet mit schweren Polstermöbeln und Teppichen. Zwei Hausbedienstete spähen durch die Küchentür. Süßigkeiten stehen in Behältern herum.

Eiseskälte empfängt mich.

Auf den ersten Blick sichtbar für mich, dass hier nicht nur eine Gruppe, sondern zwei Gruppen aufeinandertreffen. Eine, die ansagt, wo es langgeht. Eine andere, die folgt.

Zur zweiten gehören offensichtlich Rita und eine ruhige Frauengestalt, eine Modeschmuck-Designerin, wie ich erfahre, die früher schauspielerte. Sie habe den Beruf aufgegeben, sagt sie mir, um sich mehr der Religion widmen zu können. Beides gleichzeitig sei nicht möglich gewesen, dazu sei der Zeitaufwand für die Religion zu groß. Man müsse sich darauf konzentrieren. Schauspielerin sein und den Islam studieren, das sei nicht unter einen Hut zu bringen. Zum Tragen einer *Niqab* hat sie sich jedoch noch nicht durchgerungen. Sie hat ein buntes Tuch um die Haare gebunden. Sie hat ihre selbstgemachten Schmuckstücke mit und legt sie auf, damit die Frauen sie betrachten können.

Die Stimme der Ex-Schauspielerin ist so laut, wenn sie redet, als stünde sie noch auf einer Bühne.

*Ruhe*, sagt die Alte aus dem Lift daraufhin. *Ruhe.*

Genau in diesem Moment ziehe ich meine Kamera aus der Tasche. Rita setzt sich in eine Ecke und legt ihren Koran voller Ornamente neben sich. *Ruhe*, sagt die Alte wieder. Dann: *Was macht die hier?*

Ich sei Reporterin, erklärt ihr Rita, ich würde jedoch nicht lange bleiben. Ich wolle den Salafismus näher kennenlernen. Woraufhin die Alte ihren Körperschleier mit einem schnellen Handgriff vor das halbe Gesicht zieht. Signal an mich, sie will nicht gefilmt werden.

*Sie soll gehen*, sagt eine andere, die sich gibt, als sei sie die Hausherrin. Neben sich hat sie einen Laptop stehen, und aus dem Augenwinkel sehe ich die Skype-Application gut sichtbar aufgerufen. Während die Frau mich barsch anfährt, versucht sie eine Internetverbindung mit ihrer Tochter in den Vereinigten Staaten herzustellen. Die will der Koran-Lesung aus der Ferne beiwohnen. Zwischendurch zeigt die Ex-Schauspielerin ihren Schmuck weiter in der Runde herum, aber die Hausfrau will davon nichts wissen und sieht mir nur ständig von unten her nach, um mitzubekommen, was ich denn filme. Das Internet funktioniert nicht und die Hausherrin sieht hin zu Rita, sobald ich in ihre Nähe komme: *Rita*, sagt sie. *Sie darf keine Gesichter filmen!*

Schließlich regen sich noch zwei weitere Frauen auf, die eine, wie die Hausfrau Ärztin von Beruf, und die Alte wollen mich nicht da haben.

Es geht eine Zeitlang so dahin, bis die eigentliche Koran-Stunde anfängt. Da wird es zum Glück ruhiger.

Ich beobachte Rita, wie sie in der Ecke des Sofas zusammengesunken hockt und ihren Freundinnen eine Sure aus dem Koran vorliest. Stille legt sich über das Wohnzimmer und nur Ritas tiefe Stimme ist zu hören. *Sie soll mich nicht filmen!*, unterbricht da die Alte aus dem Lift wieder.

Die Gruppe der harten Salafistinnen lässt nicht locker. Bald wagen es weder Rita, noch die Schauspielerin etwas zu sagen. Mich selbst zu verteidigen macht keinen Sinn, weil die Ärztin mich ständig aus dem Augenwinkel verfolgt. Wieder ein deutlicher Blick in Richtung Rita: *Es reicht!* Dann sagt sie noch in meine Richtung in gut verständlichem Englisch: *Now stop!*

Ich warte noch ein paar Minuten ab hinter einer der Säulen, die den Raum aufteilen, ohne Bilder aufzunehmen. Um mich herum lesen die Frauen gemeinsam denselben Koran-Abschnitt mehrmals, dazwischen legen sie Denkpausen ein, damit auch jede die Suren genau versteht.

Rita wagt es nicht, sich von mir zu verabschieden. Sie bleibt sitzen und dreht mir nicht einmal ihr Gesicht zu, als ich zur halboffenen Tür gehe.

Ich ziehe meine Schuhe an und werfe einen letzten Blick in den Raum. Eine weitere Seite wird gerade vorgenommen. Alle Frauen, Rita, die Schauspielerin, die Ärztin, die unfreundliche Alte aus dem Lift, schauen konzentriert in ihre Bücher. So würde das noch stundenlang gehen, unterbrochen nur von dem pflichtgemäßen Nachtgebet.

Unten im Erdgeschoß frage ich mich, ob Ritas Freundinnen, nachdem sie mich vertrieben haben, die *Niqabs* ablegen. Würden sie sich Tee von den Bediensteten in der Küche zubereiten lassen und die Süßigkeiten in den Schachteln auf den Beistelltischen essen? Den Schmuck der Schauspielerin begutachten, das eine oder andere nach einigem Feilschen erstehen? Würde Rita ihre *Niqab* in eine Ecke werfen?

Ungewöhnlich wäre es, wenn die Frauen es nicht tun würden, wenn sie ganz unter sich sind. Unter ihren Umhängen tragen sie meistens weitere Schichten von Kleidung, langärmlige Pullover, Hosen oder Röcke, die mindestens bis zum Knie gehen, außer junge Frauen, die sich zumindest in den eigenen vier Wänden gerne schick anziehen. Die entsprechenden Kleider, Hosen und T-Shirts sehe ich in allen Schaufenstern in Kairos Innenstadt ausgestellt, um Kundinnen anzulocken. Frauen in *Niqabs* gehören wie selbstverständlich zu den Käuferinnen.

Später erfahre ich, dass sich Ritas Freundinnen nicht des Umhanges entledigen. Es ist ein Zeichen von extremer Frömmigkeit und ein Zeichen von Misstrauen gegenüber anderen. So sondern sie sich ab von der Welt draußen. Ein tiefer Graben trennt Salafisten von den weniger Gläubigen. Man muss entweder auf der einen oder auf der anderen Seite dieses Grabens stehen. Dazwischen gibt es nichts.

## ZWEI VON UNS / 2

Sie sitzt an einem Nachbartisch, mit zusammengesunkenen Schultern, und mein damaliger Übersetzer Sherif sagt mir, das sei sie, die beschnittene Frau. Er deutet mit dem Kopf hin in Richtung einer zierlichen Figur, die in den Laptop vor sich starrt, als gäbe es sonst nichts auf der Welt um sie herum. Sie sieht nicht anders aus als die Frauen an den anderen Tischen, außer dass sie Halbägypterin ist. Wir haben gerade über sie gesprochen. Man hat mir gesagt, sie sei das traumatisierte Mädchen, das mit der amerikanischen Mutter.

Ich stehe auf, gehe hin zu ihr und begrüße sie. Wir bestellen etwas zu trinken. Wir warten, bis die Getränke von einem Kellner vor uns hingestellt werden, eines vor mich und eines vor Nadja (Name geändert – A.R.), bevor wir miteinander reden. Auf den ersten Blick sieht sie aus, als leide sie unter chronischer Magersucht. Arme und Hände sind so auffallend dürr, dass man fürchtet, sie würde in der nächsten Minute keine Kraft mehr besitzen, weiter zu tippen. Die hellen Haare sind nach hinten gekämmt. In ihrem Gesicht tritt jeder einzelne Knochen hervor. Sie muss um die fünfundzwanzig sein, vielleicht auch älter. Eine junge Frau in Kairo wie andere, allerdings ohne jedes religiöse Symbol. Es weist nichts darauf hin, dass sie Muslimin ist, weil sie die Haare offen trägt und mit Jeans bekleidet ist. Nichts deutet darauf hin, dass sie damit hadert, diese Religion von Geburt an ungefragt aufgezwungen bekommen zu haben. Dass es sie wütend macht, dass sie noch dazu eine brutale Prozedur hat über sich ergehen lassen müssen. Angeblich hat diese mit pharaonischen Traditionen zu tun.

So entschuldigen einige in Ägypten die Verstümmelung der Genitalien einer Frau. Nadja hätte sich mit Händen und Füßen dagegen gewehrt, wäre sie damals nicht ein Teenager gewesen. Ihre eigene Mutter brachte sie zum Arzt. Beschneidung. Qual der ägyptischen Frauen.

Nadja besitzt keine schlimmere Erinnerung, in ihrem Fall lediglich erleichtert durch die *saubere* Operationsmethode.

Es war zumindest keine Hebamme. Normalerweise werden den Mädchen in oberägyptischen Dörfern – laut Statistik das Zentrum der Beschneidung – die äußeren Schamlippen und die Klitoris auf Küchentischen entfernt. Dazu werden Rasierklingen verwendet oder ebenso unhygienische, scharfe Küchenmesser. Die betroffenen Mädchen werden nicht vorbereitet auf die Tortur. Niemand sagt ihnen, was mit ihnen geschehen wird, sondern sie werden an dem ausgemachten Tag auf den Tisch gelegt oder, falls die Beschneidung nicht in der Küche stattfindet, auf ein Sofa. Die Prozedur ist kurz. Die Schreie des Opfers sind laut. Es steht ein Eimer heißes Wasser bereit.

Dauer und Intensität der Schmerzen hängen davon ab, was die Familie von der Hebamme verlangt, können aber reichen von der teilweisen oder ganzen Entfernung der Klitoris, Klitoridektomie genannt, bis zur Exzision, Entfernung der äußeren Schamlippen, zusätzlich zur Klitoris, wobei die laut Statistik 85 Prozent aller Genitalverstümmelungen von Frauen ausmachen.

Die Sache ist erledigt. Die Hebamme nimmt den entsprechenden Lohn entgegen. Sie wird sich um das nächste Mädchen kümmern. Die Familie ist erleichtert. Eine Tradition wurde respektiert. Angeblich mehr als viertausend Jahre alt, weil sie noch aus der Zeit stammt, als Ägypten von den Pharaonen beherrscht wurde. So eingebrannt in den Köpfen, dass sogar Religiöse die Beschneidung nicht ablehnen, obwohl nichts davon im Koran steht. Einige preisen sie an. Während Präsident Mursis Regierung erklärte eine Abgeordnete seiner Partei in einem Interview, Frauen so zu beschneiden, gehöre sich nicht, man solle Frauen von Ärzten beschneiden lassen, das sei hygienischer. Gerüchte schwirrten umher, islamische Gruppen würden mit Ambulanzen in die Dörfer fahren, um Familien zu überreden, ihre Tochter beschneiden zu lassen.

Für die Familien war der Tag der Beschneidung lange eine Art Familienfest, an dem sie Onkel und Tanten einladen, damit sie den Tag der *Frau-Werdung* der Tochter miterleben. Wieder weiß jeder, was geschehen wird, außer das Mädchen.

Die Anti-Beschneidungs-Kampagne von Suzanne Mubarak in den Achtzigerjahren, als Mubaraks Helferinnen in den Dörfern für ein beschneidungsfreies Ägypten warben, führte zu einem kollektiven schlechten Gewissen. Aufklärung wurde großgeschrieben. Man müsse sich von den schlimmsten Auswüchsen der Vergangenheit trennen. Das gehöre sich nicht mehr, außerdem stehe es genauso wenig im Buch der Christen, der Bibel, wie in dem der Muslime, dem Koran. Beide Glaubensgruppen, Kopten genauso wie Muslime, sollten überzeugt werden, ihren weiblichen Nachwuchs nicht weiter verstümmeln zu lassen, wie es seit Jahrhunderten üblich war. Neunzig Prozent der ägyptischen Frauen sind beschnitten.

Der Erfolg der Kampagne ist begrenzt. Es gibt zwar weniger Verstümmelungen, aber sie hören nicht auf, sondern werden verheimlicht, weil sie untersagt sind. Familien hüllen sich nun in Schweigen. Sie laden niemanden mehr ein und reden nicht mehr darüber. Hebammen kommen heimlich durch die Hintertür. Töchter erleiden aber genau dieselbe Tortur auf dem Küchentisch. Klitoris entfernen. Schamlippen mit zwei schnellen Schnitten abtrennen. Wasser darauf schütten, dadurch soll das Blut aufhören zu fließen. Wasser gilt als Heilmittel. Um die Schmerzen kümmert sich jedoch offenbar niemand.

Ab diesem Zeitpunkt gilt ein Mädchen als *echte* Frau und wird – glaubt man in den Dörfern – nicht vom verbotenen Sexualtrieb befallen, bis ihr Ehemann sie entjungfert. Ein neuer Tag des Schmerzes. Daraufhin folgt in den meisten Fällen bald die Qual einer Entbindung bei einer entzündeten Vagina. Dritter, vierter, fünfter Tag der Pein.

Treten bereits nach der Beschneidung schwere Blutungen oder Komplikationen auf, wie ungewöhnlich hohes Fieber und Schüttelfrost, Folge des Mangels an Hygiene bei den Beschneidungen, kommt die Hebamme nochmals. Als allerletzten Ausweg bringen Mütter ihre Töchter in Krankenhäuser zur Behandlung. Nach der Einnahme von Antibiotika verschwinden die Beschwerden vorübergehend. Einige Mädchen können nicht mehr gerettet werden, weil die Familien zu lange gewartet und nicht rechtzeitig ärztliche Hilfe geholt haben. Das Mädchen verblutet. Es stirbt einen schmerzvollen Tod an der Entzündung im Genitalbereich.

Ermittelt die Polizei, geben die Eltern der Hebamme die Schuld. Die wiederum klagt die Eltern an. So geht es dahin, bis die Behörden die Angelegenheit zu den Akten legen.

Wie stark die Blutungen bei Nadja waren, ist unklar. Ob sie zusätzlich infibuliert wurde? Ob ihre Vagina zusätzlich zugenäht wurde bis auf eine winzige Öffnung, die vom Ehemann in der Hochzeitsnacht aufgeschnitten wird? Jede Art von genitaler Verstümmelung ruft Schmerzen beim sexuellen Verkehr hervor. Statistiken gibt es darüber nur wenige. Frauen leiden schweigend.

Nadja ist nicht verheiratet. Sie hatte mehrere *boyfriends*, Freunde, doch keine einzige Beziehung funktionierte bisher, was nicht an der Beschneidung liegen muss. Das kann viele Gründe haben.

Sie erzählt mir, sie würde sich in die Arbeit stürzen wollen. Frauengeschichten würden ihr am Herzen liegen. Alles Mögliche, obwohl sie unter den verschiedenen Themen nicht das Thema Beschneidung erwähnt.

Um uns herum an den Tischen wird gescherzt und gelacht. Das Restaurant ist gut besucht. Es ist nicht billig. Die meisten Besucher gehören zu den besseren Schichten.

Nadja ist insofern eine Fremde hier, als ihre Mutter aus den USA stammt, wo sie Nadjas Vater, einen Ägypter, kennenlernte, zum islamischen Glauben übertrat und mit ihm nach Kairo zog. Die Mutter wurde beinahe frommer als die Einheimischen und passte sich an.

Als Nadja im pubertären Alter ist, bringt die Mutter sie zum Arzt. Sie lässt die Tochter im Unklaren über das, was geschieht, und die wird unter lokaler Narkose beschnitten. Angeblich weiß der Vater nichts davon.

Sobald Nadja alt genug ist, zu verstehen, was geschehen ist, klagt sie ihre Mutter an, sie hätte ihr Leben zerstört. Sie hätte ihr jede Möglichkeit genommen, eine normale Frau zu sein. Nadjas Beschneidung ist schlecht verheilt. Schmerzen treten immer wieder auf. Außerdem sei die Mutter selbst nicht beschnitten. Was sei ihr da nur eingefallen?

Die Mutter verteidigt sich. Sie habe das getan, weil es sich so gehörte. Sie habe ihrer Tochter das Leben einer Ausländerin ersparen wollen, einer, die nicht dazugehört. Sie sollte das Leben einer echten Ägypterin führen können, daher der wichtige Schritt der Beschneidung. Sonst, warnt die Mutter, würde sie keinen Ehemann finden. Der Streit geht in einem fort weiter.

Die Gewalt, ausgeübt von der eigenen Mutter, die ihre Tochter körperlichen Leiden aussetzt, sitzt tief in Nadja. Medizinisch ist nicht bewiesen, dass sexuelle Begierde gedämmt wird, und wenn ja, warum eigentlich? Die Tochter hat Schmerzen. Einen harten, brutalen Schmerz, nicht nur in einem empfindlichen Teil ihres Körpers.

Hätte Nadja die Wahl gehabt, wäre sie wahrscheinlich alles lieber gewesen als eine ägyptische Frau. Ihre Mutter hat ihr und genauso ihren Schwestern die Wahl abgenommen.

\*

*An einem anderen Tag*

Wird ihre Tochter das Kopftuch tragen müssen? Unweigerlich stelle ich mir diese Frage, als ich die blutjunge, blonde Kopftuchträgerin vor mir sehe. Da, in der Wohnungstür, sieht sie aus wie eine Heilige, weil das Licht aus dem Fenster in ihrem Rücken sie anleuchtet. Sie ist ausgesprochen hübsch. Alles ist sonnenfarbig an ihr, von den Haaren über das T-Shirt bis zur Haut. Nur die Augen sind hellgrün wie zwei Seen. Alles ist sanft an ihr. Sie hat eine Stimme wie ein neugeborenes Küken. Schlaftrunkene Bewegungen. Beinahe reiße ich sie aus dem Halbschlaf mit meinem Besuch und den Fragen, die ich ihr im Wohnzimmer stelle. Draußen hört man die üblichen kreischenden Reifen und Hubkonzerte.

Die arglose Christina (Name geändert – A.R.) ist im gereizten, angriffslustigen Kairo auf der Suche nach einer spirituellen Heimat. Sie hat sie ausgerechnet hier gefunden, in einer Stadt der Dritten Welt, einer Stadt der augenfälligen Kontraste, des Chaos, dazwischen Moscheen. Die Gebetshäuser sind die Orte, die Christina anziehen. Ihretwegen ist sie hier. Nicht wegen des Verkehrschaos.

Sie sei diesmal nur für drei Monate in Ägypten, meint sie, bis sie ihre Abschlussarbeit endgültig unter Dach und Fach hat und als diplomierte Arabisch-Absolventin einen Job suchen kann daheim in Deutschland. In ihrer Universitätsstadt habe sie begonnen, Stellenanzeigen zu durchforsten. Die Rückkehr in ihr Heimatdorf schließt sie aus. Sich dort niederzulassen, hält sie für undenkbar. Sie kann sich nicht mehr vorstellen, dort mehr als ein Wochenende zu verbringen. Wegen der Leute, meint sie. Für eine Konvertitin sei das Dorfleben unerträglich. Probleme habe es bereits früher gegeben. Als Teenager ging sie mit Türken und anderen Nicht-Deutschen aus. Christina fand sie lustiger. Die Nachbarn tuschelten hinter ihrem Rücken. Sie fand die Ausländer toll. Eines führte zum Nächsten, zuerst das Arabisch-Studium, dann, logischerweise, der Übertritt zum Islam.

Sie sagt mir, es sei eine schnelle Angelegenheit gewesen, weil sie informell, ohne Zeugen konvertierte.

Das Koran-Studium war dem vorangegangen. Ihr hat gefallen, was sie da las. Erst seit sie Muslimin ist, trägt sie in Kairo das Kopftuch. Ein Mini-Kopftuch, das sie im Nacken zusammenbindet. Vorne sehen blonde Haarsträhnen heraus. Mit Kopftuch würde man sie weniger belästigen, sagt sie, sie werde respektiert.

*Irgendjemand, der Ihnen nahelegte, zum Islam überzutreten?* Sie verneint meine Frage. Salafisten, fährt sie fort, hätten in ihrem Fall keinerlei Rolle gespielt, obwohl sie über deren Konvertierungskampagnen Bescheid wisse. Sie kenne keinen Radikalen. Weil sie erst vor Kurzem übergetreten ist, hat sie sich noch keinen islamischen Namen überlegt, wie er üblich ist nicht nur bei Salafisten, sondern üblich auch bei Konvertiten.

In den nächsten drei Monaten ist die Kairoer Mietwohnung ihr Heim. Eine spärlich mit Möbeln ausgestattete Wohnung, überreifes Obst in einer Schüssel auf dem Esstisch, einziger persönlicher Gegenstand.

In ungefähr neunzig Tagen wird Christina zum Flughafen fahren, am Viertel Heliopolis entlang, auf dem Weg wird sie das Kopftuch abnehmen, nach der Ankunft das Taxi zahlen, aussteigen, einchecken und bei der Kontrolle dem Beamten ihren deutschen Pass hinstrecken. Beinahe dasselbe Ritual bei der Landung in Deutschland in umgekehrter Reihenfolge. Aussteigen, dem Beamten ihren Pass hinhalten. Kontrolle. Koffer vom Gepäckband heben. Taxi oder Bus suchen.

Weder Beamte noch Freunde noch Christinas Eltern ahnen, dass sie eine neue Heimat hat, wo sie sich wohler fühlt als daheim. Alkohol habe sie ohnehin nie getrunken. Da gibt es keinerlei Anpassungsprobleme. Vater und Mutter gaukelt sie vor, sie würde in Kairo lediglich ihr Arabisch-Studium beenden. Sie sitzen mit einer Tochter ohne umgebundenes Kopftuch am Mittagstisch oder vor dem Fernseher. Christina ist eine Studentin wie viele andere. Betet sie, tut sie es heimlich, sodass es niemand merkt. Um die Familie nicht zu kränken, sagt sie mir.

Eines Tages, meint sie, werde sie heiraten und Kinder kriegen. Wie jede Muslimin wird sie sich fragen müssen, wie sie mit ihrer Tochter umgeht, wie viele Freiheiten sie ihr zugesteht. Ob sie Zwang ausüben wird, dass sie das Kopftuch tragen muss, sobald sie im gebärfähigen Alter ist. Ob sie die Tochter beschneiden lässt oder nicht.

*

Die genaue Zahl der Konvertiten in Ägypten ist nicht bekannt. Meistens handelt es sich um Ausländer bzw. Ausländerinnen, die nach der Heirat mit einer Muslimin oder einem Muslim den islamischen Glauben annehmen. Die übliche Formel: *Aschhada ana la ilaha ila Allah wa aschhada ana Muhammad rasul Allah,* übersetzt: *Ich bezeuge, es gibt keinen Gott außer Allah und Mohammed ist sein Prophet,* genügt in allen Fällen, bei Heirat oder bei einem Übertritt aus anderen Gründen wie der Hinwendung zur Religion. Um ihn formell richtig zu machen, kann ein Konvertit oder eine Konvertitin sich beim ägyptischen *Ministerium für religiöse Stiftungen* nach islamischem Recht registrieren lassen. Damit ist er aktenkundig.

Übertritte von Angehörigen der koptischen Minderheit Ägyptens zum Islam sind selten. Kopten und Muslime wachen eifersüchtig über ihre jeweiligen Mitglieder. Machtkämpfe, wer die bessere Religion habe, wer die besseren Argumente, sind unvermeidbar. Neben der Angst vor Entführungen christlicher Mädchen durch Salafisten geistert in von Christen bewohnten Bezirken in Kairo wie Schobra die Furcht vor religiös motivierten Verbrechen umher, wie Erpressung von Schutzgeldern. Christen ihrerseits zögern nicht, eigene Milizen zum Schutz ihrer Viertel zu bilden.

Mehr als in Kairo sind in Oberägypten, in Städten wie Minya, wo zahlreiche Christen leben, die Spannungen spürbar. Gotteshäuser werden von islamischen Radikalen in Brand gesetzt. Christen sagen, sie seien denen hilflos ausgeliefert.

Gemischte Heiraten, falls sie überhaupt stattfinden, führen zu anderen Problemen: Die Frau nimmt üblicherweise den Glauben des Mannes an. Heiratet ein Christ eine Muslimin, ist es unklar, wer konvertiert. Ehen zwischen Kopten und Muslimen sind in Ägypten jedoch selten. Es ist selten, dass Familien dem zustimmen, weil Kopten genauso konservativ sein können wie Muslime. Die Ausnahme sind westlich erzogene Ägypter, egal welcher Religion, bei denen der Glaube eine untergeordnete, wenn überhaupt eine Rolle spielt. Sie sind eine verschwindend geringe Minderheit.

140

Ist der Eintritt in den islamischen Glauben einfach, so ist der Austritt aus dem Islam offiziell unmöglich. Umso mehr, als in Ägypten die Religionszugehörigkeit noch in den Ausweisen steht. Keiner Religion anzugehören, ist nicht vorgesehen. Einige Islam-Gelehrte, nicht nur hier, argumentieren, der Koran und andere heilige Schriften würden einen Austritt aus dem Islam mit der Todesstrafe verfolgen. Allein ein Austritts- oder Übertrittsversuch löst Skandale aus, begleitet von hitzigen Debatten, wie den Abtrünnigen zu bestrafen. Die Stimmung ist aufgeheizt. Von Todesdrohungen wurde der ägyptische Journalist Mohammed Hegazy Ende der Neunzigerjahre verfolgt. Der Muslim will Christ werden. Er geht so weit, das in aller Öffentlichkeit zu verkünden. Er muss untertauchen. Ein Minister verlangt seine Hinrichtung. Der Mann lebt bis heute im Untergrund.

## 12 Die Stadt der Schwestern

Jedes Kind in Kairo kennt den Namen der Satellitenstadt *Stadt des 6. Oktober*, im Westen Kairos. Und wenn es ihn nicht kennt, ist es kein Kind Ägyptens. Der 6. Oktober 1973 war der Tag, an dem die ägyptische Armee begann, die Positionen der Israelis am strategisch wichtigen Suezkanal zurückzuerobern.

Nach diesem militärischen Erfolg sind nicht nur unzählige neue Städte benannt wie diese in den Achtzigerjahren erbaute, weit außerhalb gelegene. Rund 40 Kilometer liegt sie vom Zentrum entfernt. Sie ist leicht erreichbar über eine neue Autobahn, obwohl man je nach Verkehrslage bis zu anderthalb Stunden braucht. Und das nur, um in den feineren Teil zu gelangen. Dort wohnt die Bauchtänzerin Dina in einer Mietvilla. Der weniger luxuriöse Teil liegt noch weiter entfernt. Das ist Ritas Welt.

Aus dem ursprünglichen Plan, hier eine Oase der Reichen zum Herzeigen zu schaffen, ist genauso wenig geworden wie aus den damaligen Hoffnungen, Israel aufzureiben. Inzwischen ist die Satellitenstadt eine Insel der zerbrochenen Illusionen, weil die Zahl der Einwohner auf beinahe 500 000 gestiegen ist. Zwischen Villen mit Vorgärten, ähnlich der Vorstadt in der amerikanischen Serie *Desperate Housewives*, und seelenlosen Fitnessclubs für Ägyptens Mittelstand-Hausfrauen stehen Sozialbauten.

In Wüstennähe, wo diese Bauten sich befinden, sind notgedrungen alle Preise niedriger, die der Mieten, der Medikamente, der Tomaten.

Trotzdem sind alle zufrieden, wenn sie es geschafft haben in die *Stadt des 6. Oktober*, selbst die an der Peripherie der Siedlung. Nicht mehr in Orten wie Ain Schams zu leben, wo der Name das einzige poetische ist, *Quelle der Sonne*, nicht mehr zwischen übermannshohen Müllbergen zu hausen, ist ein unbestreitbarer Fortschritt. Hier sind die Müllhaufen um einiges unscheinbarer, die Hinterhöfe der Wohnhäuser sauber gekehrt von den Bewohnern selbst, man sitzt nicht aufeinander. Es gibt meistens Strom. Es gibt Wasser. Im anderen Kairo, in Alt-Kairo, gibt es anstatt dessen Urin- und Schweißgestank.

Villen im reichen Teil der *Stadt des 6. Oktober* werden auf Plakatwänden entlang der Autobahnen mit verführerischen, meistens unrealistischen Fotos angepriesen. Das Beste, was sie für Ihr Geld bekommen können! Hier eine Mietvilla zu bewohnen, ist für Dina trotzdem nicht das, was sie sich als ihr Heim erträumt hat. Das wird klar, als ich sie besuchen will und sie betont, ich müsse verstehen, das sei nur eine vorübergehende Bleibe. Sie sei gerade dabei, ein neues, ihrem Lebensstandard mehr entsprechendes Haus zu bauen. Es sei noch nicht fertig. Daher die Mietvilla. Dina sagt, sie mag weder die Einrichtung noch die Gegend.

## 13 Villa mit Hunden

Vor dem Besuch bei Dina weiß ich wenig über das für andere Frauen in der arabischen Welt immer noch Wichtigste in ihrem Leben, den Ehemann. Die Bauchtänzerin soll gemeinsam mit ihm in der nicht dem Standard gemäßen Mietvilla wohnen. Das ist die spärliche Information, die ich habe. Dina redet nicht viel darüber. In ihrem Leben kommen Ehemänner und sie gehen. Die Schwierigkeit für mich ist herauszufinden, der wievielte Gatte der Bauchtänzerin dieser ist.

Laut ihrer Biografie, die Dina ausgerechnet 2011 publiziert hat, im Jahr der Revolution, ist er der siebente oder achte. Er ist Geschäftsmann wie der davor. Der hat sie, steht in dem Buch, wegen des Abul-Fattuh-Skandals verlassen.

Dinas allererste Ehe ist eine Trotzehe gewesen. Sie ist beinahe noch ein Teenager, als sie diese Ehe nur eingeht, um dem Elternhaus zu entfliehen. Der Vater untersagt Dina das Tanzen. Sie rächt sich ausgerechnet damit, dass sie einen Religiösen ehelicht. Der verlangt wiederum, sie solle ein Kopftuch umbinden. Wieder rebelliert Dina. Diesmal mittels Scheidung. Sie findet bei ihrer Schwester Rita Unterschlupf, bis der nächste Ehemann vor der Türe steht.

Unter den acht befindet sich Dinas größte Liebe, der Regisseur Samah al-Baghuri, der Vater ihres Sohnes. Er stirbt im Jahre 2001 an Krebs.

Dazwischen gibt es für die inzwischen kometenhaft aufgestiegene Tänzerin mehrere Heiraten mit Künstlern oder Unternehmern, darunter ihre heimliche Trauung mit dem Autohändler Abul Fattuh. Die hohe Zahl an Ehen ist Dinas Preis für die Unmöglichkeit einer wilden Ehe in Ägypten. Umso weniger für eine bekannte Person wie sie. Mit oder ohne Skandal kann sie sich das nicht leisten. Wenn überhaupt, sind inoffizielle Beziehungen nur in einigen eng begrenzten Bezirken von Kairo möglich, wie zwischen Künstlern und Ausländern in Zamalek, auf einer Insel im Nil.

Überall sonst ist Zamalek-Leben undenkbar. Eine verschwindend kleine Minderheit, ein paar Tausend, sind in dieser Frage modern. Der Rest der Ägypter ist konservativ bis streng-konservativ.

*

Ob es in Kairo ebenso viele außereheliche Verhältnisse gibt wie anderswo, würde ich bezweifeln. Falls ja, müssen sie extrem gut versteckt werden. Der geringste Verdacht genügt und der Ruf einer Frau ist angeschlagen, wie es bei Dina der Fall ist. Tratsch ist das Gewürz in allen Vierteln. Vor allem alleinstehende Frauen sind am meisten Gerüchten ausgesetzt, auch unbegründeten. Sie müssen sich hüten, in Verruf zu geraten. Es gibt überall Augen und Ohren, wenn nicht die der Nachbarn, so von unzähligen Spitzeln in den Bezirken, die im Auftrag der hochaktiven Geheimdienste Ägyptens das Privatleben der Leute ausspionieren. Jeder sechste Ägypter soll für einen von mehreren dieser Geheimdienste arbeiten.

Es reicht, wenn eine Frau das im Orient so gut behütete Reich der Familie verlässt oder Verwandte oder gar Ehemann kränkt, und schon ist sie nicht sicher vor Nachstellungen, Verdächtigungen und den abenteuerlichsten Beschuldigungen. Beim Lesen der lokalen Presse, die über moralische Vergehen gerne berichtet, schließt man aus den Berichten, dass eine Frau über einen ganzen Clan Schande bringen kann. Die Berichte werfen ein Licht auf das Alltagsleben mit Familienfehden, Hass unter Brüdern oder Ehrendelikten.

Überraschend viele Mordfälle gehen in Kairo auf das Konto von Frauen, findet eine junge Ägypterin, die ich kenne, heraus. Sie gräbt weiter und entdeckt, Frauen würden Verwandte umbringen oder jemanden im Streit töten. Unbeglichene Schulden steckten dahinter. In den einzelnen Fällen hört sich das an, als würde das sogenannte schwache Geschlecht über ungeahnte Muskelkräfte verfügen, und obendrauf gestehen die Täterinnen schnell.

Hilfsorganisationen sagen der Ägypterin aber, es stecke eine andere Wirklichkeit dahinter. Sie sagen, viele Frauen säßen anstelle ihrer Ehemänner in Haft. Es komme oft vor, dass sie zu falschen Geständnissen gezwungen würden. Wehrt sich die Frau gegen die untergeschobenen Verbrechen, droht ihr der Mann oder die Familie, sie zu verstoßen. Auf der Straße wäre sie dann noch schlimmer dran als in einer Zelle. In einigen Fälle gehen Ägypterinnen freiwillig anstelle des Ehemannes in den Kerker, selbst wenn sie die Tat nicht begangen haben und unschuldig sind. Sie opfern sich für ihre Männer. Die Familie würde sonst ihren oft einzigen Ernährer verlieren. Familie ist wichtiger als die Frau. Sie muss sich fügen. Frauenleben auf Ägyptisch.

Sexuelle Nötigungen in der Ehe werden in den meisten Fällen ignoriert. Inzest und Missbrauch in Familien wird von Richtern schnell zu den unerledigten Akten gelegt. Neben dem Jungfrauentest in Polizeistationen kann Frauen eine Vergewaltigung auf einer Behörde drohen. Familien geben Frauen insofern eine bestimmte, eingeengte Sicherheit. Draußen herrschen andere Gesetze.

Liebevolle Gesten im Freien zwischen Mann und Frau oder zwischen Männern sind riskant. Anzeigen von Nachbarn oder zufälligen Passanten bei Ägyptens Moralpolizei, der *Mabaheth al-Adab*, können die Folge sein. Deren Einsätze sind schwer kalkulierbar. Die Beamten tragen unscheinbare Zivilkleidung. Worauf sich ihre Wertvorstellungen begründen, hängt oft von der persönlichen Einstellung des jeweiligen Beamten ab. Die Gesetzgebung beruht auf einer Mischung aus einer westlich orientierten Gesetzgebung, islamischen Regeln, basierend auf der seit Jahren angewendeten milden *Scharia*, und aus Traditionen.

Die Regeln im sexuell-moralischen Bereich sind in unseren Augen überholt. Homosexualität ist in Ägypten strafbar. Moral ist kein leeres Wort. Es ist eine Waffe der Gesellschaft gegen den Ägypter und noch mehr gegen die Ägypterin.

*

Ein Ehemann muss nicht Salafist sein, um seiner Frau die geltenden Anstandsregeln aufzuzwingen, und sei sie eine Berühmtheit wie Dina. Ihrer, höre ich, weigert sich, in Dinas bisherige Wohnung in Doqqi einzuziehen. Das sei für einen ägyptischen Mann eine Erniedrigung. Als allgemeine Regel gelte vielmehr, dass ein Paar entweder in das Haus des Mannes einzieht, oder es muss ein neues gebaut werden, wie im Fall der beiden. Bei Dinas Ehemann ist seine Weigerung, soweit ich es bemerke, keine Frage der Religion. Modisch gekleidet sitzt er in der Sitzecke im Garten der Villa. Er spricht perfekt Englisch, will sich aus meiner Verabredung mit den beiden Schwestern aber heraushalten. Während ich mit ihm ein paar Worte wechsle, ist scharfes Hundegebell im hinteren Teil des Gartens zu hören. Dinas Ehemann beruhigt mich, ich solle mich nicht fürchten, die Dobermann-Hunde seien in Zwingern untergebracht. Sie hätten Hunger und müssten bald gefüttert werden. Er sagt mir, er würde die Tiere an Sicherheitsfirmen in Europa verkaufen, das sei kein schlechtes Nebengeschäft.

*

Ursprünglich ist ausgemacht, dass Rita, Dina und ich, nur wir drei, uns im Garten der Villa in aller Ruhe zusammensetzen werden – ohne Ehemann, ohne andere Zeugen. Es soll ein ruhiger Nachmittag werden, nur um mir zu zeigen, wie die beiden Schwestern miteinander umgehen. Dass sie vor mir einen Glaubenskrieg anzetteln, erwarte ich nicht. Dazu sind die beiden zu gut aufeinander eingespielt. Jahrelange gemeinsame Auftritte. Ich kann mir aber vorstellen, dass es wenig gibt, worin sie heute noch übereinstimmen. Die Religion, der sie beide angehören, spaltet sie.

Walid bietet Rita an, sie solle sich ein Taxi zum Haus ihrer Schwester nehmen. Alles andere werde sich ergeben. Dina gibt Walid die Hausnummer in der Villensiedlung am Telefon durch.

Es ist Ende November 2012. Noch milde Herbsttage in Kairo. Politisch geht es heiß zu. Täglich wird im Zentrum protestiert gegen alles Mögliche. Richterliche Urteile, gegen die neue, stärker islamisierte Verfassung, Ausnahmegesetze, Streiks finden statt.

Hier ist Paradies, sieht man von den geifernden Hunden ab.

Schon an der Einfahrt des Viertels unterzieht uns Sicherheitspersonal in sauberen Uniformen peniblen Ausweiskontrollen, als würden wir den Präsidenten persönlich besuchen wollen. Um jedes Haus der Siedlung ist eine Mauer gezogen und dahinter liegt immerhin gepflegter Rasen. Das Ägypten im Aufruhr scheint hier wie vom Boden verschluckt. Das religiöse Ägypten scheint überall zu sein, nur nicht hier. Auf dem Weg vorbei an den Reihen von Villen sehe ich keine einzige Frau mit *Niqab* in den Anlagen, so sehr ich versuche, eine zu entdecken. Das hier ist nicht das Allerbeste, das Kairos Vororte der Bauchtänzerin bieten können. Es gibt Villen mit um vieles größeren Gärten und Swimmingpools.

Sollte Dina sich jemals überlegt haben, ein Kopftuch zu tragen, hat sie diese Idee längst verworfen. Im Garten ihrer Villa sitzt die skandalumwitterte Bauchtänzerin zehn Jahre nach ihrem tiefen Fall mit offenem Haar, neben ihr die treue Wafa, Tuch fest um den Kopf gebunden, die obligate Zigarette als Kontrast im Mundwinkel hängen. Wafa pafft. Dina lacht.

Die Bauchtänzerin trägt ihre braune Haarmähne unverändert. Nur dass ihr Friseur ihr Locken verpasst hat. Zur Zeit ihres Skandals war glattes Haar in Mode.

Ein gelockter, längst wiederauferstandener Superstar, eingeladen bei TV-Unterhaltungssendungen, und zweifellos ist aufreizende Kleidung weiterhin ihr Markenzeichen. Selbst privat, wie hier am Gartentisch, trägt Dina enganliegende Hosen. Locker geschnittene T-Shirts gibt es in ihrem Kleiderschrank offensichtlich nicht.

Anstelle von Rita, wie ausgemacht, taucht die Nachbarin auf. Mir erscheint sie wie eine von Dina herbeigerufene Verstärkung, als würde die ihre Schwester nicht allein treffen wollen. Nicht verschwinden will, neben dem Ehemann, Wafa, Dinas zusätzliche Verbündete.

Während Getränke auf den Tisch gestellt werden, beginne ich mir Sorgen zu machen, ob dies der richtige Rahmen für eine stille Unterredung zwischen der Bauchtänzerin und der Salafistin ist.

Eine müßige Frage insofern, als es den perfekten Platz dafür nicht gibt.

Wenn Rita aber irgendwo im Nachteil ist, so hier, auf diesen fünfzig Quadratmetern Garten, jeder Zentimeter davon das nicht-religiöse Ägypten. Jeder Zentimeter, trotz der nicht erstklassigen Möbel, ist das Reich einer Diva mit ihrem kleinen Heer an Bediensteten im Hintergrund. In einer Nebenvilla hat die Diva ein paar Räume angemietet, weil sie nicht genug Platz hat für ihre unbescheide Privatgarderobe.

Es passt, dass Dinas Freundin über die Islamisten herzieht. Was sie alles bereits kaputtgemacht hätten. Wie sehr sie die Freiheiten der Frauen einschränken würden. Sie sagt, sie plane auszuwandern, falls der religiöse Spuk nicht bald zu Ende gehe.

Da kommt diese tiefe Abwehr gegen den Islam an der Macht zum Vorschein. Er wird angesehen als ein Übel, obwohl er sich an die demokratischen Spielregeln hält. Islamisten hätten eben die Wahl gewonnen wie Hitler, höre ich die Freundin sagen. Einmal an der Regierung, vollziehen sie alle eine Kehrtwende, und bevor man es merkt, lebt man in einem radikalen Gottesstaat.

Und da steht Rita in der Tür.

Vorsichtig, wie immer mit ihrer *Niqab*, schreitet sie die paar Stufen in den Garten hinunter, um nicht zu stürzen. Ich sehe, wie sie auf Dina zugeht und sie umarmt und an sich drückt.

Sie wechseln ein paar Worte. Rita setzt sich. Scherze folgen über die verschiedensten Themen, über alles wird so gesprochen, außer über Politik. Das Gezetere gegen die islamische Regierung ist verstummt. Beinahe eine traute Familienidylle, wäre da nicht Ritas *Niqab*, die uns alle daran erinnert, dass eine Religiöse unter uns ist.

Ich beobachte sie, wie sie trotz der hohen Temperaturen die Handschuhe nicht ausziehen will. Dina stellt ein Glas vor sie hin. Rita trinkt, indem sie den Schleier vor dem Gesicht nur ganz leicht hebt und das Glas darunterschiebt. Den Körper leicht nach hinten geneigt, trinkt sie vorsichtig, in kleinen Schlucken.

Für Rita ist dieser Besuch insofern nichts Ungewöhnliches, als sie ihre Schwester alle paar Wochen besucht, um mit ihr das eine oder andere zu besprechen. Was ich von den beiden Schwestern bisher erfahren habe, ist aber, dass sie das Thema Religion und islamische Regierung bei allen ihren Zusammenkünften vermeiden, weil sonst jedesmal der gewohnte Streit ausbricht.

Dina sagte mir, diplomatisches Stillschweigen sei die einzige Möglichkeit, den Hausfrieden zu bewahren. Würde sie eines der heißen Themen wie Gottesstaat und Gesichtsschleier ansprechen, würde Rita sofort in die Luft gehen.

Rita ihrerseits hatte mir in nicht unähnlichen Worten ihre Schwester beschrieben. Dass es doch ziemlich sinnlos sei, mit ihr über ihre lasziven Tanzkostüme und über Moral zu reden. Dass sie zwar eine gute Schwester sei, aber, wenn man es genau nehme, alles andere als religiös.

Beide warfen, wenn auch nicht ausdrücklich, der anderen vor, sie sei zu unflexibel. Würde sich die andere nur etwas bewegen und ändern, wäre schon alles in Ordnung in Ägypten.

Sie seien doch alle Patrioten und liebten das Land, aber so gehe es eben nicht. In einem einige Wochen zurückliegenden Moment der Verzweiflung meinte Dina, sie habe schon alles Mögliche ausprobiert, aber bei Rita keinerlei Erfolg gehabt. Was sie genau damit meinte, erfuhr ich nicht, aber es klang, als hätte sie längst aufgegeben, die Schwester irgendwie beeinflussen zu können.

Hier im Garten genügt es, einen Blick auf Dinas Verbündete, den Ehemann und ihre Freundin, zu werfen und man weiß bereits Bescheid, dass die Zeit des Diskutierens längst abgelaufen ist, wenn es sie zwischen den beiden Lagern überhaupt jemals gegeben hat. Die einzige, die sich sichtbar aus dem Ganzen heraushält, ist Wafa, was damit zusammenhängt, dass sie Dina nicht verärgern will. Sie sitzt schmunzelnd da und raucht eine Zigarette nach der anderen.

Eine Zeitlang sieht es noch so aus, als würden wir über alles, die ungenaue Wettervorhersage, die mühselige Hundeerziehung,

Dinas letzten Auftritt und Ritas Asthma reden, über alles außer Religion.

Ich weiß nicht mehr, wie wir dann doch darauf gekommen sind. Es geht relativ schnell los. Ein Wort gibt das andere.

Dina meint, man solle niemandem aufzwingen, wie er sich zu kleiden habe. Woraufhin Rita kontert, sie habe genauso ein Recht auf Freiheit, nämlich die der Religionsausübung, und schließlich sei man jahrzehntelang unterdrückt worden. Was für eine Freiheit sei das, wenn man nicht einmal beten könne, wann und wie man wolle? Warum seien früher Islamisten regelmäßig eingesperrt worden, nur auf den Verdacht hin, sie seien religiöser als andere?

Dina unterbricht sie und meint, auch sie habe den Koran studiert. Niemand in der Runde widerspricht ihr, obwohl jeder weiß, wenn eine sich hier in diesem Buch gut auskennt, ist es sicherlich nicht Dina. Schließlich gerät aber die Bauchtänzerin so in Fahrt, dass sie eine Art theologische Abhandlung hält über den Gottesstaat, den ihre Schwester wolle, und dessen Gefährlichkeit. Die Salafistin wirft immer wieder ein, das stimme doch alles nicht. Ägpyten, sagt sie zwischendurch, sei auch ihre Heimat!

Als wir zurückkommen ins Zentrum, prügeln sich dort Demonstranten wegen genau derselben Frage: Wem gehört Ägypten?

*

Gespaltene Familien sind keine Ausnahme in Ägypten. Reiche, arme oder Familien aus der Mittelschicht, wie im Falle von Dina und Rita – die Gräben gehen quer durch das ganze Land. Wie Familien damit umgehen, ist jedoch unterschiedlich. Einige sind bereit darüber zu reden, andere schweigen, selbst wenn sie regelmäßig am selben Tisch sitzen.

In einer angesehenen Kairoer Familie arbeitet einer der Söhne hoch oben in der Militärhierarchie. Der andere ist überzeugter Muslimbruder. Am islamischen Feiertag, dem Freitag, versammelt das Familienoberhaupt trotzdem die beiden bei sich. Der Vater setzt die beiden Söhne nebeneinander. Schweigend essen sie. Ohne auch nur ein Wort miteinander zu wechseln. Genauso wenig streiten sie.

In einer anderen Familie, wo ich mit dem Sohn mehrmals Gespräche führe, ist der Konflikt nicht zu verbergen, weil Vater und Sohn in der Öffentlichkeit stehen. Der Sohn ist ein bekannter Dichter und TV-Moderator. Bei allen anti-islamischen Protesten, die Kairo erschüttern, ist er in der ersten Reihe dabei. Zuerst protestiert er gegen Mubarak, dann gegen die Islamisten. Sein Vater, der einflussreichste Fernsehprediger im gesamten Nahen Osten, verteidigt die islamische Regierung wie kein anderer. Vater und Sohn geraten sich in die Haare über die Rolle der Religion, dasselbe Thema, das Rita und Dina trennt.

In der Familie eines Nobelarztes wird der Streit mit umgekehrten Vorzeichen geführt. Der Vater ist Anti-Islamist. Der Sohn demonstriert zusammen mit den Islamisten. Er bezahlt mit seinem Leben dafür. Er wird bei Unruhen von einer Kugel getroffen. Anstatt es darauf beruhen zu lassen, geht der Vater in die Offensive. Die Islamisten hätten seinen Sohn gezwungen, mitzumachen. Er sei verführt worden von Radikalen.

Andere Eltern, die ihre Kinder an die Glaubenskämpfer verlieren, wie sie es sehen, kommen über den Verlust ihrer Kinder an eine radikale Idee nie hinweg. Schuldgefühle plagen sie, weil sie glauben, sie hätten nicht alles getan, um ihren Sohn von der falschen Bahn abzuhalten. Der Vater des jungen Ägypters Mohammed Atta, ein Kairoer Anwalt, gemäßigt religiös, redet niemals über den Sohn. Der hat sich den Salafisten Osama bin Laden zum Vorbild genommen. Am 11. September 2001 ist Mohammed Atta unter den Selbstmordattentätern bei den Anschlägen in den USA.

Konflikte gibt es nicht nur zwischen Söhnen und Vätern, sondern ebenso zwischen Müttern und Töchtern. Sie spielen sich in einem Kairoer Kaffeehaus ab, wo eine Mutter mit ihrer Tochter am Nebentisch sitzt. Wir kommen ins Gespräch. Die Frau hetzt haltlos gegen die Islamisten. Anstatt der Mutter zu widersprechen, weil sie sichtbar nicht derselben Meinung ist, schweigt das Mädchen. Viel später kommt sie, als die Mutter es nicht merkt, zu mir und entschuldigt sich. Es tue ihr leid, die Mutter sei so radikal. Sie wisse selbst nicht, was tun.

Die Beispiele für die unausgesprochenen Konflikte in Familien ließen sich fortsetzen.

## 14 Nimm sie dir!

Man nennt den Tahrir-Platz »Platz der Befreiung«. So heißt er in der Übersetzung. Jetzt ist es der Platz, wo ich nicht hinsoll. Nicht im Auto, nicht zu Fuß und – *Allah* möge mich beschützen – nur nicht bei Nacht, auf keinen Fall allein!, warnt der Hotelportier.

Frauen enden im Krankenhaus, so richtet man sie zu. Sie werden mit Stöcken und Flaschen vergewaltigt. Eine wird gezwungen, sich halbnackt auf eine Motorhaube zu legen, bevor man sie so herumfährt. Fenster werden geöffnet. Schaulustige schließen sich dem Zug an. Jeder soll Jamilla ansehen. Eine johlende Meute begleitet das brutale Schauspiel. Ich sehe die Szene vor meinen Augen, als Jamilla mir das in ihrer Künstlerwohnung erzählt. Sie ist eine Musikstudentin, spielt gut Gitarre, die einzige Frau von vielen Opfern, die bereit ist, offen darüber zu reden.

*

Würde man Jamilla in eine europäische Stadt schicken, würde sie nicht auffallen. Sie sieht aus wie eine von uns. Jeans, T-Shirt, sichtbare Haare, die über die Schulter reichen. Hier in Kairo ist sie ein Fremdkörper.

Sie ist Koptin. Lange, sagt sie mir, habe sie gebraucht, um zu verstehen, was an dem Nachmittag geschehen ist, als sie die Typen umzingelt, halb ausgezogen und in einer Ecke sexuell belästigt haben. Es ist immer noch schwer für sie darüber zu reden, aber schweigen wie andere Frauen will sie nicht. Sie gebraucht das Wort Vergewaltigung nicht. Es existiert in ihrem Wortschatz nicht, es ist eine Art Tabu, auch bei einer Frau wie ihr.

Jamilla nennt aber die Schuldigen offen beim Namen. In ihrer Wohnung und später bei einem weiteren Gespräch erzählt sie mir, Freunde, Anwälte, hätten für sie herausgefunden, dass ein radikaler Scheich die leicht anzuheuernden Kleinkriminellen aus Vororten bezahlt habe, um Frauen zu belästigen. Jamilla legt das so aus, dass damit unter Frauen Angst ausgestreut werden sollte, um sie zu einer islamischen, *sicheren* Kleidung zu zwingen. Daraufhin rede ich mit Frauengruppen, die mir beinahe Wort für Wort dasselbe sagen. Sie beschuldigen gar die Regierung dahinterzustecken. Sie sprechen von islamischer Doppelzüngigkeit: Absichten verstecken, um sie so besser durchsetzen zu können.

\*

Zwei Jahreszahlen fallen mir bei meinen Recherchen über Vergewaltigungen auf, die ich zuerst nicht in Zusammenhang mit Dina bringe. Da ist das Jahr 2006, wo Massenvergewaltigungen in der Nähe eines Kinos stattfinden. 2009 wiederholen sie sich.

In diesen beiden Jahren, steht in einem Artikel, werden in der Zeit der islamischen Feiertage, der Zeit des Opferfestes, übersetzt *Aid al-kabir*, besonders viele Frauen mitten in Kairos Zentrum sexuell genötigt. Es ist eine Art männliche Massenhysterie, die sich ereignet. In den folgenden Jahren geschieht Ähnliches, 2010, 2011, 2012. Es sind jedoch weniger Belästigungen.

2006. Das ist das Jahr, in dem, nur drei Jahre nach ihrem Sexskandal, Dina vor dem zentral gelegenen Metro-Kino auf dem Gehsteig tanzt, einen Musiker an ihrer Seite, um die Werbetrommel zu rühren für ihren neuen Spielfilm. Die Premieren für solche Filme finden jedes Jahr genau in der Zeit der religiösen Feiertage des Opferfestes statt. Es sind die Tage, an denen Ägypter mit ihren Familien herumschlendern, um sich die anziehenden Schaufenster im Zentrum von Kairo anzusehen. Dazu kommen Studenten und auch schon mal Fußball-Rowdys.

Hunderte zufällige Passanten versammeln sich um die tanzende Diva. Selten genug sieht man so eine in Fleisch und Blut mit eigenen Augen. Der Auflauf, den sie verursacht, ist dementsprechend enorm. Dina gelingt es im letzten Augenblick, sich hinein in den Filmpalast zu retten. Da sind einige Männer bereits nahe bei ihr. Da greifen schon Hände nach der Bauchtänzerin. Jugendliche, erinnern sich Zeugen, versuchen ihr die ohnehin spärlichen Kleider vom Leib zu reißen.

Es ist in den Stunden danach, dass sich reihenweise Vergewaltigungen von Passantinnen ereignen. Die Polizei greift nicht ein.

Drei Jahre später, 2009, wiederholt sich an demselben Schauplatz dieselbe Tragödie. Downtown Kairo zwischen Konditoreien, Schuhgeschäften und dem historischen Kinopalast Metro. Lediglich der Film, der sie diesmal auslöst, hat einen anderen Titel. Wieder ist Dina der Star des Films, den Ägypten in den Tagen um das Opferfest herbeisehnt. Selbst für westliche Maßstäbe beinhaltet er offenherzige Szenen. Die Mundpropaganda genügt, dass alle den Film sehen wollen, selbst ohne Dinas Anwesenheit.

Nach der Premiere wiederholen sich beinahe genau dieselben Ereignisse. Sexuelle Übergriffe. Eine Nacht des Terrors, in der man die Opfer kreischen hört. Wo Ordnungshüter zuschauen und trotzdem ihre Posten behalten. Medien verschweigen, was jede ägyptische Frau fürchtet. Die Frauenverteidigerin, Präsidentengattin Suzanne Mubarak, hält sich mit Kritik zurück. Die Justiz legt die Hände in den Schoß.

Nichts wird getan, um aufzuklären, ob Religiöse dahinterstecken oder der Sicherheitsapparat – geübt in allem, was an dunklen Methoden so üblich ist, eingeschlossen Anzettelung von Belästigungen. Die Einschüchterung von Frauen durch bezahlte Kleinkriminelle einige Jahre zuvor geht auf ihr Konto. Sie sind umso leichter zu organisieren, als die Islamisierung ein völlig neues Frauenbild geschaffen hat. Die selbstbewusste Ägypterin im Minirock ist längst out. In ist die fromme. Die Frau, die daheimbleibt, wenn sie nicht belästigt werden will.

Dina gerät wieder, nochmals nicht ganz unschuldig, zur Skandaldiva. Die Rolle des ewigen Sündenbocks, in ihren Augen. Sie hadert nicht mehr mit ihrem Schicksal wie vor einem Jahrzehnt. Das ist der Preis, den sie für ihren Aufstieg zu bezahlen hat. Urteil, Untersuchungen, Richter, so weiß sie, sind genauso käuflich wie die Kleider an ihrem Leib. Sie regt sich nicht darüber auf. Alles hat seinen Preis. Besonders wieder *oben* zu sein.

Nach dem Megaskandal ist sie wieder Ägyptens berühmteste Tänzerin, und das soll ihr erst eine nachmachen in diesem Land. Sie ist, merke ich während eines Gesprächs über die Vergewaltigungen, stolz darauf, wieder *oben zu sein, weil das nicht so leicht ist hier.*

*Wieder oben sein* ist wichtig für Dina. Talkshows reißen sich um sie, lukrative Filmrollen werden von Tarek ausgehandelt, und die Gagen für Auftritte bei Hochzeiten sinken zumindest nicht, obwohl sie über ein Jahr nach dem Skandal niemand mehr auf einer Bühne sehen wollte. Trotz aller Konkurrenz ist es noch keiner gelungen, ihren Platz an der Sonne einzunehmen.

*Oben sein* bedeutet in Ägypten mitspielen können in der A-Klasse. Nicht in einem klapprigen Taxi vorfahren vor den Luxushotels – das wäre ein Fauxpas. Nicht dasselbe Kleid zweimal tragen – ein unverzeihliches Vergehen in ihren Kreisen.

Um nicht in Kairo herumzuirren, auf der Suche nach den Auftrittsorten, zahlt sie Tarek oder, neben ihrem anderen Personal, einen Fahrer rund um die Uhr. Draußen würden die Stöckel ihrer hochhackigen Schuhe im Morast und Dreck steckenbleiben. Draußen ist für sie der Dschungel von Kairo, Feindesland. Das Reich ihrer mittellosen Schwester. Nicht ihre Preisklasse.

Dina sieht die Vergewaltigungen unter diesem Blickwinkel – als eine Art kollektives Dampfablassen. Ja, man würde Frauen Gewalt antun und sie sei die erste, die das verurteilt. Arme Ägypter jedoch, sagt sie, könnten schon froh sein, überhaupt eine Frau zu finden, die mit ihnen ein Zimmer teilt bei den Eltern. Sie haben kein Geld für eine eigene Wohnung. Sie haben keines für Prostituierte. Wir haben offiziell ja keine, sagt sie.

Die Typen sind arm dran, sagt Dina, so als würde sie zugleich an ihre Kolleginnen denken, die armen Tänzerinnen, die sich anstrengen müssen, ohne hohe Honorare zu kassieren. Die abhängig sind davon, sich bei den Hochzeiten der Armen zwischen Sozialbauten darzustellen, wo ein jeder grapschen kann, wenn er will.

Arm sein ist für Dina beinahe schlimmer als religiös sein.
Arm sein in Ägypten ist das Letzte.

*

Es würde mich nicht wundern, wenn ich das explosive Kairo vor
mir sehe, wenn ich Nachricht von einem Angriff auf Dina erhalten
würde. Es wäre naiv, das auszuschließen. Sie lebt gefährlich.

Eingestehen würde sie es sich nie. Das ändert nichts daran, dass
ihr Auftritt vor dem Kino Spuren hinterlässt. Wieder dieselben
Schlagzeilen. Die ägyptische Schauspieler-Vereinigung will eine
Untersuchung einleiten, ob Dina mit ihrer Premierenwerbung den
öffentlichen Anstand verletzt hat. Die Islamisten folgen damals beinahe berechenbar dem Tross: Die Jugendverführerin ist wieder am
Werk, sagen sie.

*

Einige Hardliner unter den Islamisten sind längst offen gewalttätig.
Stöcke und Eisenstangen sollen ihre Argumente unterstützen. Oder
Andersdenkenden die Arme zertrümmern. Eines ihrer Opfer ist der
aus dem Fernsehen bekannte Khaled Daud. Der dürre politische Ak-
tivist wettert gegen die Religiösen. Es gibt aber radikalere als ihn. Er
ist eine harmlose Figur in der Mitte, selten genug in Ägypten. Den
Islamisten genügt das.

Zu spät merkt er, dass er mit seinem Wagen mitten in einen
ihrer Proteste hineingeraten ist. Als er sich dessen bewusst wird, ist
es beinahe zu spät. Er versucht noch über eine Nil-Brücke der
Menge, die ihn aus dem Auto zerren will, zu entkommen. Ausgerechnet da steckt er im Stau fest. Bald haben ihn die Randalierer
eingeholt. Sie schlagen mit Eisenstöcken das Autofenster ein. Einer
versucht ihn aus dem Wagen zu zerren, erzählt mir Khaled Daud.
Andere wollen ihm durch das zertrümmerte Autofenster die Hand
abhacken. *Wir bestrafen dich jetzt! Du hast diese Strafe verdient!*, brüllt
ein Bärtiger dabei. Er packt Khaleds Hand und presst sie fest gegen
den Fensterrand. Er beginnt mit dem Messer zuerst die Haut und
dann das Fleisch durchzuschneiden. Sein Opfer wird bewusstlos.

Blutüberströmt zerren ihn die Männer aus dem Wagen. Es dauert noch eine Weile, bis einige Passanten sich seiner erbarmen und ihn in allerletzter Minute retten. Im Krankenhaus, als er wieder aufwacht, erinnert sich Khaled, sieht er einen Bärtigen über sich und glaubt, er sei noch umringt von Demonstranten. Doch es ist ein Arzt. Khaled fleht den Salafisten an, ihn zu behandeln. Im nächsten Augenblick wird er wieder ohnmächtig.

Dina glaubt nicht, dass ihr so etwas geschehen könnte. Sie hält sich insofern für unverwundbar, als sie keine Politikerin ist. Sie mischt sich ja nicht ein in die Streitigkeiten zwischen den Gruppen. Nur einmal spricht sie in einem Interview über Religion. Sie sagt, der Salafismus sei nicht der richtige Weg. Woraufhin ein salafistischer Prediger sich über Dina lächerlich macht. Eine Bauchtänzerin, die uns die Religion erklärt. Wo gibt es denn sowas?

## 15 Meine Schwester, meine Feindin

In der Familie ist es ein schlecht gehütetes Geheimnis, dass die Salafistin von der Bauchtänzerin finanziell unterstützt wird. Dina gibt ihrer Schwester regelmäßig Geld. Ohne das wäre Rita auf der Straße. Sie könnte sich keine eigene Wohnung leisten. Nicht jene nahe am Stadtzentrum, in der sie lange gewohnt hat, und nicht die jetzige in der *Stadt des 6. Oktober*, obwohl die im allerschlechtesten, entferntesten Teil liegt. Keine Wohnung, die Dinas hohen Ansprüchen gerecht werden würde.

Selbst eine zusätzliche *Niqab*, die nicht mehr als dreißig Euro kostet, wäre für Rita unerschwinglich, wenn Dina nicht wäre. Salafistische Werke, der unentbehrliche schwarze Kümmel. Vielleicht ein weiteres Paar Crocs. Eine Handtasche zum Wechseln. Nicht zu reden von Ausgaben wie Strom, Wasser, Miete, Taxi- und Autobus-Fahrten zu ihren salafistischen Freundinnen oder zu Tahani, um im Koran zu lesen. Rita hat nichts, was man als festes Einkommen bezeichnet.

Es dauert nicht lange, bis ich davon erfahre. Eine knifflige Abhängigkeit. Zuerst stellt sich das so dar, als würde Rita von Zeit zu Zeit eine Unterstützung erhalten, wie etwa, wenn sie Geld für eine medizinische Behandlung braucht. Am Ende sieht die Sache um einiges verwickelter aus, aber wenn man es auf den Punkt bringt, ist es so, dass Dina davon genauso profitiert wie Rita.

*

Seit sie ihre Sängerinnen-Laufbahn an den Nagel gehängt hat, versucht Rita, sich mit schlecht bezahlten Gelegenheitsarbeiten über Wasser zu halten. Das gelingt schon anderen nicht leicht in Kairo. Sie, mit keiner Ausbildung außer dem auf dem Arbeitsmarkt eher nutzlosen Abschluss in einer Koran- und davor in einer Musikschule, besitzt keinerlei Qualifizierung. Den Führerschein hat sie nicht. Als Verkäuferin in einem Laden ist sie ungeeignet, weil sie keinerlei Berufserfahrung besitzt. Junge Frauen nehmen ihr den Platz weg.

Ritas Dilemma, wie das aller ihrer *Schwestern*, ist das Verbot jeglichen Körperkontaktes mit fremden Männern. Frauen geraten unausweichlich bei den meisten Berufen mit dem anderen Geschlecht in Kontakt. Das darf Rita nicht. Das will sie auf jeden Fall vermeiden, um die Ordnung ihres Salafisten-Lebens nicht zu stören. Als Serviererin sich ihr Brot verdienen oder als Sekretärin kommt für sie nicht infrage. Serviererinnen sind anrüchig. Sekretärinnen-Jobs sind schlechter bezahlt als das, was sie gerade macht, den ungewollten Frauenberuf des 21. Jahrhunderts: in einem Callcenter, an einem Tag pro Woche, für eine deutsche Internetfirma Produkte in Ägypten verkaufen. Rita wirbt Kundinnen per Telefon an. Umso passender für sie, als kein Mann hier beschäftigt ist.

Die Niederlassung der Firma liegt etliche Kilometer entfernt von Ritas Wohnung, in Nil-Nähe. Oft nimmt Rita ein Taxi dorthin, weil sie wegen ihres Asthmas ungern mit den engen Minibussen fährt, die so oft stehenbleiben. Die Fahrt mit ihnen dauert doppelt so lang. Rechnet Rita die Hin- und Rückfahrt zu ihrer Wohnung ein, bleibt kaum etwas übrig von dem ohnehin extrem niedrigen Gehalt.

Ihre zweite Einnahmequelle bringt noch weniger ein. Zusammen mit Tahani schneidert sie seit Jahren *Niqabs* und versucht sie an die Frau zu bringen. Dieses Geschäft geht mäßig. Salafistinnen machen höchstens zehn Prozent der Bevölkerung aus. Tahanis andere Idee ist etwas gewinnbringender: Sie fertigt Armreifen aus Stoffen und bunten Wollresten, die Rita und sie verkaufen.

*

Ob Salafistinnen überhaupt arbeiten dürfen oder nicht, ist wie vieles im Islam Auffassungssache. Es gibt nicht eine, sondern viele Antworten. Ein rigoroses Arbeitsverbot, sagt mir ein Salafist, herrscht selbst unter streng Religiösen nicht.

Ritas Traumjob ist es immer noch, Koran-Lehrerin zu werden wie die Schauspielerin, von der sie selbst jahrelang unterrichtet wurde. Für die asthma- und nun auch herzkranke Rita wäre es aber eine Herausforderung. Sie müsste zusätzliche Diplome machen.

Ihre Freundin Tahani drängt sie dazu, nicht aufzugeben. Sie selbst bereitet sich gerade auf die entsprechenden Prüfungen vor, um Koran-Lehrerin zu werden.

Einige Berufe schließt Rita von vornherein aus, weil sie zu zeitaufwendig sind. Sie braucht ihren Tag für sich, um den Koran zu studieren. Das sieht sie als ihre Lebensaufgabe an. Dafür ist sie bereit, auf so einiges zu verzichten. Für ihre Entbehrungen wird sie im Jenseits bezahlt werden. Das ist Salafisten-Überzeugung.

*

Prinzipiell argumentieren Salafisten nicht für ein weibliches Arbeitsverbot. Sie sind nicht gegen die Ausbildung von Frauen, solange die ausschließlich von Frauen für Frauen durchgeführt wird und keine Männer involviert sind. Die afghanischen Salafisten, die Taliban, erlauben Mädchen, Schulen zu besuchen, solange die Trennung eingehalten wird. Unterrichtet ein Mann die Mädchen oder kommt er nur in die Nähe, sprengen sie die Schulen in die Luft. Ihre Ausbildung hat also enge Grenzen. Zugleich verlangen alle Salafisten, Frauen müssten den Regeln des Korans folgen. Wie sie die kennen sollen, außer durch Lesen, ist ein anderer ihrer ungelösten Widersprüche.

Rita befindet sich in einer noch schwereren Zwangslage: Dinas Geld ist *schmutziges Geld*. Geld, verdient mit dem in den Augen von Religiösen unwürdigen Bauchtanz. Laut salafistischer Auslegung dürfte eine strenggläubige Frau wie Rita von so einer, und sei es ihre eigene Schwester, kein Geld annehmen, auch in der größten Notlage nicht. Jedes durch Unterhaltung verdiente Geld gilt als *schmutziges Geld*. Wenn Rita sich umhörte, könnte sie erfahren, dass selbst an der Universität von Kairo Studenten gegen Dina protestieren. Geplant ist, auf dem Gelände Szenen für einen Film mit ihr in der Hauptrolle zu drehen. Die fromme Jugend will das nicht. Die Schmach, dass gläubige Menschen von Kairo Almosen einer Bauchtänzerin zurückweisen, ärgert Dina noch mehr als die ins Wasser gefallenen Drehtermine.

162

Dinas Mitarbeiterstab entgeht die schwesterliche Abhängigkeit nicht. Sie lässt sich schwer verheimlichen. Es genügt, zwei und zwei zusammenzuzählen. Dina ist inzwischen reich. Ritas Einkommen ist selbst für Kairo unvorstellbar niedrig. Rita ist Spott und Häme hinter vorgehaltener Hand gewiss. Wie kann ausgerechnet eine solche Frau vom Geld einer Bauchtänzerin ihr Leben bestreiten? Vorwürfe stehen im Raum, Rita würde es sich mit dem Glauben zu leicht machen. Es gehöre schon mehr dazu, eine echte Salafistin zu sein. Zumal Dina auch noch eine Tochter von Rita unterstützt.

*

Wenn die Salafistin Rita etwas besonders macht, dann das: Sie ist keine wie Tahani, eine Frau aus einer streng religiösen Bauern-familie. Sie ist nicht aufgewachsen in Armut, sondern in einem ge-wissen Wohlstand.

Ritas salafistisches Leben ist ihre ureigene Wahl. Niemand zwingt sie dazu, mehrmals am Tag im Koran zu lesen. Niemand ver-langt von ihr, das Gesicht zu bedecken, wie andere Ägypterinnen es tun müssen, auf Druck der Familie oder des Ehemanns.

Sie weiß, sie lebt vom Geld einer relativ verruchten Schwester.

Sie muss ahnen, dass mir das alles zu Ohren kommt, doch als es so weit ist, darüber zu reden, geschieht es auf Ritas Art. Nicht ohne Allah. Nicht ohne Religion. Nicht so, als wäre sie eine Bettlerin, die von ihrer Schwester ausgehalten wird.

Vielmehr ist es umgekehrt.

Die Salafistin sagt mir, Dina habe sehr wohl ihre guten Seiten und eine davon sei ihre Großzügigkeit. Außerdem stehe im Koran, man solle seine Familie, natürlich auch die Schwester, ehren. Wie sie das genau meint, ob Dina sie ehren sollte oder umgekehrt, bleibt offen.

Jeder gute Muslim müsse nach Ritas Auffassung, weil auch dies im Koran zu lesen sei, Almosen geben. Zu spenden sei eine seiner Pflichten. Daran würde sich Dina, trotz ihres wenig religiösen Le-bensstils, mehr als halten. Am Tag des Jüngsten Gerichts, wenn wir alle vor unserem Gott stehen werden, würde der Dinas gute Taten auf die Waagschale werfen.

Damit ist alles gesagt, was zwischen uns zu sagen ist zu diesem Thema. Nach Ritas islamischen Kriterien hat so alles seine Ordnung.

Insgeheim muss sie Ängste haben, es könnte von einem auf den anderen Tag vorbei sein mit Dinas Großzügigkeit. Diese Ängste müssen sie gequält haben in den vergangenen dreizehn Jahren. Erst, wenn sie immer wieder Dinas Geld in der Hand hält, weiß sie, dass ihre Befürchtungen unbegründet sind. Dina hilft weiter.

Der schadet es nicht, dass ausgerechnet eine Fromme von ihr abhängig ist. So sind beide Schwestern zumindest vorübergehend beruhigt.

*

Es ist eine ungewöhnlich laue Nacht, in der Rita merken muss, dass ihr Leben nicht ist, wie sie es sich in ihren Träumen vorgestellt hat. Damals, als sie in ein Geschäft ging und die erste *Niqab* kaufte. Sie wollte ein stressfreies Leben führen, eines ohne jede Verpflichtung für einen Liederabend. Ohne Kleidersorgen. Mit einer bescheidenen Garderobe in Schwarz. Sie wollte Ruhe. Sie hat an diesem Abend wenig Geld in der Tasche, wie immer. Unausgesprochen, aber klar ist, dass sie die Runde, die heute Abend zusammentrifft, nicht wird einladen können. Sie ist davon abhängig, dass Dina in dem Restaurant die Rechnung begleichen wird. Es ist eines ganz nach dem Geschmack der Bauchtänzerin. Von austauschbarer Modernität. Es könnte genauso gut Tausende Kilometer weiter westlich in Barcelona oder Stockholm stehen. Das Restaurant passt zu Dinas unägyptischer Villa.

Aus dem Vorhaben eines ruhigen Abendessens wird für alle nichts. Sobald Dina sitzt, muss sie sich schon wieder erheben. Freundliche Autogrammjäger lassen sie keine Minute in Ruhe. Bei Dinas Ankunft hat es den Kellnern schon die Sprache verschlagen. Gäste an den Nebentischen erkennen die Bauchtänzerin ebenfalls sofort. Niemand beachtet hingegen die Schwester. Die Salafistin sitzt da, unerkennbar als ihre Schwester, weil die *Niqab*, selbst wenn sie sich mehr ähneln würden, als sie es tun, es natürlich nicht sehen lässt. Niemand ahnt im Geringsten, wer Rita ist. Der eine oder andere hält sie vielleicht für eine entfernte Verwandte der Bauchtänzerin, die zufällig an diesem Abend in Kairo ist. Andere vermuten unter der *Niqab* möglicherweise eine von Dinas Bediensteten. Auf die Idee, es sei ihre Schwester, ist schwer zu kommen.

Rita isst vor sich hin, führt die Gabel unter der *Niqab* an den Mund, einen Bissen nach dem anderen, hinein in ihr Inneres. Das ist ihr Leben. Das der Schwester ist draußen, im Scheinwerferlicht.

*She is a star!*, kommt es plötzlich aus der Salafistin hervor, gerade als Dina vom gesamten Personal des Lokals mit unzähligen Handys abgelichtet wird. Dina zeigt ihr professionelles Lächeln. Alle lieben nur Dina. Sie hat an diesem Abend keinerlei Stress.

## 16 Rita und die vier Katzen

Zwischen Dinas begrüntem Bezirk am einen Ende der *Stadt des 6. Oktober* und dem ihrer Schwester, wo ich keinen Grashalm entdecke, am anderen Ende liegen nur wenige Kilometer Luftlinie. In Wahrheit sind es Lichtjahre.

In Dinas Bezirk gibt es zusätzlich zu den Zufahrtskontrollen nicht nur die Dobermann-Hunde ihres Ehemanns. Familien schützen ihren Besitz mit Alarmanlagen, Sicherheitsvorkehrungen wie übermannshohen Mauern, zusätzlichem eigenen Wachpersonal und einer Portion Misstrauen gegenüber Fremden. Frauen rollen in Toyota Land Cruisern durch das Tor und aktivieren in diesem Augenblick die Türverriegelung. Angst vor jeder Art von Gewalt ist verbreitet in Dinas Nachbarschaft.

Im Viertel der Salafistin besitzen die wenigsten, soweit ich es sehen kann, als wir uns nähern, einen Privatwagen. Das sind eben Durchschnittsbewohner. Das Shoppingcenter, wohin ich Rita beim Einkaufen begleitet habe, ist trotz seiner bedrohlichen Chaotik der einzige Lichtblick weit und breit.

Sobald wir das Gewirr um die Kreisverkehre herum hinter uns haben, werden die Straßen leerer. Gelblicher Wüstensand begleitet uns. Die in Kairo weit verbreiteten Minibusse halten an jeder Ecke. Bärtige Salafisten oder islamisch gekleidete Frauen steigen ein und wieder aus. In den Wohnblocks, die aussehen, als hätten sie bessere Tage hinter sich, kann man die Haustore zwar auch nicht sperrangelweit offenstehen lassen, aber Diebstahl geschieht dennoch selten. Jeder kennt hier jeden. Rund ein Drittel aller Bewohner sind strenggläubige Salafisten. Der Rest ist angezogen, als wären sie Anhänger der Muslimbruderschaft. Frauen mit Kopftüchern überall. Wieder bin ich die einzige, auffallende Ausnahme.

Dies ist der Ort, wo nach ihrer Beschreibung Ritas Wohnung liegt. Der Ort, wo sie in ihrer Wohnung jede Minute mit dem Studium des Korans verbringt. Eine wie ich stört diesen Rhythmus. Um es mir nicht zu leicht zu machen, scheut sie sich nicht, Krankheiten vorzutäuschen oder ihr Handy abzuschalten, sobald sie meine Nummer oder die von Walid sieht. Einkaufen gehen, mir den Salafismus erklären, dagegen hatte sie nichts. Ihre Wohnung ist ihr einziges, letztes Refugium. Da will sie niemanden hineinlassen.

Selbstverständlich will ich umso mehr da hin, und sei es nur für einen Kurzbesuch.

Nach dem monatelangen Erfinden von echten und eingebildeten Krankheiten und dem Nichtbeantworten von Anrufen gibt sie nach, wobei es für sie, wie immer, wichtig ist, gebeten zu werden, darin bestätigt zu werden von Walid und mir, dass sie genauso viel Wert ist wie Dina.

Für den Wohnungsbesuch hatten wir uns ausgemacht, ich würde am frühen Nachmittag auftauchen. Kurz davor ruft Rita an. Zwei Stunden später sei ihr lieber. Sie müsse dringend noch aufräumen. Was sie nicht verschwinden lassen können wird, ist die Ärmlichkeit, in der sie, trotz der Zuwendungen ihrer Schwester, haust.

Während wir ihre Hausnummer suchen, gehen wir vorbei nicht an Grünanlagen, sondern an Balkonen, auf denen Wäsche zum Trocknen hängt, an Graffitis gegen die Regierung oder religiösen Parolen an den Hauswänden. Wir finden Ritas Block und betreten einen dunklen Korridor. Zwei Salafistinnen steigen die Treppe gerade herunter, als wir warten, dass uns Rita ihre leicht erkennbare Wohnungstür öffnet. Ein religiöser Spruch anstelle des Namens steht darauf.

Sie hat sich ein Heim ausgerechnet im dunklen Erdgeschoß angemietet. Jeder hätte sich weiter oben wohler gefühlt, aber nicht sie. Sie sagt mir, das sei für sie das ideale Heim, weil sie hier den Aufruf zum Gebet aus der nahen Moschee am besten hören könne. Gerade als wir eintreffen, ertönt der Ruf zum Nachmittagsgebet, so laut, als würde der Lautsprecher sich nicht auf dem Minarett, sondern mitten im Wohnzimmer befinden. Die Moschee schräg gegenüber ist ein heller Bau, von oben bis unten weiß angestrichen, den man vom Balkon aus sehen kann. Als ich da hinaustrete, stieben mehrere Katzen auseinander. Sie laufen kreuz und quer durch die Wohnung, legen sich, während ich mit Rita rede, auf ihren Kopf, reißen mit ihren Krallen an Ritas *Niqab*. Rennen von Bücherregal zu Sofa, Stuhl und einem überstrichenen Kasten. Das spärliche Mobiliar der Salafistin, sieht man von einem Teppich ab. Vier Katzen und nicht Hunde schützen Rita vor Einbrechern, wobei es bei ihr ohnehin wenig zu stehlen gibt. Sie lebt bescheiden. Sie scheint nicht viel zu brauchen. Mit dem Geld ihrer Schwester geht sie sorgfältig um.

In ihrem Kasten befinden sich nicht mehr als drei *Niqabs*, eine für den Winter, eine für den Sommer. Die dritte, ihre schönste, hat sie an. Auf der Höhe von Ritas Bauch steht in grünen Buchstaben eine Koransure über Großzügigkeit.

Die Erdgeschoßwohnung hatte zusätzlich einen praktischen Grund. In ihrer alten Bleibe näher an Kairos Zentrum musste die Asthmakranke treppensteigen und litt unter der schlechten Luft. Außerdem gibt es dort viel zu wenige Moscheen.

Die Nachteile hier fallen ihr nicht auf. Dass sie am Rande der Wüste lebt. Dass es kaum Geschäfte im Umkreis gibt. Keines der im Nahen Osten üblichen Kaffeehäuser, auf deren Terrassen ägyptische Pensionisten träge ihre Tage verbringen. Kinderspielplätze sind nicht vorhanden, Jugendliche haben keine Freizeitclubs. Eine moderne, soziale Wüste nahe einer echten Wüste, wo sich das Leben notgedrungen hinter den eigenen vier Wänden abspielt. Die Moschee ist jeden Freitag der einzige Treffpunkt aller, der Alten und der Jungen. Nicht einmal, wenn man die Augen zumacht, kann man sich vorstellen, dass so die Zukunft von Millionen Menschen in Kairo aussehen wird. Doch das ist der Plan, seit Jahren in den Schubladen von Bürokraten. Umsiedlungen von Millionen Bewohnern aus dem dichtbevölkerten Zentrum sind vorgesehen. Für sie alle sollen solche Trabantenstädte gebaut werden.

*

Ritas Reich umfasst nicht einmal sechzig Quadratmeter. Sie wohnt zusammen mit ihrer jüngsten Tochter hier.

Wer deren Vater ist, finde ich genauso wenig heraus wie die Reihenfolge von Dinas Ehemännern. Rita hat einige Ehen weniger geschlossen. Zweimal war sie verheiratet, sagt sie mir. Bei einem späteren Gespräch erwähnt sie dann eine kurze Ehe mit einem dritten Mann. Drei Kinder habe sie, zwei Mädchen und einen Jungen. Der lebe in einem anderen Viertel. Er war der erste, der sie zur Großmutter gemacht hat. Eine Tochter, die Visagistin in der TV-Anstalt, hat Rita eine zweite Enkelin geschenkt, auf die die Salafistin manchmal aufpasst und die nicht so weit entfernt wohnt, in einer Wohnung, bezahlt von der großzügigen Tante. Die zweite Tochter, um die siebzehn, lebt bei der Mutter.

Für keines der Kinder bekommt Rita Geld von den Ehemännern. Sie sind aus dem Leben der Salafistin verschwunden wie alle Männer. Ihre letzte Ehe liegt dreizehn Jahre zurück. Vermutlich hat seither keiner Ritas Antlitz gesehen. Sie führt ein religiöses und männerloses Leben.

Hinter einem Vorhang, der den Schlaf- vom Wohnbereich trennt, hängt eine Art Fremdkörper, ein rosaroter Disney-Aufkleber aus Plastik, Zugang zum Zimmer der Tochter. Er wird bald verschwinden, denn das Mädchen wird ausziehen und eine Grafikschule besuchen.

Soweit ich es heraushören kann, ist keines der Kinder vom Salafismus fasziniert wie die Mutter. Die Mädchen, die ich im Laufe der Monate kennenlerne, tragen nur Kopftuch. Sie sind religiös, aber die salafistischen Bücher, geordnet auf einem Regal, die Koransuren an den Wänden, all das ist Ritas Reich.

*

Wenn Ritas Wohnung eine Art religiöse Zelle ist, dann gehört die tiefe Männerstimme ihrem Wächter. Sie dröhnt mir entgegen wie der Muezzin, aber aus einem verstaubten Radiogerät, als ich eintreffe. Es ist die Stimme eines islamischen Gelehrten, der in einem religiösen Radiosender rund um die Uhr nichts anderes als Koransuren vorliest. Ist er mit allen 114 Suren durch, setzt er von Neuem mit seinem monotonen, beruhigenden Singsang an. Rita sagt, das sei Salafisten-Pflicht. Die Suren seien eine wirksame Maßnahme, um den Teufel, *Schaitan* auf Arabisch, aus einem Heim zu vertreiben. So könne er nicht sein Unwesen treiben und Bewohner zum Schlechten verführen. Sie meint, es gebe überall Versuchungen und man müsse ständig auf der Hut sein. Alle drei Tage würde sie daher zusätzlich den Koran durchlesen. So sei sie geschützt.

Es gibt bei ihr die Religion. Aber es gibt bei ihr genauso die Mystik, den Aberglauben, wobei sich beides vermischt. Das auseinanderzuhalten, ist schwer für Außenstehende.

Ihr Salafisten-Dasein ist zeitraubender, als man glaubt. Rita muss zusätzlich alle Gebete, die sie wegen Einkäufen versäumt, oder wegen Treffen mit mir, nachholen. Gut, dass sie Zeit hat. Gut, dass sie nur einmal pro Woche arbeitet. Niemand wartet auf sie. Nichts drängt. Die religiöse Radiostimme hört nie auf zu singen in der Wohnung der ehemaligen Nachtclubsängerin.

*

Sobald die Nacht anbricht, geht die Salafistin trotz ihrer Verhüllung nicht mehr aus dem Haus. In meiner Vorstellung schließt sie zweimal die Haustür hinter sich ab, legt die Handschuhe in eine Ecke, daraufhin die *Niqab*, stellt die Schuhe in den Vorraum zwischen die verschiedenen Essnäpfe für die Katzen. Der Umhang landet auf einem Haken hinter dem Vorhang, wenn Rita schlafen geht.

Ist sie erleichtert ohne *Niqab*? Fühlt sie sich befreit, wenn sie sie ablegen kann? Es wäre nicht Rita, wenn die Antwort anders ausfiele. Nein, sagt sie, die *Niqab* sei für sie inzwischen wie eine zweite Haut.

Wegen der Gebete, davon eines gegen fünf Uhr früh, schläft Rita schlecht. Sie wartet, bis aus der Moschee der nächste Ruf genau zu

Beginn der Morgendämmerung ertönt und die Nachtruhe beendet. Da steht sie auf. Danach schläft sie wieder ein paar Stunden. Ihr ganzer Tag ist eingeteilt durch diesen Rhythmus.

Soweit ich es einschätzen kann, lebt Rita, wenn sie nicht ihre salafistischen Freundinnen besucht, wo sie wiederum nur im Koran liest, völlig abgekapselt, ja eingebunkert in ihrer Wohnung. Sie sagt mir, da fühle sie sich wohl. Ihre engen eigenen vier Wände seien ihr Kokon. Hier liegt ihre Welt. Wenn sie ihre Wohnung wochenlang nicht verlässt, kauft ihre Tochter für sie ein.

*

Dina macht sich Sorgen um ihre Schwester, sagt sie mir. Ohne es zu merken, sei Rita in eine Art Geiselhaft des salafistischen Zirkels geraten, ihre sogenannten Freundinnen. Sie würden auf sie einen verheerenden Einfluss ausüben. Sie seien ihr einziger Kontakt nach außen, abgesehen von der Familie. Obwohl Rita früher eine fröhliche Person war, würde sie ehemalige Kollegen, Sänger vor allem, meiden. Es habe, als sie zur Salafistin wurde, einige Schreiduelle am Telefon gegeben. Leute hätten zu Rita gesagt, sie solle endlich zur Besinnung kommen. Man sagte ihr offen, sie solle diese absurde Verkleidung ablegen. Wie erfolglos das Levitenlesen war, merke ich, ohne dass es mir jemand sagen muss.

## 17 Unter Radikalen

Das Fernsehstudio des salafistischen Predigers in einer Seitengasse, hinter einem Vorgarten voller Unkraut und Magnolienbäumen, ist schnell gefunden, in einer Villa. Jetzt geht es nur darum, ob er bereit ist, mit mir zu reden. Das Tor geht sofort nach unserem Klingeln auf. Ein junger Salafist, nicht der von Rita mir empfohlene Abu Islam, steht dahinter, tritt beiseite und lässt uns ein. Er sagt, der Prediger sei bereits im Studio. Er nehme jetzt seine Sendung auf.

Das Treffen mit Abu Islam, einem der bekanntesten religiösen TV-Prediger, wurde von Walid arrangiert. Vorsichtshalber verschweigt er am Telefon, dass sich der Prediger von einer Frau wird befragen lassen müssen. Walid hat mich auf dem Weg hierher vor Abu Islams möglichen Reaktionen gewarnt. Er würde mich hinauswerfen, wenn er mich sehen würde. Die Hand würde er mir auf keinen Fall geben. Er würde mich nur empfangen, wenn ich einen Umhang umlege.

Wir einigen uns darauf, dass ich so bleibe, wie ich bin, unbedeckt. Seine Reaktion darauf würden wir schnell genug merken.

*

Abu Islam ist bekannt dafür, dass er sich kein Blatt vor den Mund nimmt und gegen alles, was ihm gerade in den Sinn kommt, offener wettert als seine Gleichgesinnten. Verwestlichung, Demokratie, und wie alle anderen Prediger spezialisiert er sich zunehmend auf Frauenthemen, was ihm eine enorme Zuseherschaft von daheimsitzenden Hausfrauen und entsprechenden Ruhm einbringt. Es heißt, seine Koran-Kenntnisse seien begrenzt, weil er kein Religionsgelehrter ist, sondern als Journalist seinen Unterhalt verdient. Seine Rhetorik hingegen ist Weltklasse. Er und Mahmud al-Masri gelten als die besten Verführer im Namen der Religion.

Abu Islams zwei Söhne unterstützen ihn bei seiner Arbeit, überzeugte Salafisten wie er.

*

In dem Aufnahmestudio sitzt mir jedoch ein verwandelter Abu Islam gegenüber. Er begrüßt mich mit einem Kopfnicken, macht aber keinerlei Anstalten, meine unbedeckten Haare oder meine Kleidung zu kritisieren, sondern kritzelt weiter auf einem Packen vollbeschriebener Zettel vor ihm. Sein überlanger Bart hängt beinahe bis zum Tisch. Er trägt ein traditionelles Hemd ohne Kragen. Die nackten Füße stecken in halb offenen Sandalen. Ich strecke ihm versehentlich beinahe mein Aufnahmegerät ins Gesicht und der Salafist Abu Islam macht keinerlei Anstalten, sich zu wehren. Er wird ohnehin in einigen Minuten von einem jungen, westlich gekleideten Kameramann gefilmt werden. Salafisten-TV ist nicht anders als Fernsehen bei uns: Die Kamera wird scharfgestellt und irgendjemand schreit plötzlich: *Ruhe!* Die Aufzeichnung der wöchentlichen Show beginnt, eine Stunde lang, sie besteht aus Abu Islams Interpretationen des Korans, unterbrochen von Publikumsanrufen.

Im Treppenhaus der Villa lungern Abu Islams Fans herum, vor allem Bärtige in jedem Alter. Nach unserem Eintreffen hörte Walid einen sagen, es sei verwerflich, dass so eine wie ich hier auftauche, ganz ohne Schleier. Sowas gehöre sich nicht. Das sei gegen die Gesetze des Islams. Man müsse das verbieten. Frauen dürften nicht das Haus betreten bei so einem Anlass wie einer TV-Aufzeichnung.

Davor scheint Abu Islam gefeit und er beginnt, obwohl ich im Studio in einer Ecke stehe, unbekümmert in die Kamera zu reden. Ein nicht enden wollender Wortschwall ergießt sich aus seinem Mund, Belehrungen nach jedem ins Studio durchgeschalteten Anruf, wobei auffallend ist, dass kein einziger Mann anruft, sondern ausschließlich Frauen. Abu Islam gerät sichtlich in Fahrt. Er will gar nicht mehr aufhören, obwohl der Kameramann ihm mehrmals verzweifelt ein Zeichen gibt. Offenbar braucht das Team eine Pause. Nicht so der Prediger. In einem fort geht es dahin. Eine Frau darf das nicht und das schon. Gebetet werden muss überall, selbst wenn man in einer Behörde wartet. Dies sei schließlich ein islamisches Land. Nach einer Unterbrechung geht es weiter in dem Stakkato-Ton: Fragen der Zuschauerinnen zum heiratsfähigen Alter, das die Islamisten in Ägypten heruntersetzen wollten auf sechzehn Jahre. Fragen zum koran-gerechten Kochen, zu Begräbnisriten, Krankheiten oder Altersvorsorge im Islam.

*

Eigentlich will ich den Prediger sehen wegen seiner Attacken gegen Bauchtänzerinnen. Das ist insofern paradox, als er uns von Rita empfohlen wurde. Möglich, dass Rita nicht alle seine Predigten verfolgt. Ich nütze eine Pause, um ihn zu fragen, wie er das gemeint habe mit den Bauchtänzerinnen? Will er den Tanz verbieten lassen?

Ohne zu zögern erklärt er, das sei keineswegs so, sondern zu Hause könne jeder machen, was er wolle, also auch tanzen, in der Öffentlichkeit hingegen müsse die Moral vorherrschen.

Mehr kann ich von ihm nicht erfahren. Der Scharfmacher lächelt mich vielmehr an. Anstatt des bekannten zornigen, alten Mannes mit dem langen Bart habe ich ein Lamm vor mir. Wäre da nicht sein Sohn gewesen, hätte ich nicht erfahren, was der Salafisten-Kreis wirklich denkt.

*

Es ist die Zeit des Mittagsgebetes, erinnert durch einen Ruf aus einer nahen Moschee. TV-Mannschaft, Kameramann und ein Techniker, die Bärtigen aus dem Treppenhaus, Abu Islam und einer seiner Söhne bereiten sich vor auf ihre religiöse Pflicht, indem sie sich waschen, um dann ihre Häupter auf einem eigens in dem Vorraum ausgelegten Teppich in Richtung Mekka zu beugen. Alles wird still. *Allahu akbar!*

Währenddessen stehe ich mit Abu Islams zweitem Sohn auf der Terrasse. Der Mann trägt den üblichen Bart, gekleidet ist er im Gegensatz zu seinem Vater in einen modernen Anzug. Man sieht auf den ersten Blick, ein teures Stück, gemacht von einem guten Schneider. So tadellos, wie er bekleidet ist, so klingt sein Englisch, als er anfängt, mit mir im Plauderton zu reden, dass nun alles seinen rechten Weg gehe in Ägypten, was man jedoch noch alles zu tun habe. Wie schädlich der ausländische Einfluss sei. Man werde sein Ziel trotzdem nicht aus den Augen verlieren. Die Errichtung eines islamischen Staates sei unvermeidbar.

*Wir kriegen den bald,* sagt er.

*Was ist mit den Wahlen?,* erwidere ich. *Sie müssen erst eine Mehrheit bei den Abstimmungen bekommen.*

*Brauchen wir nicht,* lautet die Antwort. *Von Wahlen steht im Koran nichts geschrieben. Wir kriegen das auch so hin. Wir bekommen unsere Islamische Republik. Alles wird vom Islam geregelt werden.*

Hinter der Terrassentür erheben sich Abu Islam und die anderen, um zurückzukehren an ihren jeweiligen Platz im Haus oder um einfach herumzustehen. Teegläser werden herumgereicht. Gierig schlürfen einige das heiße Getränk. Das Gebet ist zu Ende. Eine junge Frau in einer *Niqab* taucht auf.

*Der Islam wird nicht mehr lange brauchen, um zu herrschen,* wiederholt Abu Islams Sohn mit einer Stimme, als würde er zu sich selbst reden. Ich nehme einen Teil heimlich mit meiner Kamera in der Tasche auf.

Ich frage ihn nach der Stellung der Frau im Salafismus. Frauen, klärt er mich auf, dürften das Haus nur mit Zustimmung des Mannes verlassen, und selbst dann nur, um in die Schule zu gehen. Gegen Frauenbildung habe man nichts, seine eigene Frau sei bald mit dem Studium fertig. Sie würde als Ärztin zu arbeiten beginnen.

*Ihre Frau darf nicht aus dem Haus?,* frage ich ihn.

*Nur mit meiner Zustimmung. Sie muss mich anrufen, wenn sie hinaus will.*

Da klingelt sein Handy und er kitzelt sich das iPhone geschickt aus der Westentasche. Ausgerechnet seine Frau ist dran und bittet um die Erlaubnis, einkaufen zu gehen. Dann will sie noch auf die Universität. Er erlaubt ihr mit knappen Worten beide Gänge, bevor er wieder auflegt.

Er sieht meine Kamera, als ich sie aus der Tasche ziehe. In dem

Augenblick setzt bei ihm Ernüchterung ein. Nun fällt ihm erst auf, dass er nicht zu einer Salafistin spricht, die das schon hundertmal gehört haben muss. Plötzlich ist er ein anderer. Jetzt geht er nicht mehr vom Siegeszug des Salafismus aus. Er ist vorsichtig. Seine Antworten werden ungenauer und ausweichender und er überlegt jedes seiner Worte genau.

Nicht jeder weiß seine Zunge im falschen – oder richtigen – Moment so gut zu bändigen wie Vater und Sohn. Wann offen reden, wann schweigen, ist eine schwierige Kunst, die von einigen in Abu Islams Salafisten-Kreisen erst erlernt werden muss.

Die Gestalten im Treppenhaus fragen Besucher offen nach der *jüdischen Herkunft* von wichtigen Personen in Europa. Regelrechte Verhöre werden durchgeführt, um herauszukriegen, wer bei uns an welchen wichtigen Schalthebeln angeblich Verschwörungen gegen den Islam ausheckt. Abu Islams Anhänger leben in einer schizophrenen Welt voller eingebildeter Feinde, Märchen, Auslegungen des Korans, die von ernsthaften Interpreten so nicht geteilt werden. Bei einem wie Abu Islam weiß man nicht, ob er sich seine Rechtssprüche nicht selbst angeeignet hat. Manchmal sagt er das eine, dann wieder das andere. Dazwischen wird Siegesgefühl verbreitet, man sei ja auf dem Weg zum Welterfolg. Man müsse nur noch warten. Beten und hoffen, bis alle bekehrt seien. Der Tag würde kommen. Bis zu dem Tag, an dem ein richtiger islamischer Staat ausgerufen werden kann, müsse man vorsichtig mit den Worten umgehen.

*

Das Schlagwort *islamischer Staat* geistert durch die Schriften und das Denken aller radikalen Islamisten. Es beruht auf der Idee, dass der Islam nicht nur besser geeignet sei für den Einzelnen, sondern vielmehr als Leitfaden für eine Gemeinschaft. Der radikale Denker Sayyid Qutb, der 1966 hingerichtet wurde, hat die Idee des islamischen Staates entwickelt. Gottesstaat, Rückkehr zu Allahs Gesetzen. Vermischt wird der Gedanke mit der Sehnsucht nach der früheren

Macht. Salafisten sind Meister darin. Sie schauen bei allem zurück in die Vergangenheit.

Sie träumen von einem Gottesstaat, ähnlich jenem, den es in der Geschichte bereits gab. Ein umso verlockender Gedanke, als er obendrein ein Weltreich umfasste. Es herrschte jahrhundertelang über die gesamte arabische Welt, Teile Asiens, Nordafrikas und Europas.

An der Spitze stand ein Herrscher, ein *Kalif,* unvergessliches Vorbild aller Religiösen, als er sowohl religiöse als auch weltliche Leitfigur war. Laut Salafisten entsprechen nur die ersten Kalifen nach dem Tod des Propheten Mohammed den strengen islamischen Vorstellungen, jene, die in den ersten dreihundert Jahren regierten. Die salafistische Lehre besagt daher, in diesen drei Jahrhunderten sei die islamische Welt nahezu perfekt gewesen. Danach habe der Niedergang eingesetzt. In diese Epoche zurückzukehren, ist von der Bekleidung bis zur Rechtsordnung das Ziel.

\*

So wenig sich Abu Islam in die Karten schauen lässt, so wenig lässt es Rita. Alle meine Fragen, wer sie denn zum Salafismus gebracht habe, bleiben unbeantwortet. Sie schweigt. Sie behält ihr Geheimnis für sich. Das ist nichts, worüber sie mit ihrer Familie redet, umso weniger mit einer Außenstehenden.

Es gibt andererseits nichts Besonderes zu erklären. Keine Rituale haben stattgefunden, die sie über sich hat ergehen lassen. Keine Zeremonie in einer Salafisten-Moschee. Jeder kann Salafist werden und, wenn er will, wieder damit aufhören. Insofern hat die Familie vermutlich recht, wenn sie glaubt, Rita sei über Nacht Salafistin geworden. Man müsse nichts anderes tun, als darauf zu warten, dass aus der Nacht wieder Tag werde. Dass Rita auftaucht in einem bunten Kleid, wie sie es früher gerne getragen hat. Die These der Familie von der plötzlichen Ansteckung mit dem Virus des religiösen Fanatismus scheint nachvollziehbar.

\*

Es ist nicht üblich, dass Salafisten offenen Druck ausüben. Ihre Methode, erklärt mir ein Salafisten-Kenner, sei, mit gutem Beispiel voranzugehen. Andere Muslime müssen aufgefordert werden, mehr zu beten. Zu den Stunden des Gebets würden Freunde oder Nachbarn gefragt werden, ob sie nicht gemeinsam mit ihnen beten wollten. Fasten wird nahegelegt bzw. überwacht im Fastenmonat *Ramadan*. Man versucht, erklärt er mir, dem anderen den *richtigen Weg* mit Überzeugungsarbeit schmackhaft zu machen. Die großzügige Verteilung von Koran-Ausgaben gehöre dazu. Einladungen zum Koran-Unterricht. Interesse zu wecken am richtigen Islam. An religiöser Kleidung. Sagt einer, er interessiere sich etwas mehr für Religion, werden Salafisten hellhörig.

Es genügt, dass einer während einer Taxifahrt auf einen salafistischen Fahrer stößt wie mein Übersetzer. Er plaudert mit ihm während eines der üblichen Verkehrsstaus. Sie kommen ins Reden über die Religion und der Mann erzählt Walid daraufhin, er sei überzeugter Salafist. An freien Tagen würde er losziehen, religiöse Schriften unter dem Arm, um sie unter die Menschen zu bringen. Es gehe von Tür zu Tür und kaum jemand würde einen Koran, der ihm geschenkt werde, ablehnen. Das sei, meint er, die beste Methode, Mitglieder zu werben. Er lädt Walid ein, sich das alles einmal selbst anzusehen. Der Mann redet offen darüber, bis er erfährt, dass wir Reporter sind und ihn gerne begleiten würden. Schnell findet er Ausreden, warum es gerade jetzt nicht gehe. Wir sollten uns später bei ihm melden. Am Ende heißt es, mitzugehen sei unmöglich. Seine salafistischen Freunde wollten keinen Reporter dabei haben, wenn sie Leute bekehren.

Für Rita ist die Versuchung zu groß, um sich zurückzuhalten. Notgedrungen ist unser Hauptgesprächsthema, neben ihrer Beziehung zu Dina, der Salafismus. Eines Tages, als ich in ihrer Wohnung zu Besuch bin, verschwindet sie kurz in ihrem Schlafzimmer und kehrt mit einem eingerollten, länglichen Paket zurück. Ein Geschenk für mich, sagt sie.

Ich entferne das Packpapier und halte einen eingerollten Gebetsteppich in der Hand. Koransuren sind darauf gestickt. Ritas Botschaft ist alles andere als eindeutig. Es ist genauso gut möglich, dass
sie keine anderen Geschenke kennt als religiöse.

*

Hinter ihrem Schweigen, hinter Ritas Geheimnistuerei tauchen
immer wieder ihre Freundinnen auf. Eine hat ihr islamische Heilmethoden beigebracht. Sie hat ihr gezeigt, wie sie die Glaskugeln
aufzusetzen hat und dann mit einem scharfen Messer einen
kleinen Schnitt machen muss, damit das *schmutzige Blut* abrinnt. Inzwischen ist Rita sattelfest genug, um daraus einen zusätzlichen
Nebenjob zu machen. Sie hat ihre eigenen Kunden, meistens
Frauen, die sie gegen Bezahlung von allen möglichen Leiden wie
Bluthochdruck oder Schwindelanfällen kuriert. Sie hat das nicht an
einem Tag gelernt. Die Frau, die es ihr in mehreren Kursen beigebracht hat, ist eine zum Salafismus bekehrte Deutsche. Nicht mehr
aufzufinden in Kairo. Eine andere, ausgebildete Koran-Lehrerin, ist
inzwischen ausgewandert nach Amerika, aber sie gibt per Internet
weiter Salafisten-Kurse in Ägypten. Salafistinnen sind es, die Rita
die Läden gezeigt haben, wo sie als gute Gläubige einkaufen soll. Sie
haben ihr erklärt, dass Gebetsketten mit Holzkugeln die allerbesten
seien, weil sie früher, vor Hunderten von Jahren, schon genau so an-
gefertigt wurden, in der Zeit vor der Erfindung von Hartplastik.
    Die Freundinnen bilden längst eine Art Netzwerk um sie, ohne
dass es jemand merkt, vor allem nicht ihre eigene Familie, bis zum
entscheidenden Jahr 2001.
    Im Januar 2001 stirbt Dinas krebskranker Ehemann. Ab diesem
Tag bindet sich die Sängerin noch keine *Niqab* um, sondern ein
Kopftuch, der erste Schritt zu einer strengeren Religiosität. Ihre Familie hat die Zeit der kopftuchtragenden Rita vergessen. Rita raucht
zu diesem Zeitpunkt noch. Lange versucht sie, das Rauchen aufzugeben, schafft es aber nicht einmal mit dem umgebundenen Kopftuch. Sie pafft weiter. Die Familie sieht das als ein Zeichen dafür an,

dass noch nicht alles verloren ist. Rita erscheint lange mit einer Zigarette im Mundwinkel beim Koran-Unterricht in privaten Kreisen, der sie zu interessieren beginnt. Salafistinnen und Nicht-Salafistinnen sitzen da gemeinsam, um das heilige Buch zu studieren und besser zu verstehen.

Im Mai erst, Monate später, taucht Rita zum ersten Mal verhüllt mit der *Niqab* bei ihrem Vater auf. Der schlagfertige Vater macht den Witz mit der Zorro-Maske und erreicht nichts damit. Von da an sieht er seine Rita jedesmal die *Niqab* anlegen, sobald sie das Haus verlässt. Der erste *Niqab*-Tag bleibt aber ein unvergesslicher Tag nicht nur für den Vater, sondern auch für Rita. Da testet sie, ob die Menschen sie hinter dem Gesichtsschleier noch erkennen. Sie ist tief enttäuscht, als der Verkäufer in ihrer Apotheke sie auf der Stelle erkennt. *Hallo, Rita!*, begrüßt er sie. Sie überlegt, was sie noch machen kann, um nicht erkannt zu werden.

# 18 Das Ende

Anfang Juli 2013 fahre ich wegen einer dramatischen Krise wieder nach Kairo. Noch bevor die islamische Regierung unter Präsident Mursi sich dessen bewusst wird, sind Massendemonstrationen gegen sie organisiert, und die Armee vertreibt sie von der Macht. Der Löwe, den die Regierung zu zähmen versucht hat, zerreißt sie innerhalb weniger Tage.

Mohammed Mursi verschwindet auf Nimmerwiedersehen unter Hausarrest. Zahlreiche Islamisten wollen mit Protesten ihrerseits eine Rückkehr Mursis erzwingen, enden jedoch genauso wie Minister und Abgeordnete hinter Gittern.

Und während Kairo wieder von Zusammenstößen erschüttert wird, mit der entsprechenden Brutalität, erreiche ich Rita und ihre Freundinnen nur noch schwer. Ich muss mich immer wieder mit ihren Ausreden zufriedengeben, sie hätten ausgerechnet jetzt keine Zeit für mich und mein Team.

Die Wende ist ein Schock für Rita. Es ist, als ob ihr Lebenstraum zerbräche.

Ihre Prediger tauchen unter oder, wenn sie es nicht schnell genug schaffen wie Abu Islam und seine Söhne, werden von der Polizei festgenommen. Mit wenigen Ausnahmen werden alle islamischen TV-Sender zugesperrt, wieder geschieht der Wandel über Nacht, genauso rasch wie die Sender nur ein Jahr davor von der islamischen Regierung Sendelizenzen erhalten haben.

Ritas islamische Regierung ist vertrieben. Gestürzt von Ägyptens Armee, derselben, die seit den Fünfzigerjahren Islamisten in Krisenzeiten jagte. Fast genau mit denselben Worten wie früher Nationalheld Nasser ergreift ein neuer General namens Abd al-Fattah as-Sissi die Macht, um den Ägyptern zu versichern, nun werde man für Ordnung sorgen. Die Missherrschaft der Religiösen sei vorbei. Sie seien weg vom Fenster. Man werde sich um sie kümmern. Was er damit meint, ist klar.

Plötzlich ist es aus mit dem Vormarsch des Salafismus, der islamischen Regierung, vielleicht sogar der Eroberung der Welt, sicher aber mit dem Siegeszug der *Niqab* und der Unterordnung der Frauen unter Allahs Gesetze. Vorbei die verschwörerischen Koran-Lesungen unter Freundinnen. Sie werden bis auf Weiteres gecancelt. Selbst die Koran-Lesungen in Moscheen werden reduziert und später alle miteinander verboten, außer die offiziellen nach dem Freitagsgebet. Ritas Freundinnen halten sich bedeckt. Sie rufen einander nicht mehr an.

Einige von Ritas Salafistinnen ändern vorsichtshalber ihre Handynummern. Der alte Kampfgeist in der Gruppe ist wie ausgelöscht. Die meisten ziehen sich in ein privates religiöses Leben zurück – ohnehin die ursprüngliche Salafisten-Idee. Sich einzumischen in die Politik gilt bei einigen als Einladung zur Sünde. Politik macht korrupt. Religion und Politik sind unvereinbare Gegensätze. Beten und agitieren passen nicht zusammen.

Die phlegmatische Rita schließt sich dem an. Sie ist ohnehin keine Revolutionärin. Wenn sie daheim in ihren Büchern lesen kann, ist sie genauso zufrieden. Sie braucht keinen Wirbel. Die Proteste haben ihr schon früher Angst gemacht. Heute ist es nicht anders.

Die einzige, die ihr fehlt, ist ihre Freundin Tahani. Sie ist aufs Land zurückgekehrt, in ihr Heimatdorf. Sie kann in Kairo ohnehin nicht bleiben, weil sie der Ehemann aus der gemeinsamen Wohnung vertrieben hat. Er braucht diese für seine Zweit- oder Drittfrau. Selbst ihre Kinder darf sie nur noch heimlich sehen. Die Tochter, die bald heiraten wird. Der Sohn ist noch nicht zehn. Die Verstoßene hat Rita versprochen, sie werde in Kontakt bleiben und sie zwischendurch besuchen, falls sie nach Kairo komme.

Tahani hätte auch noch einen anderen Grund, um in Kairo zu bleiben. Sie hätte mehr Lust und Mut als Rita, an den beginnenden Protesten teilzunehmen. Vor einer Kairoer Moschee entwickelt sich das beeindruckendste Sit-in der von der Macht vertriebenen Muslimbruderschaft. Teile der Salafisten machen mit, während andere

den Kopf einziehen wie Rita. Ein Teil der Frommen stellt sich ausgerechnet auf die Seite der Armee. Eine Folge der üblichen Konkurrenz zwischen Salafisten und Muslimbrüdern. Werden die einen
bekämpft, freuen sich die anderen.

Vor der Rabia al-Adawiya Moschee, wo Zelte aufgestellt werden,
damit so viele Islamisten wie möglich auch nachts da sind, richtet
man sich für länger ein. Männer, alte, junge, Frauen und Kinder.
Für Essen wird gesorgt, gekauft aus Spenden. Es ist zwar nur noch
ein Quadratkilometer, den die Islamisten in Kairo kontrollieren,
aber den wollen sie verteidigen, komme, was wolle.

*

Drei Wochen später muss ich wieder Hals über Kopf nach Ägypten.

Es ist ein stickiger Augusttag, der sich in einen blutigen Tag
verwandelt, weil da der islamische Protest vor der Moschee niedergeschlagen wird und Hunderte Tote zu beklagen sind. Die Festgenommenen sind nicht zu zählen.

Ambulanzen bringen mit heulenden Sirenen Verletzte in die
Krankenhäuser, wo kein Bett mehr frei ist. Vor dem Eingang der
zentralen Leichenschauhalle von Kairo filmen wir, wie Familien auf
die Identifizierung der Leichname warten, die jedoch, letzte Erniedrigung, erst von den Behörden freigegeben werden, wenn die Angehörigen unterschreiben, der Tote habe Selbstmord begangen.

Wenn es noch eines Beweises bedurft hätte, so gibt es ihn jetzt:
Ein Teil der Bevölkerung, allen voran die Armee, unterstützt vom Sicherheitsapparat, will die Islamisten nicht an der Macht, egal, wie
demokratisch sie gewählt werden.

In den Gefängnissen ist kein Platz mehr frei. Ägyptens Hotels
bleiben hingegen leer. Die Gewalt gegen die Islamisten während
des Mursi-Sturzes schreckt die Touristen ab. Hatten seine Anhänger schon wochenlang demonstriert und Ägypten in die Schlagzeilen gebracht, erschreckt die Niederschlagung der Proteste die
Welt, obwohl deren Sympathien alles andere als auf der Seite der
Religiösen liegen.

Ost ist Ost und West ist West.

Für Rita ist das ein Alarmsignal, ihr Handy völlig abzuschalten. Tagelang ist sie nicht erreichbar. Über Nacht packt nicht nur sie, ohnehin keine der Mutigsten, die Angst. Ägypter rasieren sich die Bärte ab, um nicht mehr identifiziert zu werden als religiöse Menschen. Westliche Frauenkleider kehren zurück, während viele *Niqabs* verschwinden, ebenso unverhofft, wie sie im Straßenbild Kairos aufgetaucht waren. Der eine oder andere Salafisten-Laden schließt vorübergehend die Tore.

*

Es dauert mehrere Monate, bis ich Rita wiedersehe. Es braucht eine ganze Reihe von Telefonaten und Überredungskünsten von Walid, um sie dazu zu bringen, ihre Wohnung überhaupt zu verlassen. Sie wird unentwegt von panischer Angst geplagt, man würde sie festnehmen. Ihr Handy würde abgehört werden. Sie fürchtet, ihre Freundinnen würden verhaftet werden. Eine berechtigte Sorge insofern, als der ägyptische Spitzelstaat, wenn er überhaupt jemals verschwunden war, zurückgekehrt ist.

Sie habe Kopfweh, lässt mir Rita ausrichten. Sie sei depressiv. Sie fühle sich krank. Ich solle Geduld haben, es werde wieder die Zeit da sein, wo wir einander treffen können. Sie brauche nichts, außer Ruhe.

Schon früher war Rita um Ausreden nicht verlegen, wenn es darum ging, Verabredungen zu verschieben. (Was nicht nur bei Salafisten weit verbreitet ist in Ägypten.) Jetzt hebt sie nicht mehr ab, wenn ihre Tochter oder Dina anrufen. (Auch das ist nicht ungewöhnlich in Ägypten, wenn man keine Lust hat auf eine Verabredung.)

Es dauert lange, bis sie auftaucht aus ihrer selbstauferlegten Haft. Wir schlagen ihr vor, uns in Dinas Villa zu treffen. Schließlich stimmt sie zu.

*

Wenn Rita ihre Lage hätte verbessern wollen, wenn sie sich richtig hätte verstecken wollen, hätte sie, so seltsam es klingt, das Gegenteil tun müssen: die *Niqab* ablegen, das Gesicht wieder zeigen. Das tun, was einige Frauen in Ägypten getan haben. Mit einem umgebundenen Kopftuch würde sie als religiöse Frau akzeptiert. Zugleich würde sie nicht auffallen.

Viele passen sich den neuen Zeiten an. Einige werden, selbst wenn sie es nicht tief im Herzen glauben, glühende Anhänger der Militärs. Eine weitere Welle des Opportunismus überschwemmt das ganze Land. Mit oder ohne *Niqab* könnte Rita weiter nach dem Koran leben, täglich einen Löffel schwarzen Kümmel essen, morgens ein Glas Milch trinken, gesüßt mit einem Löffel Honig aus dem Salafisten-Laden. Sie könnte sich einmal in der Woche bei der Internetfirma ein Taschengeld verdienen. In ihren eigenen vier Wänden könnte sie weiterhin ungestört ihre Gebete verrichten. Besuche in der Moschee waren ohnehin selten. Jetzt werden die Gebetshäuser von Sicherheitskräften bespitzelt. Wenn sie die weiter meidet, würde nie jemand herausbekommen, dass sie jemals Salafistin gewesen ist. Oder es in ihrem Herzen geblieben ist. Es wäre nicht schwer für Rita, sich das Leben zu erleichtern.

Doch Rita macht das Gegenteil. Sie überlegt, eine weitere *Niqab* zu kaufen.

\*

Verspätet taucht sie in ihrer Sommerausgabe des Umhanges auf. Inzwischen ist es zwar Herbst geworden, die Temperaturen sind aber nur um wenige Grad gesunken. Diese *Niqab* aus dem dünneren, aber undurchsichtigen Stoff reicht. Die Handschuhe sind aus feiner Baumwolle. Ritas Schritt ist noch schleppender als sonst, als sie die wenigen Stufen zum Haustor von Dinas Villa hinaufgeht.

Sie entschuldigt sich für die Verspätung. Sie habe kein Taxi gefunden.

Dinas Hausangestellte öffnet vorsichtig die Tür. Die Bauchtänzerin schläft im ersten Stock. Wir sollten keinen zu großen Lärm machen. Am Abend tanzt Dina vor einer weiteren erlesenen Hochzeitsgesellschaft. Ihre Geschäfte laufen besser. Zwischen zwei Hochzeiten ist sie es, die mein Treffen mit Rita organisiert. Die Salafistin will mich nicht mehr sehen. Aus Angst, der Kontakt mit einer Ausländerin könnte ihr Probleme bereiten. In den gleichgeschalteten Medien Ägyptens werden Leute aus dem Westen als Feinde denunziert. Dieser Westen, der mit der Muslimbruderschaft eng zusammenarbeitet. Er sei schuld daran, dass sie an die Macht kamen. Eine neue Verschwörungstheorie unter den vielen.

Die Wirkung auf Rita jedoch ist groß. Sie fühlt sich verfolgt und bespitzelt. Dina überredet sie nicht nur zu dem Treffen, sie stellt uns auch ihr Haus zur Verfügung. Sie lässt uns durch die Hausangestellte ausrichten, wir könnten uns gerne im Wohnzimmer mit Rita zusammensetzen. Sie habe nichts dagegen, nur könne sie nicht dabei sein, denn sie brauche zwei Stunden Schönheitsschlaf.

*

Wir sitzen bereits eine ganze Weile verteilt auf zwei Sofas, die im rechten Winkel zueinander stehen. Rita hat sich am entferntesten Ende hingesetzt. Mit steifem Rücken. Sie ist angespannt. Sie beginnt nur stockend zu reden. Erzählt, sie habe jede Nachricht über die überraschende Kehrtwende verfolgt. Ihr Ohr nahe am Radiogerät gehabt. Obwohl es der heißeste Monat im Jahr war, gesteht sie, habe sie nicht einmal abends, wenn es abkühlt, gewagt, hinauszugehen. Rita ist mehr als verängstigt. Sie leidet unter einer tiefen Melancholie. Seit über einem Jahr habe ich sie immer wieder getroffen. So habe ich sie noch nie erlebt. Sie will ein Glas Wasser und das Dienstmädchen stellt es ihr hin auf einen Abstelltisch. Rita, die Einsame, taut etwas auf.

*

Eine schlimme Lage, sagt sie. Unvorstellbar, was geschehen ist. Aber die Meldung vom Tod eines Nachbarsohnes hat ihr den Rest gegeben. Der Junge wurde bei dem Protest vor der Moschee erschossen, und da sie mit dessen Vater, einem Muslimbruder, gute Beziehungen pflegte, trauert sie um den Sohn, als wäre es ihr eigener gewesen. Sie sagt, sie kannte ihn. Sie sagt, sie habe den ganzen Tag geweint um ihn und die anderen Toten. Absurde Szene: Wir, Besucher aus Europa, sitzen da und hören ihr zu, während ihre eigene Regierung Religiöse wie Staatsfeinde behandelt. Wie Rita dasitzt, macht sie den Eindruck einer persönlich verwundeten Frau, obwohl weder ihr noch einer ihrer Freundinnen etwas geschehen ist.

Rita ist nicht nur alleine, sie scheint verloren, weil ihr gesamter Freundeskreis aus niemandem als aus Salafisten besteht. Mit allen anderen hat sie seit Jahren keinen Kontakt mehr. Besonders schlimm für sie: Die Schwester steht auf der anderen Seite der Front.

*

Rita verlangt nach noch einem Glas Wasser. Eine von Dinas Hausangestellten stellt es ihr hin. Peinliches Schweigen in der Runde.

Sobald jemand Rita eine der üblichen Höflichkeitsfragen, wie es ihr gehe, stellt, beklagt sie die Niederschlagung der Monate zurückliegenden Proteste, den Tod des Nachbarssohnes. Unter ihrem Umhang höre ich sie schluchzen.

*Allah, Allah,* wiederholt sie mehrmals.

Wieder Ereignisse, die sich tief in Ritas Seele eingebrannt haben. Obwohl sie nicht an den Protesten teilgenommen hat, fürchtet sie, dass allein das Treffen mit mir als eine subversive illegale Aktion ausgelegt werden könnte. Ob die Sicherheitsbehörden mich verfolgen würden? Würde mein Handy denn nicht abgehört? Ich erwidere, das sei unwahrscheinlich, um sie nicht weiter aufzuregen.

Rita hebt das Wasserglas unter ihre *Niqab*, versucht einen Schluck Wasser zu trinken, aber die Hälfte geht daneben, weil Ritas Hand unmerklich zittert. Rasch wischt sie den Fleck weg.

Ich will das Treffen schon beenden und Rita bitten, wir sollten uns ein anderes Mal treffen. Alles verschieben und in aller Ruhe einen neuen Termin zum Reden ausmachen, wenn es ihr besser gehe. Ihr aufgelöster Zustand entgeht keinem von uns.

Plötzlich ein Redefluss. Ihre Freundinnen würden ihr fehlen, sagt Rita. Nur in der Wohnung fühle sie sich noch halbwegs sicher – die nahe Moschee hingegen werde bespitzelt.

Ein drittes Glas Wasser für Rita. Sie weint, aber sie will die *Niqab* nicht öffnen, um sich die Tränen von den Wangen zu wischen. Der Umhang bleibt.

*Warum muss es die Niqab sein?*, frage ich sie. *Würde ein Kopftuch nicht genügen?*

Rita muss diese Frage schon oft gehört haben, von Verwandten, von Dina. Wie alle, wie der Vater, wie die Schwester, wie die Tanten und andere Verwandte, erhalte ich genau dieselbe Antwort, nämlich keine.

Wir machen uns daran zu gehen. Rita will noch bleiben und Dina sehen. Bedächtig steigt sie hinauf in den ersten Stock. Was sie mit ihrer Schwester bespricht, wissen nur die beiden.

# ZWEI VON UNS / 3

Sein Handy, ihre letzte Hoffnung. Sie ruft an und lässt es so lange läuten, bis sie die Stimme ihres Mannes hört. Es ist die aufgezeichnete Ansage für die Mobilbox.

Normalerweise ist ihr Mann leicht zu erreichen. Er ist ein zuverlässiger Familienvater, der auf der Stelle zurückruft – außer jetzt. Ein biederer Angestellter in einem Ministerium, um die fünfzig. In Ägypten heißt das, er steht kurz vor der Pension. Der Mann ist alles andere als ein Hitzkopf. Auf dem Foto, das mir die Frau von ihrem Ehemann zeigt, sieht er aus wie einer der respekteinflößenden Bürokraten, die man in Kairos Ämtern antreffen kann. Anzug, graue, kurz geschnittene Haare, rundes Gesicht. Kurz geschorener Bart, insofern ein typischer Muslimbruder, obwohl seine Frau beteuert, er sei keiner gewesen.

Es ist besser für sie, es mir gegenüber nicht einzugestehen. Sie kennt mich nicht. Ich wurde ihr von anderen empfohlen. Anders wäre sie nie bereit gewesen, mich in ihre Wohnung zu lassen, in dieser angespannten Lage. Einige Monate später wird die Muslimbruderschaft zu einer Terrororganisation erklärt werden. Schon davor werden laut Hilfsorganisationen Tausende verhaftet, darunter Mädchen im Schulalter. Schubweise werden Leute entlassen, damit, so lauten die Gerüchte, Platz für die neu festgenommenen geschaffen wird. Daher die Verkehrsstaus, scherzt man in Kairo. Weil die einen in den Knast fahren, während die anderen zur selben Zeit herauskommen.

*

Es ist besser für die Frau des Muslimbruders mit dem fest umgebundenen Kopftuch, vorsichtig zu sein. Besser, sie lässt sich mir gegenüber nicht viel anmerken von ihrem Schmerz. Ihre Wohnung liegt in einem Viertel der unteren Mittelschichten, bekannt als

Hochburg der Muslimbruderschaft. Als wir ihre Wohnung suchen, fahren wir an Häuserwänden vorbei mit Aufschriften wie: *Muslimbruderschaft! Al-Ichwan al-Muslimun!* oder *Sissi go!* Die meisten Anti-Armee-Sprüche wurden mit schwarzer Farbe übersprüht oder weitestgehend unleserlich gemacht. Mit den Militärs treibt man keine dummen Späße.

Es ist stockdunkel. Wir fragen einen Händler nach der Hausnummer. Die Kamera verstecken wir in einem Rucksack. Wir fallen so schon genug als Nicht-Einheimische auf. Wenn hier ein Ausländer auftaucht, dann nur, wenn er sich verirrt hat.

Im Gegensatz zum herunterfallenden Putz im Treppenhaus ist die Wohnung, wo die Frau mich an der Tür empfängt, eine Insel der Sauberkeit und der Ruhe. Drei Kinder, alle noch abhängig von der Familie. Der Junge wird jetzt Arbeit suchen müssen. Es gibt hier mehr Möbel als sonst in solchen Wohnungen, wo man sieht, dass sich die Menschen alles vom Munde absparen. Der obligate Fernseher darf nicht fehlen zwischen Sofa und dem niedrigen Tisch davor. Da steht das Foto des Mannes, nicht zu übersehen, auf einer gehäkelten Decke. Wie ein Schrein.

*

In den Fernsehnachrichten wurde gerade gemeldet, Gruppen von islamischen Terroristen hätten die Polizei auf dem Platz vor der Rabia al-Adawiya Moschee angegriffen, als die Frau beginnt, ihren Mann zu suchen. Erst am dritten Tag hebt einer ab und sagt, der Staatsangestellte Achmed H. (Name geändert – A.R.), ein Mann ohne irgendeine kriminelle Vergangenheit, sei tot. Weil er durch die Kugel eines Scharfschützen mitten in den Kopf getroffen worden sei, hätte er nicht gelitten. Seine Leiche befinde sich wahrscheinlich in Kairos zentraler Leichenschauhalle, die Familie müsse selbst nachsehen. Man könne sich nicht darum kümmern.

Ein Mann war der Todesengel. Er hat die Handys der Toten eingesammelt, die ständig läuteten, während weiter geschossen wurde. Auf Aufnahmen, die mit Handys gemacht wurden, sieht und hört man Demonstranten rennen und schreien. Einer stolpert. Um ihn herum wird alles rot.

Unterdessen rufen Familienangehörige an. Wie die Frau des Beamten verfolgen sie angstvoll die Nachrichten. Der Todesengel hat alle Hände voll zu tun. Um ihn herum, in dem hellen Gebetsraum der Moschee mit seinen verzierten Säulen, ist eine Erste-Hilfe-Station eingerichtet. Ärzte der Muslimbruderschaft haben Medikamente und Verbandszeug gesammelt in Vorahnung einer möglichen gewaltsamen Auflösung ihres Protestes. Die Sicherheitsbehörden werfen den Muslimbrüdern vor, die Tragödie bewusst provoziert zu haben, um sich das Image von Märtyrern zu geben. Um so zu tun, als seien sie reine Opfer.

Neben blutigem Verbandszeug werden die Toten zwei Tage lang aufgebahrt in den üblichen weißen Tüchern. Zwischen Eisblöcken. Sie hinauszubringen wäre zu gefährlich. Die Schießerei dauert an. Die Armee hat alle Zufahrten zur Moschee mit Panzern und Panzersperren blockiert.

Vor dem Leichenschauhaus verjagen uns gut geschulte Schlägertypen, Geheimdienstler in Zivil. Niemand soll mitkriegen, wie die Familien ihren Namen unter falsche Totenscheine setzen müssen. Der Umgekommene sei ein bekannter Terrorist gewesen oder er habe unter Depressionen gelitten, daher den Freitod gewählt. Eltern denunzieren ihre toten Söhne als Radikale. Andere unterschreiben alles, nur um dem Toten ein würdiges letztes Geleit geben zu können. Sie bekommen billige Holzsärge ausgehändigt, die sie auf das Autodach binden, und verschwinden so schnell als möglich.

Der Staat verspricht, dass er alles genau untersuchen wird, um festzustellen, wer geschossen hat, ob es nicht doch bärtige Scharfschützen waren, die laut Polizei versteckt auf Dächern geortet wurden. Die Untersuchungen bleiben ein weiteres unerfülltes Versprechen in Ägypten.

*

Zwischen Stöhnen, Schreien und Angstausbrüchen tagelang, je nach Batterienstand, das nervende Handyklingeln. Ob ihre Ehemänner, Väter, Brüder und Söhne es geschafft haben, wollen die Familien wissen, ob sie rechtzeitig die Gefahrenzone verlassen konnten.

Die Frau erfährt es durch den Todesengel, spät, aber gerade noch rechtzeitig, bevor die Batterie tot ist.

Jetzt ist sie über den ersten Schmerz hinweg. Die Kinder brauchen etwas zum Anziehen. Die Miete muss gezahlt werden. Das Leben geht weiter. Sie sagt, ihr Mann sei kein Terrorist gewesen und alles andere als gewaltbereit. Er wollte nicht sterben. Er habe lediglich gegen Mursis Absetzung demonstriert. Ein gläubiger Ägypter eben, wie viele andere.

*

*Wochen später*

*My name is Fatima,* sagt sie. Ich ziehe rasch meine Schuhe aus, stelle sie neben die anderen auf das dafür vorgesehene Brett neben der Wohnungstür und trete ein, damit nicht jeder Nachbar mitbekommt, wen ich besuche. Draußen musste ich schon an zahlreichen Menschen vorbei. Der Schotterweg zu Fatimas Haus ist zu eng für einen Wagen und Kamal musste mich daher vorher absetzen. Die letzten fünfzig Meter gehe ich zu Fuß. Vorbei an den Schuppen der Handwerker, Schulkinder, schischa-rauchende Männer, alle starren mir nach. Ortsteile, wo nicht die Schnüffler des Geheimdienstes ein Auge darauf haben, wer auftaucht und wer verschwindet, gibt es nur wenige. Das hier ist keiner davon. In einer Salafisten-Moschee, ein paar Straßenblocks entfernt, finden jeden Freitag illegale Proteste gegen die Militärs statt.

Unter Fatimas Haus wird ausgerechnet jetzt eine Bühne aus Brettern aufgestellt, in Vorbereitung für eine traditionelle Hochzeit – mit Bauchtänzerin. Rote Herzen aus Plüsch kündigen das Ereignis allen an. Zusätzliche Schaulustige sind da.

In allen vom Luxus verschonten Bezirken, wo eine wie Dina niemals auftauchen würde, bei ärmlichen Hochzeiten in Kairo oder Alexandria, gibt es ebenso Bauchtanz, aber anders. Tagelang wird von Nachbarn und Bekannten eine notdürftige, meist nur mit Krepppapier geschmückte Bühne zwischen schlecht verputzten Häusern, verdreckten Mechanikerwerkstätten und gezogenen Wäscheleinen errichtet. Eine Genehmigung dafür braucht keiner. Am Tag der Hochzeit, meistens am Beginn des islamischen Wochenendes, am Donnerstagabend, nehmen die beiden Glücklichen auf dem wackeligen Bretterboden Platz. Um sich den Höhepunkt, eine Bauchtänzerin, die vor dem Paar ihre Kunst zeigt, überhaupt leisten zu können, spenden alle Geld. Das ganze Viertel sieht daher auch zu. Alle haben etwas davon. Das Feiern liegt den Ägyptern beinahe im Blut und die Religiösen haben es bis heute schwer, sie davon abzubringen.

Die Salafistin Fatima wird schon aus religiösen Gründen nicht mitfeiern. Dazu kommt, dass sie wie jeden Freitag beschäftigt ist mit dem Organisieren von Protesten. Bei der Rabia al-Adawiya-Moschee hat sie sich schon tagelang dem Sitzstreik angeschlossen. Nur knapp ist sie dem Massaker entkommen. Neben ihr lagen verletzte Menschen in ihrem Blut, berichtet sie, andere hat Allah zu sich genommen, aber einschüchtern lasse sie sich nicht, im Gegensatz zu anderen. Sie sei eben mehr Guerillakämpferin als Gläubige. Sie denke nicht daran, sagt sie mir, sich zu beugen. Vor keinem General oben, vor keinem Polizisten unten. Das Wort Nachgeben kenne sie nicht. Das Wort Angst wolle sie nicht kennen. *Sollen sie mich umbringen*, stößt sie unter ihrer *Niqab* hervor. *Dann komme ich früher zu Allah!*

Zwischen Koran-Unterricht, den sie trotz der kritischen Lage weiter erteilt, organisiert die Frau in ihrer mit Nippes und Kitsch-Figuren ausgestatteten Wohnung illegale Demonstrationen. Deswegen bin ich hier zu einem Vorgespräch, um sie zu einem solchen Protest begleiten zu können. Sie sagt, sie habe keinerlei Problem damit mich mitzunehmen. Aktiv sei sie ohnehin an jedem Tag der

Woche. Sie zieht Aufkleber in knallgelber Farbe, jetzt die Protest-
Farbe der vertriebenen Islamisten, aus ihrer Tasche hervor. Die verteilt sie. Neffen und Nichten Fatimas, die in Sonntagskleidern
an einem Tisch aufgeregt auf den Sesselrändern herumwetzen,
strecken mir die Sticker wie auf Befehl entgegen. Fatima selbst hat
keine Kinder und keinen Ehemann. Insofern ist sie eine echte Braut
Allahs. Auf die Kindergruppe deutend, erklärt sie mir, die nächste
Generation religiöser Ägypter stehe bereit. Noch so viele Gefäng-
nisse, noch so viele Schauprozesse, nichts würde das Volk abhalten
vom Islam.

*

Jeder in Kairo würde viel dafür geben, wenn er in Erfahrung
bringen könnte, wie stark die islamischen Gruppen noch sind. Bei
den Wahlen errangen sie Mehrheiten. Während ihrer Regierungs-
zeit wurden sie wegen erwiesener Unfähigkeit von ihren Gegnern
verachtet und bekämpft. Jetzt sind sie zurückgekehrt in den Untergrund.

Es gibt deutliche Anzeichen dafür, dass sich nicht alle in ihr
Schicksal fügen wie Rita. Einige bedauern, nicht hart genug gewesen zu sein. Nicht so fest durchgegriffen zu haben, wie man es
hätte tun sollen, nicht die Weitsicht gehabt zu haben, dass die Militärs niemals an ein völliges Aufgeben denken würden. Zu viel
blindes Vertrauen in die Demokratie gehabt zu haben. Naiv gewesen zu sein. Aber die Zuversicht bleibt. Der unaufhaltsame Siegeszug des Islams sei nicht zu stoppen. Es hätte nicht so kommen
müssen, wenn wir sie nur ohne Rücksicht vernichtet hätten, die anderen, die Anti-Religiösen. Sie nehmen nicht die kleinste Rücksicht
auf uns. Sie sperren uns ein, ohne richterliche Befehle. Ob islamisches Fußvolk oder Spitze, jetzt ist jeder der Feind.

In dem Herbst nach Mursis Ende fährt ein Regierungskonvoi,
der des besonders gefährdeten Innenministers, durch Kairo. Die
Sonne steht hoch. Eine zehn Meter hohe Staubwolke bildet sich
nach dem Knall. Der Selbstmordattentäter ist laut Polizeiuntersu-

chung ein religiöser Armeeoffizier. In anderen Teilen Ägyptens sind es Sprengkörper, die, am Straßenrand deponiert, explodieren, sobald ein Polizei- oder Militärfahrzeug vorbeifährt. Es sind Warnsignale dafür, dass die Wunden nicht verheilt sind. Die Gräben sind nicht zugeschüttet. Die Fronten sind keineswegs aufgelöst. Der Glaubenskrieg geht weiter.

*

Fatima gehört nicht gerade zu den Gewaltbereiten, aber genauso wenig will sie sich abschlachten lassen wie ein Opferlamm. Daher, sagt sie mir, protestiere sie jeden Freitag nach dem Gebet gegen die Armee. Ich würde sie vor Ort unschwer erkennen. Sie hänge sich eine breite, gelbfarbene Stola über ihren schwarzen Umhang. Ich solle unbedingt kommen. Ich würde schon selbst sehen, wie groß der Unmut, trotz der Toten, trotz der Schießbefehle, noch sei.

Am Freitag darauf bin ich mit meiner Minikameraausrüstung schon frühzeitig da, eine Stunde vor Beginn des Gebetes. Ein Typ im typischen lokalen Stasi-Look, Schnurrbart, modern geschnittenes Hemd und Hose, geht mir nach und verlangt, ich solle ihn auf die Polizeistation begleiten. Er lässt sich abwimmeln.

Der Ruf zum Gebet ist bereits im Gange, als Fatima schnellen Schrittes daherkommt. Im ersten Stock des Gebetshauses – dort ist der separate Raum für die betenden Frauen – weist sie alle an, mir gegenüber freundlich zu sein, während sie ihnen ihre Aufkleber regelrecht aufdrängt. Über Lautsprecher wird die Predigt des Imams übertragen und die Frauen lauschen. Sobald ich meine Kamera auspacke, geht ein Raunen durch die Reihen. *Nicht filmen!*, sagt eine Frau. Ihre Nachbarin zieht sich schon die *Niqab* wieder über, die sie gerade erst beiseitegelegt hatte. Unaufhörlich stehe ich unter Beobachtung. *Was macht sie hier?* Die Salafistinnen vertreiben mich wieder.

Als nach dem Gebet draußen vor der Moschee der Protest losbricht, zieht mich Fatima beiseite. Ich müsse den Zorn ihrer *Schwestern* verstehen. Ihre Väter und Ehemänner säßen hinter Gittern.

Man wisse ja nicht, wohin meine Aufnahmen gelangen würden. Die Frauen seien verständlicherweise besorgt, erkannt zu werden.

Rufe gegen General Abd al-Fattah as-Sissi schreiend, ziehen alle, Frauen und Männer, in getrennten Reihen, Muslimbrüder und Salafisten, zwei Runden um den Block. Passanten werfen ihnen nichts als gleichgültige Blicke zu.

Die Frau, die sich Fatima nennt, ist am leichtesten in der Menge auszumachen, mit ihrem gelben Protestschal in einem See von gleichfarbenen *Niqabs*. Als würde das nicht genügen, sie zur Zielscheibe von Geheimpolizisten zu machen, schreit sie noch dazu mit lauter Stimme.

Fatima ist nicht ihr echter Name, sondern, wie bei Rita, ihr selbst ausgesuchter Salafisten-Name. Fatima ist neben Aisha und Rokkaya der beliebteste Name bei Frommen, der Name einer Tochter des Propheten. Ein Name, den die Salafistin vor sich herträgt wie eine nutzlose Waffe.

Während sie protestiert, gehen von der Regierung entsandte Prediger in andere Moscheen, um dort den Gläubigen einen *sanften, zeitgemäßen Islam* nahezulegen. Sie sollen verstehen, dass alles Bisherige der falsche Weg zu Allah war. Außerdem sei der neue Islam hausgemacht, made in Egypt. Der hätte nichts mit dem aus dem Ausland importierten radikalen Glauben zu tun, Fatimas Glauben, dem *Beduinen-Islam*, dem von uneinsichtigen *Niqab*-Trägerinnen, wie sie eine ist. Die Gegner Fatimas erfinden ein Lied, mit dem sie Leute wie sie aus Ägypten vertreiben wollen.

*Wir haben einen Gott und ihr habt einen anderen Gott.*
*Ägypten ist in unserem Blut und wir werden nie sein wie ihr*
*und ihr nicht wie wir. Nehmt euer Geschrei und eure*
*Fatwas und verschwindet aus unserem Land!*

## 19 Made in Cairo

Wenn man Glück in schillernden Stoffen messen kann, ist das Atelier von Hischam Abul-Ela eine Fraueninsel der Seligkeit. Brokate, Damaste, Seidenstoffe, Glitter, Glanz, wohin man blickt. Mit den riesigen Spiegelwänden im Atelier sieht alles doppelt so paradiesisch aus, als es in Wirklichkeit ist. *My friend Hisham*, wie ihn alle nennen, lernte die Schneiderkunst bei einer italienischen Topfirma. Jetzt profitiert ein auserwählter Kreis, darunter die Bauchtänzerin, davon, wenn sie ein Kleid für einen Auftritt im privaten Kreis oder in einer TV-Talkshow braucht. Und sie braucht so einige. Ein privater Fernsehkanal hat sie eingeladen. Die üblichen Hochzeiten häufen sich. Ihr Kalender ist voll seit der Vertreibung der Islamisten.

Die Privatkundin Dina probiert verschiedene Modelle. Eine lilafarbene Kreation hat es ihr angetan.

Jetzt profitiert auch eine zukünftige ägyptische Ehefrau in Hischams Salon in einem eher unscheinbaren Haus in Doqqi davon. Eine Allee von Bäumen davor. Einige Kleider in der Vitrine. Das gute Kairo kennt die Adresse auch so. Dina ist Stammkundin.

Im ersten Stock betrachten alle mit staunenden Augen eine junge Schönheit, als sie mit einem ersten Teil ihres aufregenden Hochzeitskleides aus der Kabine schreitet. Das fleischfarbene Korsett sitzt wie angegossen. Übergestreift wird ein Traum aus Spitze, noch in Arbeit. Das ist, was man trägt, wenn man im Kairo der nach-islamischen Regierung heiratet. Man lässt sich bei Hischam alles nach Maß schneidern.

*Die Aufträge sind nicht so überwältigend wie in den vergangenen Zeiten unter Mubarak, aber immerhin*, sagt Hischam. Die eine oder andere Großkundin hat im Islamisten-Jahr den Designer aus Beirut oder Los Angeles angerufen. Viele trauen dem Frieden nicht. Tausende Ägypter der Ober- und Mittelschicht haben ihrer Heimat für immer den Rücken gekehrt – zu islamisch, zu gewalttätig. Aussichtslos.

Kopftücher oder Umhänge waren bei Hischam niemals im Angebot, so kunstvoll bestickt kann eine *Niqab* gar nicht sein. Hier ist kein Platz für die Religiösen. Sie haben hier nichts zu suchen. Sie gehören nicht in dieses Ägypten. Hier darf gerade noch Dinas Getreue Wafa herein, weil jeder sie kennt. Würde Dinas Schwester Rita in ihrem Umhang unangekündigt auftauchen, würde man sie ziemlich sicher an der Glastür abwimmeln.

Nirgends liegt der Koran herum, wie sonst üblich in traditionellen Läden in Kairo. Kein Angestellter verschwindet, um zur Mittagszeit einen Gebetsteppich auszubreiten, und wenn er es tut, dann auf keinen Fall so, dass ihn Kundinnen dabei sehen können.

*

Warum die Bauchtänzerin Dina Ägypten trotz der Islamisierung nie verlassen hat, ist nachvollziehbar. Sie braucht Kairo. Kairo braucht sie. Die Stadt ihrer rauschenden Erfolge, neben ihrer tiefsten Demütigung.

Woanders, wie im Libanon, der aufstrebenden Hochburg orientalischer Darstellungskunst, beherrschen andere den Bauchtanz-Markt. Dazu kommt die Türkei als möglicher Arbeitsmarkt. Beide Länder sind jedoch unwürdige Konkurrenten in den Augen der Ägypter. Dort würden Frauen zwar tanzen, aber *seelenlos*.

Dina müsste dort ganz unten anfangen – nicht so einfach für eine, die nicht mehr die Jüngste ist in einem Job, in dem sich nichts verstecken lässt. Sie wird eingeladen, um ihren Körper zu zeigen, und da passen Zellulitis und Falten nicht ins Konzept.

In einigen Jahren wird Dina ihren fünfzigsten Geburtstag feiern. Sie sieht blendend aus. Ob Schönheitschirurgen dabei mithelfen, bleibt ihr Geheimnis. Dennoch drängen Jüngere, wie eine hübsche und begabte Armenierin, nach. Es kommt bereits vor, dass Dina nur als zweite Wahl engagiert wird bei Nobelhochzeiten.

Bei der breiten Masse der Ägypter reicht ihr an Ruhm keine das Wasser. Sie ist so populär, dass selbst die Islamisten Probleme bekämen, sollte der Bauchtänzerin etwas geschehen. Sie würden nicht eine Frau, sondern ein Symbol töten. Die Skandale haben den unbeabsichtigten Vorteil für sie gehabt, dass jeder sie kennt, entweder als glänzenden Star – oder als verruchten.

Seltsamerweise sind mehr die Frauen als die Männer ihre Fans. Männer lassen sich mit ihr abknipsen. Stumm stellen sie sich neben die Diva und betrachten dann andächtig das Foto. Frauen hingegen wollen mit ihr reden. Sie wollen Dinas Geheimnis ergründen, erfahren, wie sie es zweimal geschafft hat, das Schicksal zu überlisten – wissen die Frauen doch am besten, wie schwierig das in Ägypten für eine Frau sein kann. Bauchtanzkostüm oder Kopftuch, einerlei.

*Dina, du bist eine Ikone!*, schreit ihr eine Studentin zu, ein Tuch fest um die Haare gebunden. *Dina, du bist großartig! Dina, mach weiter!*

Sie ist eine der wenigen in der ägyptischen Öffentlichkeit, die alle Frauen gleichermaßen begeistert, islamische und nicht-islamische – Salafistinnen ausgenommen.

Dina ist, zumindest vorläufig, unantastbar.

*

Das Karriere-Ende von Bauchtänzerinnen ist hart. Einige wenden sich dann wie manche Schauspielerinnen der genau entgegengesetzten Welt, der Religion, zu. Man erzählte mir von der Bauchtänzerin Sahar Hamdi, die ihre Tage nur mehr in salafistischen Moscheen verbringe.

Die meisten Bauchtänzerinnen versuchen, auf den Brettern zu stehen, die ihnen die Welt bedeuten, so lange es nur geht. Mit jedem zusätzlichen Jahr sinkt ihr Tarif. Anspruchsvolle Auftritte in Häusern entlang des Flusses Nil, im Four Seasons, im Intercontinental, im Hyatt Hotel, rücken in weite Ferne. Es beginnt die unausweichliche Rückwanderung in die Al-Haram-Straße, dem Ausgangspunkt vieler Karrieren. Der Ort, wo es heute nur mehr Nachtclubs von zweifelhaftem Ruf gibt. Insofern schließt sich der Kreis. Schlagzeilen über ehemalige Tänzerinnen sind selten. Sie geraten schnell in Vergessenheit.

Der Kampf gegen das Vergessen, der Kampf, noch irgendwie dabei zu sein, steht Dina noch bevor. Ihre Lehrerin Raqia Hassan kämpft ihn gerade. Obwohl sie sich das nie eingestehen würde, ist das der übliche triste Kampf eines ehemaligen Stars im unausweichlichen Herbst des Lebens. Als ich sie treffe, hat sie schon so einige Besuche bei Schönheitschirurgen hinter sich. Die Schminke kann nicht alle Missgriffe verbergen. Einmal im Jahr stellt sie immerhin noch ein Tanzfestival in Kairo zusammen. Sie kämpft darum, die Tradition des Bauchtanzes aufrechtzuerhalten in einer Zeit der TV-Beglückung rund um die Uhr.

Daneben verkauft sie in einer schmucklosen Wohnung, umfunktioniert zu einer Boutique, zusammen mit ihrem Bruder Kostüme für Bauchtänzerinnen. In einem Hinterzimmer schnell genähte, billige Ausgaben von Dinas Pracht-Bikinis. Kleidung für Brasilianerinnen, Frauen aus der Ukraine, wenn sie angeheuert werden von Geschäftsleuten auf Durchreise in Kairo.

Die einst großartige Raqia lässt sich nicht abhalten, mir ein paar Schritte vorzutanzen. Selbst, wenn man die Augen schließt, ist es schwer sich vorzustellen, dass sie früher eine Göttin war.

*

Dinas Kampf ist jetzt schon viel schwieriger. Ein Zwei-Fronten-Kampf, gegen die unten und gegen die oben, gegen Islamisten, Arme, die sich ihre Auftritte nicht leisten können, und gegen die Geld-Elite, die A-Klasse, zu der sie als Tochter aus der Mittelschicht nicht gehört. Heute bei den teuersten Couturiers einzukaufen, wurde ihr nicht in die Wiege gelegt. Ihre Familie lebt bescheidener als sie. Dina vergisst das nicht. Ihr ist bewusst, Bauchtänzerinnen sind einerseits begehrt, jeder schmeichelt ihnen, jeder will ein Foto mit ihnen haben, andererseits verachtet man sie. So eine möchte man ganz oben keinesfalls zur Schwiegertochter haben.

Sie hat selbst eine bittere Erfahrung gemacht, als sie sich mit einem Mann aus gutem Hause verlobte. Zur Hochzeit kam es nie, weil seine Familie sich mit Händen und Füßen dagegen wehrte. So eine komme nicht über die Schwelle. Mehrmals sagt mir Dina, sie habe einen hohen Preis dafür bezahlt, dass sie in ihrem Leben nichts anderes wollte als tanzen.

Wann sie ihren allerletzten Tanz aufführen wird, darüber denkt sie inzwischen schon nach. Demnächst geht sie zu einem Tanzfestival nach Moskau. Nach Shanghai wurde sie ebenfalls eingeladen, um dort Nachwuchs zu unterrichten. Als Lehrerin herumfahren in der Welt, als Botschafterin Ägyptens, so stellt sie sich ihr Leben vor nach dem Tag, an dem sie zum letzten Mal eines ihrer Killerkostüme anziehen wird: Wafa wird sie ein paar Züge aus ihrer Zigarette machen lassen; ihre treuen Musiker werden zum letzten Tanz für die *letzte echte Bauchtänzerin* aufspielen.

Bis dahin will sie auftreten auf jeder Hochzeit, die Tarek organisieren kann, jeden noch so unwichtigen Termin einhalten, zeigen, was noch in ihr steckt. Um sich trotz aller Schmach bis an ihr Lebensende in Kairos A-Klasse bewegen zu können. Nicht in einer trostlosen Wohnung schlechtsitzende Kostüme anbieten zu müssen. Nicht sich dreimal überlegen müssen, ob man sich ein Kleid von Hischam leisten kann, das mehr kostet, als die meisten Ägypter pro Monat verdienen. 500 Euro mindestens, sagt mir Hischam. Ein paar Tausend Euro durchschnittlich, je nach dem Stoff, aus dem die Träume geschneidert sind.

## 20 Das Geständnis

Dasselbe dunkle, kalte Wohnzimmer wie vor beinahe einem Jahr, als ich Rita zu einem von ihr gewünschten Vorgespräch in der Wohnung ihrer Tochter traf. Wir sitzen in derselben Sitzecke, denselben weichen Polstermöbeln. Wie damals sind die Fensterläden bis auf einen winzigen Schlitz, durch den nun die letzten Nachmittagsstrahlen dringen, geschlossen. Es ist ein ungewöhnlicher Dezembertag 2013. In Ägypten wird nicht geheizt. Jetzt ist hier Sibirien. Minusgrade, erstmals Schnee am Tahrir-Platz seit über hundert Jahren, eisige Luft, nur auszuhalten, wenn man im Haus den Mantel anlässt. Die Salafistin sitzt in ihrer warmen *Niqab* da. Sie ist trotzdem erkältet.

Um uns zu wärmen, hat Ritas Tochter auf einem Tablett Gläser mit dampfendem Wasser und Teebeutel gebracht. Die Tochter verschwindet sofort wieder. Nach einem Höflichkeitsschluck ist es Zeit, Rita zu fragen, wie ihr Salafisten-Leben begonnen hat. Es ist nicht das erste Mal, dass wir deswegen zusammensitzen. Mehrere Versuche habe ich bereits unternommen. Dieselben Fragen gestellt, immer andere Antworten erhalten. Das ist der vierte Anlauf, wobei Rita nicht böse ist, dass ich weiterbohre. Dass sich jemand für die Schwester eines Stars interessiert, amüsiert sie. Sie braucht allerdings Monate, um sich selbst ihre eigene Biografie zusammenzusetzen wie ein Puzzle, von dem einige Teile verlorengegangen sind. Umso mehr, als die offizielle Schreibart der Familie, Rita sei 2001 nach einem Begräbnis Salafistin geworden, einer Frommen mehr als passen muss. Tod und Religion, ein perfektes Paar.

Aber es gab noch einiges mehr, habe ich inzwischen nebenbei von ihr erfahren, wie einen radikalen Ehemann, eine Salafistin, Geldsorgen, Probleme, sich das Kettenrauchen abzugewöhnen, eine Karriere, mit der es nicht so richtig weiterging.

Um die Erinnerungen an ihre Zeit als Nachtclubsängerin zu verdrängen, hat Rita nicht einen Grund, sondern viele Gründe. Sie tragen alle einen Namen, Manager, Musik-Impresario, Gitarrist oder Dirigent. Jeder, sagt sie, wollte etwas von mir.

Die Musikmanager versprechen ihr das Blaue vom Himmel, falls Rita nur einen einzigen Abend mit ihnen allein verbringt. Belästigungen. Zweideutige Anspielungen. Die Achtziger- und Neunzigerjahre sind schon religiös in Ägypten, aber laut Rita hatte das in Künstlerkreisen noch keine Auswirkungen. Rita leidet, weil sie nicht geschaffen ist für die Welt der Intrigen, Schiebereien und Gefälligkeiten. In den Augen der Musiker ist sie eine lustige Kollegin. Ihr jedoch ist alles andere als nach Lachen zumute, wenn sie an ihre Zukunft denkt. Nur als Sängerin der zweiten Reihe bezeichnet sie sich. Sie ist kein ehrgeiziger Star wie Dina, die nach der Bauchtanz-Karriere schon die zweite angeht, die der Filmschauspielerin.

Rita nimmt einen Schluck heißen Tee.

Januar 2001. Das mir so oft beschriebene Begräbnis von Samah al-Baghuri findet auf dem unterhalb des Muqattam-Hügels gelegenen Friedhof statt. Dort, wo früher nichts war als Wüste. Ägyptens Herrscher und Hofstaat ließen sich weit entfernt von menschlichen Ansiedlungen herrschaftliche Gräber errichten. Andere machten es ihnen nach. Daher gleichen Friedhöfe hier Städten, mit Gruften, gebaut wie bewohnbare Reihenhäuser. Mit versperrbaren Türen oder Zäunen aus Gusseisen. Mit Innenhöfen, in denen der Tote aufgebahrt wird. Die Totenstadt Kairos. Bei einer Begräbniszeremonie wie der an diesem trüben Januartag vor dreizehn Jahren bleiben die Trauergäste normalerweise vor den Toren der Grabstätte sitzen. Nur vier Männer, die den Toten in seinem weißen Tuch bringen, sagen innen die entsprechenden Gebete auf. So ist es an dem Wintertag. Dina, Rita und der Rest der Familie sitzen auf Stühlen vor der Familiengruft, als Rita plötzlich aufsteht und hineingeht, um sich von al-Baghuri zu verabschieden.

Das Antlitz des Toten ist da noch nicht verdeckt. Rita sieht sein von der Krebskrankheit und vom Tod gezeichnetes Gesicht.

In dieser Minute sei es geschehen, sagt sie.

Rita hat zum Zeitpunkt des Begräbnisses bereits genug von den Künstlerkreisen. Genug von den männlichen Spielereien und ebenso von dem Arbeitsdruck. Entweder pünktlich sein, entweder ständig lächeln und funktionieren oder abstürzen. Die Europatourneen mit der Karawane von Instrumenten, Tanzkleidern, Schwester, Musikern sind anstrengend für Rita.

Danach, sagt sie, hat sie sich aus Trauer zuerst nur ein Kopftuch umgebunden. Sie beginnt Koran-Unterricht zu nehmen, versucht, sich das Rauchen abzugewöhnen.

Kopftuch und Künstlerin passen nicht zusammen, nicht damals und nicht heute. Wie weit dieser Gedanke Rita lenkt bei ihrer Entscheidung, darüber lässt sich nur spekulieren. Sicher ist nur, in den Tagen nach al-Baghuris Begräbnis, als er für immer verschwindet, erwachen bei Rita verborgene religiöse Gefühle. Rita sagt, sie habe sie schon als Kind gehabt. Oft sei sie als Mädchen allein in die Moschee gegangen und auch in die Kirche in derselben Straße, wo das Elternhaus in Kairo lag. Sie habe viel Zeit dort verbracht.

Samahs wächsernes Totengesicht habe ihr bestätigt, was sie schon wusste. Die Zeit verrinnt schnell. Samah ist zu jung gestorben. Sie könnte die Nächste sein.

In den Frühjahrsmonaten 2001 sorgt sich Ritas Familie nicht übermäßig, als die Sängerin Auftritte absagt und sich weigert, die Kopfbedeckung abzulegen. Immerhin raucht sie ja noch weiter. Die ersten Koran-Lesungen beunruhigen niemanden. Koran-Lesekreise waren in Kairo regelrecht explodiert in den Jahren davor. Dass eine Sängerin wie sie sich dort zeigte, war trotzdem ungewöhnlich. Rita erzählt mir, sie sei damals in der frommen Runde mit der Zigarette im Mund gesessen. Die Kettenraucherin schaffte es nicht, von dem Gift zu lassen.

*

Woche um Woche vergeht, ohne dass Rita arbeitet und ohne dass sich andere Einnahmequellen auftun. Die Religionskurse sind nicht teuer, aber Bücher müssen gekauft werden. Rita stürzt sich wie besessen daheim in das Selbststudium des Korans, bis sie mit ihrer Weisheit am Ende ist. Sie braucht Leitfiguren, einen religiösen Meister oder – noch besser – eine Meisterin. Im Mai ist es so weit. Sie findet sie bei einem Kurs von Kairos damals als eine der Besten gehandelten Predigerinnen, Rascha al-Badia. Sie ist als koranbewanderte Salafistin am ehesten geeignet, Rita auf den richtigen Weg zu bringen, weg aus der Welt der Laster Singen und Rauchen.

Bei der Runde stellen sich die Frauen vor und Rascha al-Badia fordert Rita auf, von ihrem bisherigen Leben zu erzählen. Eine, die besonders gut zuhört, ist eine ebenso kleingewachsene Figur wie Rita. Mutter von zwei Kindern, überzeugte Salafistin. *Niqab*-Trägerin seit Jahren. Trotzdem humorvoll, ähnlich wie Rita. Tahani und die suchende Sängerin sind einander auf der Stelle sympathisch.

Es ist nicht Rita, die das Treffen als unwichtig auslässt aus ihrer Erzählung, sondern Tahani, die später Walid am Telefon Einzelheiten darlegt. Wie wichtig der Tag gewesen sei für Rita. Wie sie alles über ihr ehemaliges Leben in Nachtclubs, Hotelfestsälen und auf Kreuzfahrtschiffen zum Besten gegeben habe. Erstaunt habe die Gruppe zugehört. Keine der anwesenden Frauen kannte das Künstlerleben. Wie als Beweis, dass sie tatsächlich eine Singstimme hat, beendete Rita ihre Erzählung mit einem Lobgesang auf den Propheten Mohammed, ihr allerletztes Lied.

Keine ist glücklicher als Tahani. Sie und Rita sind ab diesem Zeitpunkt beste Freundinnen. Rita hat Geldsorgen. Tahani bietet ihr an, mit ihr die religiösen Gewänder zu schneidern und zu verkaufen. Sie weiht sie ein in die tiefen Geheimnisse des Salafisten-Lebens. Vom Blutabsaugen bis zum Koran-Lesen in der Wohnung, um den Teufel zu vertreiben. Scheichs werden Rita vorgeschlagen, deren Rat sie folgen soll.

Die *Niqab* zu tragen wäre gut, sagt Tahani zu ihrer neuen Freundin. Da erst legt Rita den Gesichtsschleier an, einige Monate nach dem Begräbnis.

*

Wenn es in Dinas Leben viele Männer gibt, gibt es in Ritas nur einen, den toten Samah. Sie redet ständig über ihn. *Samah, sagt sie, war ein gütiger Mensch. Er war herzensgut. Er schrie seinen Fahrer nie an. Er war jedem gegenüber freundlich. Er behandelte Dina gut.*

Dinas Ehemann Samah ist der Mann, den die Salafistin von allen Männern in ihrem Leben am besten in Erinnerung behalten hat. Er war ihr einziger männlicher Freund, was für die meisten Ägypterinnen etwas Besonderes ist: einen männlichen Freund zu haben. Einen, der einem zuhört, wie Samah es tat, ohne Hintergedanken, und der nichts von einem will. Für Rita ist das wichtig. Alle anderen Männer in ihrem Leben, Ehemänner, Manager, Impresarios, Sängerkollegen, stellt sie dar entweder als *falsch* oder als *geizig* oder als *zutraulich* oder als *sexuelle Belästiger*.

Geizig ist einer ihrer Ehemänner. Nach der Scheidung weigert er sich, Unterhalt für die Kinder zu zahlen. Falsch ein anderer, obwohl sie ihm mehr vertraute als anderen Gatten, ein Ägypter, den sie im Oktober 2001, einige Monate nach ihrer Bekehrung zum Salafismus, heiratet. Er ist ein strenggläubiger Mann. Er ist wohlhabend. Er betet länger als vorgeschrieben seine Gebete. Rita entdeckt jedoch, dass er sich die schlechtesten Filme im Fernsehen ansieht. Welche genau, das präzisiert sie nicht. Verbotene Filme, meint sie nur, unannehmbar für die Neu-Salafistin. Sie lässt sich nach drei Monaten scheiden, und obwohl er ein beträchtliches Vermögen hatte, wollte sie nichts, nicht das Geringste, haben, fügt sie hinzu. Wieder ein Mann, der sie enttäuscht. Umso bestärkter ist sie in ihrem Glauben.

Es ist Dezember 2001. Ein ereignisreiches Jahr geht zu Ende. Das Jahr, an dessen Beginn eine Nachtclubsängerin an einem Begräbnis teilnimmt. Am Ende des Jahres ist sie eine überzeugte Salafistin. Dazwischen liegt der 11. September 2001, aber Rita sagt, die Attentate in den USA hätten sie nicht beeinflusst.

Samah al-Baghuri ist der Mann, der im Leben der beiden Schwestern eine wichtige Rolle spielt: Dina macht der bekannte Regisseur zum Filmstar. Rita macht sein früher Tod, glaubt seine Familie noch immer, zur Salafistin.

Schade nur, sagt Rita, dass Samah nicht an Allah glaubte.

*

Nacht über Kairo, und die beiden Frauen wollen mich zum Essen einladen. Jetzt, wo Tahani den langen Weg aus ihrem Dorf zu Besuch gekommen ist. Rita ist selig. Die Freundin übernachtet bei ihr. Sie lesen, beten und tauschen Erfahrungen aus. Tahani bereitet sich auf einige Prüfungen vor, letzte Hürden, um Koran-Lehrerin zu werden, was ein Ansporn für Rita ist, ihr nicht nachzustehen.

Die beiden sitzen eng aneinandergedrängt in dem Taxi, ich zwänge mich noch daneben. Draußen verschwinden die Hochhäuser von Gize und machen dem anderen Kairo, dem der beiden Salafistinnen, Platz. Mopeds mit kaputtem Auspuff und Autostoßstangen, geformt in unzähligen Beinahe-Unfällen. Wir schaffen es gerade noch durch einen See mitten auf der Durchfahrtsstraße. Folge eines Wasserrohrbruchs, der niemandem auffällt außer mir. Gerade als wir bei Tahanis Imbissstube in einem vom Zentrum entfernt gelegenen Bezirk eintreffen, fällt der Strom aus. Mitbesitzerin Tahani schleppt sofort eine batteriebetriebene Neonlampe herbei, die jeder Kleinhändler sicherheitshalber in Reserve hat. Sobald Teller mit dem Einheitsgericht, Makkaroni mit scharfer oder milder Tomatensauce, vor uns stehen, heben die beiden Frauen ihre *Niqabs* auf, um so leichter essen zu können. Außer mir kann niemand ihre Gesichter sehen, weil sie geschickterweise mit dem Rücken zum Lokal sitzen. In der Dunkelheit kann ich die beiden, mir gegenüber, nur als Schattenumrisse erkennen. Im Halbdunkel essen sie mit Heißhunger. Zwei Frauen, Vertraute, unzertrennbare Freundinnen – bis in alle Ewigkeit. Im Kofferraum von Kamals Taxi liegt eine mit selbstgeschneiderten *Niqabs* vollgestopfte Plastiktüte. Tahanis und Ritas Geschäftsidee, mit der sie sich weiter etwas dazuverdienen.

Ich frage die beiden zwischen zwei Bissen, wie sie die Zukunft sehen, und Tahani erwidert, wenn Allah will, wird er Ägypten in ein islamisches Land verwandeln, in ein *echtes* islamisches Land, was immer das bedeutet. Und wenn sie es nicht erleben, so halt ihre Kinder oder Enkel. Man habe keine Eile.

# EPILOG
## Mutterliebe

Ende Dezember 2013 kommt Ritas und Dinas Mutter zu ihren beiden Töchtern in Kairo zu Besuch. Ein Tag der Hektik und genauso der Vorfreude für alle. Tagelang ist ihr Besuch Gesprächsthema Nummer eins. Wann das Flugzeug landen wird, ob die Mutter direkt aus den USA einfliegt oder ob eine Zwischenlandung in Europa vorgesehen ist. Der Ankunftstermin wird angesetzt, verschoben, die Uhrzeit nochmals korrigiert, bis es endlich so weit ist.

Das Flugzeug soll gegen zwanzig Uhr in Kairo aufsetzen, gerade früh genug für Dina, um die Mutter am Flughafen abzuholen und gegen Mitternacht trotzdem einer Tanzverpflichtung pünktlich nachkommen zu können. Ein Engagement in einem Militärclub. In welchem, erfahre ich nicht. Hinzugehen ist für mich aussichtslos. Man würde uns wieder abweisen. Dina ist geradezu erleichtert, dass ich erst gar nicht versuche, diesmal dabei zu sein. Ich begleite sie nur auf der Fahrt zum Flughafen, weil ich Dinas Mutter treffen möchte. Es gebe niemanden, der ihr näher stehe, hat Dina über sie in Interviews gesagt.

Ritas Meinung über ihre Mutter ist offenbar komplizierter, weil sie kein Wort darüber verliert. Sie sagt mir nur, klarerweise liebe sie ihre Mutter.

Die Frau, die ihr Vater verstieß, nachdem sie vor der Rückkehr der Familie aus Rom Ende der Sechzigerjahre die Scheidung eingereicht hatte. Damals ist sie Journalistin wie ihr Mann. Die Ehe macht sie unglücklich. Sie will wieder frei sein. Sie glaubt, sie könne zusammen mit ihren beiden Mädchen, Rita und Dina, ein neues Leben in einer Stadt ihrer Wahl beginnen.

Das damalige Ägypten der Miniröcke und Verwestlichung zeigt ihr in diesem Moment sein anderes Gesicht. Laut der seinerzeitigen

Gesetzgebung, erst Jahre später reformiert, verliert eine Frau bei der Scheidung nicht nur die damals noch übliche Mitgift, sondern alle Rechte auf Unterhalt. Das Sorgerecht für Kinder fällt dem Vater zu.

Der Vater und sein oberägyptischer Clan, hart bedacht auf die Familienehre, gehen noch weiter als der Staat. Zuerst versuchen sie, der Mutter die Trennungspläne auszureden. Als das nichts nützt, wird sie bedroht. Am Ende muss sie das Haus ohne einen Koffer verlassen. Sie wird verstoßen und danach für tot erklärt. Verwandte und Freunde halten sich daran und wie selbstverständlich auch die Behörden. Keine Untersuchung. Keine Nachforschungen, wo die verschwunden Gebliebene sein könnte, deren Leiche niemand gesehen hat. Jahrelang wird sie nicht einmal erwähnt. Der Vater geht eine zweite Ehe ein. Dinas und Ritas Mutter hingegen ist bis ans Ende seines Lebens ausgelöscht, als hätte sie nie existiert.

*

Dina ist fünfzehn, als sie rein zufällig das gut gehütete Familiengeheimnis entdeckt. Eine Verwandte mütterlicherseits verspricht sich und erzählt ihr schließlich, die Mutter sei verstoßen worden, aber am Leben. Sie habe wieder geheiratet und ein paar Jahre in den Golfstaaten verbracht, sei aber inzwischen wieder in die Heimat zurückgezogen.

Die damals noch unbekannte Volkstanz-Tänzerin Dina spürt ihre Mutter mit Hilfe der Verwandten in einer Kairoer Wohnung auf. Enttäuschung beim Wiedersehen, weil die Frau auf den Familienfotos um so viel jünger aussieht als die Gestalt, die vor ihr steht. Erst von der Mutter erfahren die beiden Schwestern, dass deren Versuche, sie zu sehen, vom Vater ständig mit dem Argument beantwortet wurden, die Mädchen würden ihre Mutter hassen. Sie wollten sie nicht treffen. Das Wiedersehen ist wie eine schwere Neugeburt für die beiden Mädchen. Dazwischen, sagt Dina, sei nichts als Leere gewesen. Sie habe kaum Erinnerungen an ihre Kindheitsjahre, so verloren habe sie sich gefühlt.

Seit dem Wiedersehen mit der Totgeglaubten pflegt Dina einen eifrigen Kontakt mit der Mutter, als wolle sie nachholen, was sie in den Jahren davor versäumte – selbst wenn es ohne eigene Schuld war. Sie sieht die Mutter oft. Sie wird ihre engste Vertraute, was nicht heißt, die beiden hätten nicht die üblichen Mutter-Tochter-Spannungen auszustehen.

Doch als für die Bachtänzerin das ganze Kartenhaus, ihr Leben, einstürzt nach dem Skandal mit den Nacktaufnahmen, ist für sie nichts naheliegender, als den Sohn zu ihrer Mutter in die amerikanische Kleinstadt zu bringen, wo die sich seit einiger Zeit niedergelassen hat. Wieder ist es die Mutter, die sie zu ihrer reuevollen Pilgerfahrt an die heiligen Stätten des Islams begleitet.

Über den Vater verliert Dina kein Wort. Sie hat ihn aus ihrem Leben gestrichen, so wie er aus allen Familienfotos herausgerissen oder herausgeschnitten wurde. Er existiert nicht mehr für die Bauchtänzerin. Erst am Ende seines Lebens gibt es so etwas wie ein halbwegs normales Verhältnis zum Vater. Doch es ist Rita, die ihn pflegt. Sie ist ständig bei ihm während seiner langen Krankheit. Der Vater stirbt, ein Jahr bevor ich die beiden Schwestern zum ersten Mal treffe.

*

Dina lässt den VIP-Raum am Flughafen benachrichtigen, ihre Mutter dort abzusetzen, damit sich die Familie ungestört von Dinas Fans begrüßen kann. Dinas Zeit ist an diesem Tag genau getimt wie die eines Managers, am späten Nachmittag schminken und frisieren und zuvor Kleider für den Auftritt aussuchen. Auf der Fahrt zum Flughafen durch eine nebelige Nacht trägt sie bereits schicke Abendkleidung, eine, die ich bisher noch nicht an ihr gesehen habe. Zwei Mal dieselben engen Hosen oder Miniröcke anziehen, gehört sich nicht für eine wie sie. Nur die Haare umrahmen in der gewohnten Perfektion ihr Gesicht.

Es scheint, zumindest auf den ersten Blick, dass alles andere genauso vorzüglich vorbereitet ist von ihrem Stab. Ich merke nur, wie sie von Zeit zu Zeit hinaussieht durch die getönten Scheiben, weil sie fürchtet, Kairos Verkehr werde ihr einen Strich durch die Rechnung machen. Die Autos stehen Stoßstange an Stoßstange, ohne sich von der Stelle zu rühren.

Kairo hat an diesem Abend noch mehr an nervenden Abenteuern zu bieten. Flugzeuge werden, ohne jede Vorankündigung, umgeleitet zu anderen Terminals.

Dinas und Ritas Mutter, die alle paar Monate aus den USA zu Besuch kommt, wird nun doch nicht in den VIP-Raum geführt werden, weil sie an einem anderen Gate landet als geplant.

Alles wird in letzter Minute umgeschmissen. Die Bauchtänzerin muss sich nun doch unter das gemeine Volk in der Ankunftshalle mischen und sobald wir die betreten, sehe ich, wie Dina von lüsternen Männerblicken nicht mehr losgelassen wird. Die einzigartige, unberechenbare Dina ist da. Wer sich das entgehen lässt, ist kein Ägypter. Der Handyfotoansturm wird ihr zu viel und die sonst so bereitwillige Diva winkt dankend ab.

Sie zieht den Kopf so weit ein wie möglich und verschwindet beinahe unter ihrem Pelzmantel. Sie flüchtet regelrecht in eine Cafeteria. Eine ihrer Halbschwestern mit Tochter ist schon da, beide nicht interessiert an öffentlichem Rummel. Sie verstecken sich ebenso wie Dina vor ihren Fans, und genauso vor mir.

Rita setzt sich nach ihrem Eintreffen wortlos zu ihnen. Eine Fremde in ihrer eigenen Familie, insofern als keine der versammelten Frauen, neben den Halbschwestern noch eine Freundin der Mutter, Kopftuch tragen. Die Salafistin ist müde und froh darüber, dass der VIP-Empfang in letzter Minute ins Wasser gefallen ist. Mit ihrem Umhang hätte man sie dort niemals hineingelassen, ob sie nun die Schwester einer Berühmtheit ist oder nicht. Der VIP-Raum ist voller Prominenz, Politiker, Geschäftsgrößen. *Niqab*-tragende Frauen sind da verdächtig. Nun muss Rita zumindest nicht auf dem Gehsteig draußen auf ihre eigene Mutter warten.

*

Die zierliche Frau mit Dinas Sohn an der Hand taucht in der automatischen Glastür auf, und sie ist noch nicht ganz durch die Zollkontrolle, da rennt ihr die Bauchtänzerin mit wehendem Mantel und auf hochhackigen Schuhen an anderen Passagieren vorbei entgegen. Sie begrüßt ihre Mutter mit einer Umarmung, als wäre es das Wiedersehen zweier verlorengegangener Menschen.

Rita dagegen wartet diskret im Hintergrund, bevor sie in Richtung der anderen vorausgeht. Erst im allerletzten Augenblick erkennt die Mutter sie, als Rita schon beinahe vor ihr steht. *Meine Töchter*, sagt die Frau in meine Richtung, mit dem müden Lächeln, das Leute zwangsläufig bei der Ankunft nach einem Fünfzehn-Stunden-Flug zeigen: *Das ist meine Tochter Rita*, meint sie. *Und da drüben, das ist Dina!*

Sie rückt ihre Kopfbedeckung zurecht, eine elegante Kappe, unter der sie ihre Haare versteckt, wie es Mode war bei Frauen in den Sechzigerjahren auch in Europa. Sie ist ungeschminkt und sieht um vieles jünger aus als andere Großmütter. Über vierzig Jahre liegen jedoch zwischen den frühen Familienfotos, die ich kenne, ihrem spurlosen Verschwinden, der Zeit, in der sie ihre beiden Töchter heimlich sah, und der Dezembernacht jetzt. Erste Momente des unbeschwerten Wiedersehens. Mit vorgebeugtem Rücken schlendert die Frau zwischen ihren dunkelgekleideten Töchtern zum Ausgang. Die eine Salafistin, die andere Bauchtänzerin, die eine in ihrer *Niqab*, die andere in einem dunkelbraunen, kostbaren Nerzmantel, der beinahe so lang ist wie Ritas Umhang.

\*

Wie ausgemacht, sind wir zwei Tage später gegen sechzehn Uhr in Dinas Villa, doch es dauert eine Weile, bis das Hausmädchen auf unser Läuten reagiert und in der Tür erscheint. Flüsternd teilt sie uns mit, alle würden noch schlafen und wir sollten uns gedulden. Wir nehmen im unbeleuchteten Wohnzimmer Platz. Aus dem ersten Stock, dem privaten Schlafbereich, ist nicht der geringste Lärm, nicht die leiseste Stimme, kein einziges Lebenszeichen zu hören. Nach einiger Zeit sage ich dem Mädchen, wir würden in der nahen Shoppingmall warten. Wir würden die Zeit nützen, um dort etwas zu essen. Dina solle uns anrufen, sobald die Familie wach sei und wir wie ausgemacht mit Mutter und den beiden Töchtern plaudern könnten. Andere Familienmitglieder, sagte Dina am Telefon, würden dabei sein. Es vergehe kein Tag, wo nicht Verwandte und Freunde zu Besuch seien. Das sei üblich in ägyptischen Familien, sobald jemand aus dem Ausland zu Besuch sei. Aber außer uns sind keine Verwandten im und vor dem Haus zu sehen.

*

Es dauert ungefähr eine Stunde, bis Dinas Anruf Walid erreicht, wo wir denn stecken würden? Alles sei bereit. Die Familie sei versammelt. Wir sollten uns beeilen.

Schon am Eingangstor der Villa höre ich das Lachen von hellen Stimmen aus dem Wohnzimmer dringen, als wäre eine Party im Gange.

Drinnen sind Dina, ihre Mutter und einige Frauen, alles Verwandte, beschäftigt, sich gegenseitig ihr Leben seit dem letzten Familientag zu erzählen, unterbrochen von Witzen und Lachausbrüchen. Die einzige, die fehlt, ist die Salafistin. Rita, hören wir, sei mit dem Taxi unterwegs. Sie werde gleich da sein. Niemand in der Runde ist besser aufgelegt als die ungeschminkte, in einen schwarzen Freizeitdress gekleidete Diva des Bauchtanzes. Das sei ihre Familie, sagt sie und zeigt auf eine Tante, deren Töchter, die studieren würden, und ihre Mutter. Keine der Frauen hat ihren Mann mitgebracht und Dinas Sohn sitzt als einziges männliches Mitglied der Gesellschaft allein in einer Ecke, sichtbar gelangweilt.

Auch als die Salafistin in der Tür steht, hören die Witze nicht auf. Eine heitere Stimmung, wie ich sie in der Familie nie gesehen habe – eine Familie, die sich, zumindest vorübergehend, daran erinnert, wie eng ihre Leben miteinander verknüpft sind.

Eine keuchende Rita erscheint. Ihr macht das Asthma zu schaffen und sie setzt sich in eine Ecke, woraufhin die Mutter, in

ihre Richtung deutend, mir entschuldigend zuflüstert, die Bekleidung gefalle ihr nicht. *Was soll ich aber tun*, meint sie, *es sind zwei erwachsene Frauen. Ich kann ihnen nicht vorschreiben, wie sie sich anzu-
ziehen haben.*

Ich frage die Mutter, wie die beiden Mädchen als Kinder waren,
und sie sagt, die beiden seien Streithähne gewesen. Rita, die Ältere,
habe geglaubt, die jüngere Dina würde von der Mutter bevorzugt
werden. Sie sei in einem fort eifersüchtig gewesen.

*Ich habe beide gleich geliebt*, sagt die Mutter.

Aus dem Augenwinkel sehe ich, wie die ausgelassene Dina ihrer
Schwester einen hellen Schal über die *Niqab* legt, als wäre Rita ein
schwarzes Geschenkpaket, das geschmückt werden müsse. Die Verwandten stehen bald um Rita herum und lachen aus vollem Halse.
Rita lässt es über sich ergehen, ohne sich zu rühren.

Ein paar Tage später ruft Walid Rita an und sie sagt ihm, sie sei
wütend gewesen an diesem Abend über die Scherze mit dem Schal
– auf niemanden aber zorniger als auf ihre Schwester, die Bauchtänzerin.

# DANK

Bei den Recherchen für dieses Buch halfen mir vor allem zwei Personen, meine Übersetzer Sherif und Walid. Zusätzlich lieferte mir die Ägypterin Sherine wichtige Informationen. Den Oppositionellen Khaled Daud traf ich zu einem langen Gespräch im November 2013, genauso wie Dinas Tanzlehrerin Raqia Hassan. Einige Salafisten erklärten mir die Besonderheiten ihres Glaubens. Daneben traf ich während der Dreharbeiten zur RTL-Dokumentation *Meine Schwester, meine Feindin* eine Vielzahl von Menschen, ohne die auch dieses Buch nie zustande gekommen wäre.

Mein besonderer Dank gilt Dina und Rita für ihre Bereitschaft, mir vieles aus ihrem Leben zu erzählen und mir dadurch gleich zwei neue Welten zu eröffnen, die einer Bauchtänzerin und die einer Salafistin.

Für zusätzliche Informationen habe ich auf folgende Publikationen zurückgegriffen:
Alaa al-Aswani: Im Land Ägypten. Am Vorabend der Revolution. Übersetzt von Hartmut Fähndrich. Frankfurt/M. 2011.
Laura Bier: Revolutionary Womanhood. Feminisms, Modernity and the State in Nasser's Egypt. Stanford 2011.
Geraldine Brooks: Nine Parts of Desire. The Hidden World of Islamic Women. London 2007.
Dina: Ma liberté de danser. Paris 2011.
Aladin Elaasar, »Is Egypt Stable?«, in: Middle East Quarterly, Summer 2009, p. 69–75.
Andrew Hammond: Pop Culture Arab World! Media, Arts, and Lifestyle. Santa Barbara, Calif. 2011.

Albert Hourani: A History of the Arab Peoples. New York 1992.
Gilles Kepel: Die neuen Kreuzzüge. Die arabische Welt und die
Zukunft des Westens. Übersetzt von Bertold Galli und Ursel
Schäfer. München 2004.
Gilles Kepel: Das Schwarzbuch des Dschihad. Aufstieg und Nieder-
gang des Islamismus. Übersetzt von Bertold Galli, Reiner
Pfleiderer, Thorsten Schmidt. München 2002.
Stephanie McCrummen: »In Egypt, a campaign to promote an
›Egyptian Islam‹«, in: Washington Post, 10. Oktober 2013,
www.washingtonpost.com/world/middle_east/in-egypt-a-
campaign-to-promote-an-egyptian-islam/2013/10/09/
45060fca-29b3-11e3-b141-298f46539716_story.html.
www.memri.org.
»Purer Wahnsinn«, in: Der Spiegel 30/1983, www.spiegel.de/
spiegel/print/d-14018304.html.
Quelle für die Daten in der Zeittafel: www.bbc.com.

# ZEITTAFEL

**1928.** Die Muslimbruderschaft wird von Hassan al-Banna gegründet.

**1948.** Ägypten, Irak, Jordanien und Syrien greifen den neu gegründeten Staat Israel an.

**1949, Februar.** Ermordung des Gründers der Muslimbruderschaft Hassan al-Banna.

**1952.** Militärputsch und Ausrufung der Republik.

**1954.** Gamal Abdel Nasser wird Präsident bis zu seinem Tode 1970.

**1956.** Suezkrise.

**1967, Juni.** Sechs-Tage-Krieg. Israel besiegt Ägypten, Jordanien und Syrien. Besetzung der Sinai-Halbinsel, Ost-Jerusalems, der Golanhöhen, des Gazastreifens und der West-Bank durch Israel.

**1970, September.** Tod Nassers. Anwar as-Sadat wird neuer Präsident.

**1973, Oktober.** Ägypten und Syrien greifen Israel während der jüdischen Jom-Kippur-Feiertage an.

**1978, September.** Unterzeichnung des Camp-David-Friedensabkommens zwischen Ägypten und Israel. Später Rückgabe der Sinai-Halbinsel an Ägypten.

**1981, Oktober.** Ermordung von Präsident Sadat durch radikale Islamisten. Hosni Mubarak wird dessen Nachfolger, bis zu seinem Sturz 2011. Während seiner Amtszeit herrscht der Ausnahmezustand.

**1997.** 62 Touristen kommen bei einem Anschlag der radikalen islamischen Gruppe al-Gama al-Islamiya in Luxor ums Leben.

**2006.** Präsident Mubarak verspricht demokratische Reformen.

**2006, November.** Verhaftungswelle unter der Muslimbruderschaft.

**2007, April.** Die Menschenrechtsorganisation Amnesty International kritisiert Folter und Polizeiwillkür in Ägypten.

**2007, Oktober.** Verhaftung oppositioneller Journalisten.

**2008, April.** Ausbruch von Hungerrevolten nach der Erhöhung der Brotpreise.

**2008, November.** Ägypten verspricht die Privatisierung von staatlichen Unternehmen. Ägypter sollen Anteile erhalten. Das Versprechen wird nicht eingehalten.

**2009, Juni.** US-Präsident Barack Obama kündigt in einer vielbeachteten Rede in Kairo einen Neuanfang der Beziehungen zwischen der muslimischen Welt und den Vereinigten Staaten an.

**2010, Februar.** Der frühere Generaldirektor der Internationalen Atomenergieorganisation Mohammed al-Baradai kehrt zurück in seine Heimat Ägypten. Er organisiert mit anderen Oppositionellen ein Bündnis und eine Partei.

**2010, November.** Proteste gegen den Wahlbetrug bei den Parlamentswahlen. Beginn des »arabischen Frühlings«.

**2011, Januar.** Aufruhr gegen Präsident Hosni Mubarak in Kairo und anderen Städten Ägyptens, ausgelöst durch ähnliche Antiregierungsdemonstrationen in Tunesien. Mubarak verspricht, nicht mehr für das Amt anzutreten, doch der Aufstand geht weiter.

**2011, 28. Januar.** Am »Tag des Zorns« finden Massendemonstrationen statt.

**2011, 2. Februar.** Auf dem Tahrir-Platz in Kairo kommt es zu Zusammenstößen zwischen Demonstranten und vom Mubarak-Regime eingesetzten Einheiten auf Kamelen und Pferden. Zahlreiche Verletzte und Tote.

**2011, 11. Februar.** Rücktritt Mubaraks.

**2011, April.** Ex-Präsident Mubarak und sein Sohn Gamal werden unter Korruptionsverdacht verhaftet.

**2011, April.** Die Proteste auf dem Tahrir-Platz werden fortgesetzt, weil der Reformprozess zu langsam voranschreitet.

**2011, August.** Beginn des Prozesses gegen Ex-Präsident Mubarak wegen des Schießbefehls gegen die Demonstranten während der Proteste im Januar und Februar 2011.

**2011, Oktober.** Auseinandersetzungen zwischen Kopten und Sicherheitskräften mit 24 Toten.

**2012, Januar.** Islamische Parteien siegen bei den ersten freien Parlamentswahlen.

**2012, Mai.** Der Kandidat der Muslimbruderschaft, Mohammed Mursi, liegt nach der ersten Runde der Präsidentschaftswahlen an erster Stelle, an zweiter der ehemalige Ministerpräsident unter Mubarak, Ahmad Schafiq. Erste Anzeichen einer Polarisierung der Bevölkerung in zwei entgegengesetzte Lager.

**2012, Juni.** Mohammed Mursi gewinnt knapp den zweiten Durchgang der Präsidentschaftswahlen. Er wird damit erster islamischer Präsident Ägyptens.

**2012, August.** Präsident Mursi entlässt den bisherigen Verteidigungsminister Tantawi.

**2012, November.** Präsident Mursi erlässt ein Dekret gegen die Justiz, die seine Entscheidungen damit nicht mehr revidieren kann. Nach Protesten nimmt er das Dekret zurück.

**2012, Dezember.** Das von islamischen Parteien dominierte Parlament in Kairo stimmt über eine umstrittene Verfassung ab. Darin wird die Rolle des Islams verstärkt. Die Verfassung wird in einem Referendum als rechtmäßig eingeführt. Es folgen Proteste von Mursi-Gegnern, Frauengruppen und dem alten Regime nahestehenden Gruppen.

**2013, Januar.** 50 Tote bei Auseinandersetzungen zwischen Mursi-Gegnern und -Anhängern. Erste Warnungen der Armee, das Land stehe am Rande einer Revolte.

**2013, Juni.** Präsident Mursi ernennt islamische Gouverneure in 13 der 27 Gouvernements Ägyptens. Im Ferienort Luxor, Schauplatz des Touristen-Massakers von 1997, wird ein ehemaliger radikaler Islamist der neue Gouverneur. Er tritt nach einer Welle der Entrüstung wieder zurück.

**2013, Juli.** Das Militär setzt Präsident Mursi ab. Neuer starker Mann wird Verteidigungsminister General Abd al-Fattah as-Sissi.

Zugleich demonstrieren Millionen Ägypter in mehreren Städten gegen Mursi. Mursis Muslimbruderschaft lehnt die neue Übergangsregierung unter Adli Mansur als illegal ab. Sie spricht von einem Militärputsch.

**2013, August.** Sturm eines von Mursi-Anhängern organisierten Protestlagers um eine Kairoer Moschee mit Hunderten Toten. Die Muslimbruderschaft spricht von über 2000 Opfern. Wie zu Zeiten Mubaraks wird der Ausnahmezustand verhängt und eine nächtliche Ausgangssperre erlassen. Laut Regierungsangaben werden 40 koptische Kirchen von islamischen Radikalen aus Rache in Brand gesetzt.

**2013, September.** Ägyptens mächtigste und älteste islamische Organisation, die Muslimbruderschaft, wird verboten und der Großteil ihrer Gelder eingefroren.

**2013, November.** Neues Dekret über das Verbot unangemeldeter Proteste.

**2013, Dezember.** Die neue Übergangsregierung erklärt die Muslimbruderschaft nach einem Anschlag in der Stadt Mansura zur Terrororganisation.

**2014, Januar.** In einem Referendum erhält die neue, weniger islamorientierte Verfassung die Mehrheit der Stimmen. Sie verbietet alle religiös orientierten Parteien. Junge Aktivisten des arabischen Frühlings sowie zahlreiche Journalisten werden verhaftet und schwerer Vergehen angeklagt.

**2014, Februar.** Es wird vermutet, dass der neue starke Mann von Ägypten, General Abd al-Fattah as-Sissi, als Präsidentschaftskandidat antreten wird.

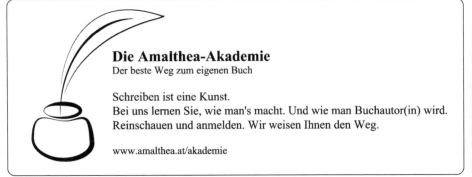

**Die Amalthea-Akademie**
Der beste Weg zum eigenen Buch

Schreiben ist eine Kunst.
Bei uns lernen Sie, wie man's macht. Und wie man Buchautor(in) wird.
Reinschauen und anmelden. Wir weisen Ihnen den Weg.

www.amalthea.at/akademie